EISZEIT IN DER WELTWIRTSCHAFT

*Daniel Stelter* ist die unabhängige Stimme zur Finanzkrise. Der Makroökonom war bis 2013 Senior Partner bei der internationalen Strategieberatung The Boston Consulting Group (BCG) und dort zuletzt Managing Director und Mitglied des Vorstands. Nach 23 Jahren BCG lenkt der ausgewiesene Finanzexperte unsere Aufmerksamkeit nun mit seinem Diskussionsforum »Beyond the Obvious« sowie seiner Kolumne »Stelter strategisch« (*WirtschaftsWoche*) auf die drängenden finanz- und wirtschaftspolitischen Fragen unserer Zeit. Seine Artikel erscheinen auch in *manager magazin*, *Capital*, *SZ* oder *Euro am Sonntag*. Er ist Autor zahlreicher finanzwirtschaftlicher Sachbücher, zuletzt veröffentlichte er mit »Die Schulden im 21. Jahrhundert« (2014) seine Replik auf die Thesen des französischen Ökonomen Thomas Piketty.

Daniel Stelter

# EISZEIT IN DER WELTWIRTSCHAFT

Die sinnvollsten Strategien zur Rettung
unserer Vermögen

Campus Verlag
Frankfurt/New York

ISBN 978-3-593-50514-5  Print
ISBN 978-3-593-43353-0  E-Book (PDF)
ISBN 978-3-593-43365-3  E-Book (EPUB)

Copyright © 2016 Campus Verlag GmbH, Frankfurt am Main
Umschlaggestaltung: Guido Klütsch, Köln
Umschlagmotiv: © Gettyimages/p565263301
Satz: Campus Verlag GmbH, Frankfurt am Main
Gesetzt aus: Scala und Scala Sans
Druck und Bindung: Beltz Bad Langensalza GmbH
Printed in Germany

www.campus.de

# INHALT

# EINLEITUNG

Die Krise von 2008 war keine normale Krise. Es war auch keine »Finanzkrise«. Es war der Beinahe-Kollaps unseres Wirtschaftssystems, welches von immer mehr und immer billigeren Schulden abhängt. Wie ein Heroinsüchtiger braucht die Weltwirtschaft eine immer größere Dosis billigen Geldes. Wenn die Schulden nicht mehr weiter wachsen, dann bricht alles zusammen.

Schulden schaffen keine Probleme, solange der Kreditnehmer die Absicht hat, einen entsprechenden Teil seines Einkommens zu verwenden, um das geliehene Kapital zurückzuzahlen und seiner Verpflichtung zur Zahlung von Schuldzinsen nachzukommen. Ich nenne solche Schulden »produktiv«. Dies gilt für Investitionen und einen Teil der privaten Kredite.

Auf der anderen Seite stehen die unproduktiven Schulden. Der Schuldner eines unproduktiven Kredits hofft, seine Zahlungsverpflichtungen dadurch erfüllen zu können, dass der Wert des von ihm erworbenen Vermögensobjekts steigt. Meist handelt es sich bei dem besagten Objekt um eine Immobilie.

Je größer der Anteil der unproduktiven Kredite, desto krisenanfälliger ist das System. In den letzten drei Jahrzehnten hat sich der Bestand der produktiven Kredite im Verhältnis zum → Bruttoinlandsprodukt* nicht nennenswert verändert. Die unproduktiven Schulden haben sich währenddessen vervielfacht. Immer mehr Schulden dienen spekulativen Geschäften.

---

\* Alle mit einem »→« bezeichneten Begrifffe werden im Glossar näher erläutert.

Die Regierungen und → Notenbanken der westlichen Welt haben diese Entwicklung massiv gefördert. Billige Kredite und steigende Vermögenswerte sollten darüber hinwegtäuschen, dass die → Realwirtschaft nicht mehr so stark wuchs wie in den ersten Jahrzehnten nach dem Zweiten Weltkrieg. Dass infolge des Markteintritts Chinas und Osteuropas die Löhne stagnierten, ließ sich durch die Vermögenszuwächse leichter kompensieren.

Wann immer eine Krise drohte, wurde interveniert: Die Zinsen wurden ein weiteres Mal gesenkt, die Kreditstandards weiter gelockert. 2008 schien die Grenze erreicht. Wer immer sich verschulden konnte und wollte, war nunmehr verschuldet. Das System stieß an seine Grenze und es wurde offensichtlich, dass der Schuldenturm vor dem Zusammenbruch stand.

Wir hatten die Wahl: kalter Entzug, also Abkehr vom Leben auf Pump, oder ein weiterer »Schuss«. Wohl nur wenige wundern sich darüber, dass die Politik sich für den Schuss entschied. Manipulierte Bankbilanzen, nochmalige Zinssenkungen und der direkte Kauf von Wertpapieren sollten das Schuldenwachstum anheizen.

Mit Erfolg. Überall liegt die Gesamtschuld der Regierungen, der Unternehmen und der privaten Haushalte im Verhältnis zur Wirtschaftsleistung höher als 2007. Nur der zusätzlichen Verschuldung ist es zu verdanken, dass wir 2008 nochmals davongekommen sind. Doch wir haben uns nur Zeit gekauft. Ein immer größerer Teil der neuen Schulden dient zur Aufrechterhaltung der Illusion, die bereits bestehenden ließen sich weiterhin bedienen.

Europa und die USA haben sich von dem Einbruch erholt. Doch der Aufschwung ist der schwächste seit dem Krieg. Hohe Arbeitslosigkeit, schwache Nachfrage und geringe Investitionen prägen das Bild. Die → Inflationsraten sind bedrohlich gering. Sinkende Preise auf breiter Front sind in greifbare Nähe gerückt.

Alles spricht dafür, dass die Notenbanken in einer Abwärtsspirale gefangen sind. Billiges Geld führt zu steigenden Schulden für

Spekulation und Konsum. Damit wächst die Krisenanfälligkeit der Wirtschaft, was wiederum noch geringere Zinsen erforderlich macht.

> Zu niedrige Zinsen in der Vergangenheit machen noch niedrigere Zinsen heute erforderlich, die wiederum nochmals niedrigere Zinsen morgen bedingen. Geld muss immer billiger und immer großzügiger in das System gepumpt werden.

Dabei wirkt die Schuldenlast deflationär und trägt damit den Keim des Kollapses in sich. Haben wir uns mit immer mehr Schulden nach oben gehebelt und Vermögenswerte »aufgeblasen«, so droht ein scharfer Einbruch, sobald die Preise ins Rutschen kommen oder die Zinsen steigen. Sehr schnell gelangen wir an den Punkt, an dem Verkäufe nicht mehr freiwillig erfolgen, sondern erzwungen werden.

In einer überschuldeten Welt gibt es nur wenige Wege der Sanierung: den kalten Entzug mit Pleiten, Konkursen und Depression. Oder die etwas weniger drastische Lösung über Besteuerung oder Inflationierung.

Wohin man auch blickt, es mehren sich die Warnsignale. Die Welt ächzt unter hohen Schulden, geringem Wachstum und hoher Arbeitslosigkeit. Das Sparbuch wirft kaum noch Zinsen ab. Die Finanzmärkte erleben, ausgehend von China im Sommer 2015, heftige Turbulenzen. Terror und Flüchtlingskrise untergraben die wirtschaftliche Stabilität und den politischen Zusammenhalt. Der Ruf nach immer ungewöhnlicheren Maßnahmen der Notenbanken wird lauter. Statt einer neuen großen → Depression erleben wir eine Depression in Zeitlupe. Der rasche Kollaps ist ausgeblieben. Stattdessen hat eine lang anhaltende Stagnation eingesetzt: die Eiszeit.

Fast niemand hat die Krise von 2008 erwartet. Fast niemand sieht die Eiszeit vorher. Das sollte nicht verwundern, zeigen Studien doch eindeutig, dass Volkswirte → Rezessionen nicht vorhersagen.[1]

Die Krise begann vor mehr als acht Jahren. Nach den Maßstäben der Bibel wären die mageren Jahre vorbei und wir könnten uns auf sieben fette freuen. Doch danach sieht es nicht aus. Stattdessen müssen wir uns privat und in der Vermögensanlage auf die Eiszeit einstellen. Selber denken und vorbereiten, lautet die Devise.

# Teil 1:
# Der Weg in die Eiszeit

# MONEY FOR NOTHING

## 30 Jahre Schuldenboom

Finanz- und Wirtschaftskrisen sind die Folge eines zu starken Kreditwachstums bei privaten Haushalten und Unternehmen. Auf den Staat greifen diese vom Privatsektor ausgelösten Krisen erst dann über, wenn der Staat eingreifen muss, um Banken und Privatwirtschaft zu stabilisieren. Das ist das Fazit einer Studie der Universität Bonn, die 94 Krisen der letzten 140 Jahre zum Gegenstand hat. Schon allein die Zahlen zeigen: Krisen sind eher die Regel als die Ausnahme.[2]

Was die Studie außerdem zeigt: Je weniger Schulden der Staat vor dem Ausbruch der Krise hatte, desto milder verlief die Krise. Dieser Zusammenhang leuchtet ein, denn nur gering verschuldete Regierungen haben genügend Luft zur Aufnahme von Krediten, um gegensteuern zu können. Müssen sie hingegen zeitgleich mit dem Privatsektor sparen, so folgt daraus ein schwerwiegender Rückgang der Wirtschaftsleistung.

Die Finanz- und Wirtschaftskrise von 2008 war demgemäß kein Zufall. Sie war vielmehr das unvermeidliche Resultat eines Übermaßes an Schulden, die im privaten Sektor und von einigen Regierungen eingegangen wurden.

Tatsächlich haben wir es mit einem Verschuldungsboom zu tun, der in der Geschichte ohne Beispiel ist. Von 1980 bis 2010 ist die weltweite Verschuldung dramatisch angewachsen. Berechnungen der → Bank für Internationalen Zahlungsausgleich

(BIZ) – der Notenbank der Notenbanken mit Sitz in Basel – weisen für die Industrieländer einen Anstieg von 160 Prozent auf über 320 Prozent der jährlichen Wirtschaftsleistung aus. Real betrachtet, also bereinigt um den Effekt steigender Preise, haben sich die Schulden der Unternehmen mehr als verdreifacht, die der Staaten mehr als vervierfacht und die der privaten Haushalte gar mehr als versechsfacht.

Abbildung 1 zeigt die Zunahme der Verschuldung von Staaten, privaten Haushalten und Unternehmen im Verhältnis zum Bruttoinlandsprodukt (BIP) in den verschiedenen Ländern. Der leichte Rückgang der Schuldenquote in den USA von 1990 bis 2000 ist auf den damaligen Wirtschaftsboom zurückzuführen. Der deutliche Anstieg der Schulden in Deutschland im selben Jahrzehnt ist die direkte Folge der deutschen Wiedervereinigung. In allen Ländern wuchsen die Schulden deutlich schneller als die Wirtschaftsleistung.

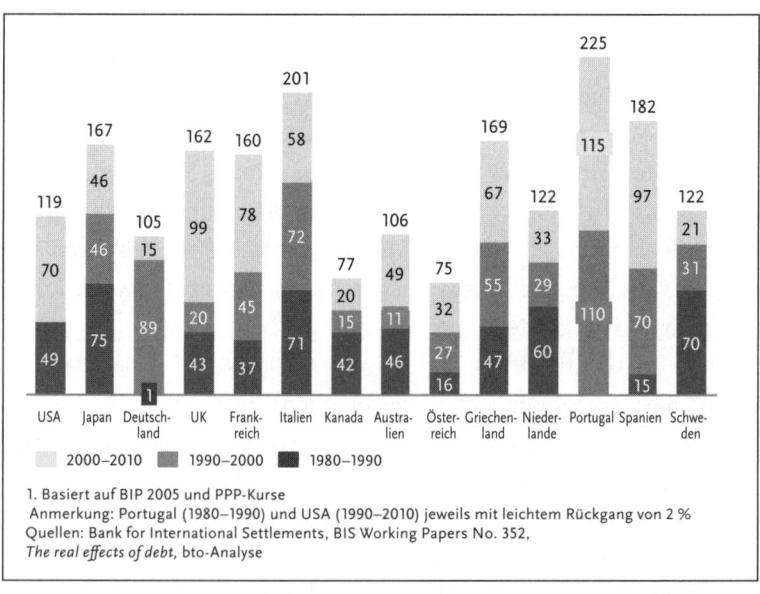

Abbildung 1: Entwicklung der Verschuldung im Verhältnis zum Bruttoinlandsprodukt, 1980 bis 2010 (in v. H.)

# Entfesselung der Märkte

Nachdem die Verschuldung über Jahrzehnte hinweg relativ stabil war, setzte ab 1980 ein deutlicher Anstieg ein. Das war kein Zufall, sondern das gewollte Ergebnis der Wirtschaftspolitik. Den Regierungen ging es immer darum, unmittelbar bestehende Probleme auf einfache Weise zu lösen und Rezessionen zu bekämpfen, wie ein Blick in die Wirtschaftsgeschichte zeigt.

In den 1970er-Jahren schwächte sich das Wirtschaftswachstum in der westlichen Welt deutlich ab. Mit dem ersten Ölpreisschock 1973, steigender Inflation und zunehmender Arbeitslosigkeit kam eine Ära ständigen Wachstums und kontinuierlicher Wohlstandsgewinne zu ihrem Ende. Die Zeit des hohen Wachstums seit dem Zweiten Weltkrieg hatten die Staaten dazu genutzt, die Verschuldung im Verhältnis zum BIP zu reduzieren. Nun begannen sie, mit Konjunkturprogrammen im Sinne der Empfehlungen des britischen Ökonomen John Maynard Keynes (1883 bis 1946) Wirtschaftspolitik zu betreiben. Die Privatverschuldung war derweil gering. Man wirtschaftete vorsichtig.

Bei Kriegsende hatten sich die führenden Nationen im US-amerikanischen Städtchen Bretton Woods auf ein System fester Wechselkurse mit Bindung an den US-Dollar geeinigt. (Der US-Dollar war damals an den Goldpreis gebunden.) In den ersten Jahren funktionierte das System gut, doch dann mehrten sich die Spannungen. Zu ungleich war die wirtschaftliche Entwicklung der einzelnen Staaten. Überdies führten die enormen Kosten des Vietnamkriegs zu deutlichen Staatsdefiziten in den USA. Als die Franzosen Zahlungen in Gold statt in US-Dollar forderten, brach das System fixer Wechselkurse zusammen. Die Bindung des US-Dollar an das Gold wurde 1973 aufgehoben. Die Schaffung neuen Geldes vollzog sich von nun an losgelöst von den Goldbeständen der Notenbanken.

Die Inflationsraten stiegen deutlich an. Der Begriff der »Stagflation« wurde geprägt, um eine Wirtschaft zu umschreiben, deren Entwicklung bei gleichzeitig stark steigenden Preisen erlahmte. Nur durch drastische Zinserhöhungen gelang es den Notenbanken, allen voran der US-Notenbank Federal Reserve Board (kurz Fed), die Inflation unter Kontrolle zu bringen. Der Preis war eine heftige Rezession Anfang der 1980er-Jahre.

Um das Wachstum der Wirtschaft zu fördern, setzten die Staaten – ausgehend von den USA und Großbritannien – auf eine zunehmende Liberalisierung und Deregulierung vor allem des Banken- und → Finanzsektors. Die Banken durften ihre Geschäfte deutlich ausdehnen und die Finanzierung von Anschaffungen auf Kredit wurde für breitere Bevölkerungsschichten normal.

Nach der erfolgreichen Bekämpfung der Inflation ging das Zinsniveau deutlich zurück. Die Nachfrage der privaten Haushalte und Unternehmen zog an. Die Wirtschaft belebte sich und andere Länder folgten dem Vorbild der USA und Großbritanniens und deregulierten ihre Finanzmärkte.

Wachsende Kredite und ein Wirtschaftsaufschwung bewirkten einen deutlichen Anstieg der Vermögenspreise. Die Kurse von Anleihen stiegen, während die Zinsen sanken. Die Aktienmärkte starteten zum größten »→ Bullenmarkt« ihrer Geschichte, der erst Anfang des Jahres 2000 sein Ende fand.

Mit dem Fall der Mauer und dem Eintritt Osteuropas und Chinas in den Weltmarkt – der sogenannten Globalisierung – intensivierte sich der weltweite Wettbewerb. 820 Millionen Menschen strömten neu auf den weltweiten Arbeitsmarkt.[3] Sie brachten die Löhne unter Druck und die Preise stiegen nur noch langsam. Die Inflationsgefahr schien gebannt. Die Notenbanken befürchteten gar eine → Deflation, das heißt im Durchschnitt sinkende Preise. Da eine Deflation als Vorzeichen einer großen Depression wie in den 1930er-Jahren galt, hielten sie mit niedrigen Zinsen dagegen. Um jeden Preis sollte ein Verfall der Preise verhindert werden. Das Zinsniveau war jahrelang zu gering und befeuerte die Preise von Anleihen, Aktien und Immobilien. Es war einfach, auf Kredit ein Vermögen zu machen.

## Schulden als Allzweckwaffe der Politik

Wann immer es zu Turbulenzen an den Finanzmärkten kam, waren die Notenbanken zur Stelle. Dies gilt für den Börsenkrach im Oktober 1987 und die Asienkrise 1997/98 ebenso wie für die Russlandkrise 1998/99 und die Schieflage des → Hedgefonds LTCM 1998. Spekulanten und Investoren an den Finanzmärkten gelangten deshalb zu der Überzeugung, dass nie wirklich etwas schiefgehen könne. Die Notenbanken würden sie retten, wann immer es zu einem Unfall im Finanzsystem kommen würde.

Die steigenden Preise der Vermögenswerte erlaubten es zugleich, mehr Kredite nachzufragen. So ließ sich der höhere Preis für ein Haus nutzen, um mit einem weiteren Kredit entweder ein größeres und schöneres Haus zu kaufen oder das neue Auto oder die Ausbildung der Kinder zu bezahlen. Steigende Vermögenswerte und Schulden dienten als Ausgleich für ausbleibende Lohnzuwächse.

Nicht nur die US-Notenbank betrieb eine aggressive Geldpolitik. Auch die japanische Notenbank versuchte, durch eine Politik des billigen Geldes die eigene Wirtschaft, die noch immer unter den Folgen der im Jahr 1990 geplatzten Spekulations- und Schuldenblase litt, auf Wachstumskurs zu bringen. Kredite in Yen waren unschlagbar günstig. Dies regte Spekulanten aus aller Welt dazu an, sich in Yen zu verschulden und auf den weltweiten Finanzmärkten zu spekulieren – eine Einladung, die bereitwillig angenommen wurde.

In diesem Umfeld steigender Kredite und Vermögenswerte wurde das Internet erfunden, das die Hoffnungen auf viele neue Industrien und Geschäftsmodelle nährte. Obwohl es noch einige Zeit dauern sollte, bis sich diese neuen Geschäfte etablierten, kam es an der Börse zu einer wahren Euphorie. Ein neues Zeitalter wurde beschworen und anerkannte Grundsätze der Bewertung von Unternehmen wurden als veraltet abgetan. Angeheizt durch die Hochstimmung und niedrige Zinsen, kam es zur wohl größten Aktienmarktblase der Geschichte. US-Aktien notierten auf der Spitze mit dem mehr als Dreifachen des fundamental gerechtfertigten Wertes und damit deutlich über dem Höchststand vor dem letzten großen Crash von 1929. Es kam, wie es kommen musste: Die Aktienmärkte stürzten ab und die Angst vor einer neuen großen Depression breitete sich aus.

Dies wiederum rief die US-Notenbank auf den Plan. Unter ihrem damaligen Präsidenten Alan Greenspan wurden die Zinsen auf ein erstes Rekordtief gesenkt. Als nach den Anschlägen vom 11. September 2001 eine Verschärfung der Rezession drohte, wurden sie nochmals herabgesetzt. Die US-Autoindustrie warb mit günstiger Finanzierung. »Keep America rolling«, lautete das Motto. Die US-Regierung tat alles, um den Bürgern den Erwerb von Eigenheimen zu erleichtern. Klares Ziel: durch ein Anheizen der Immobilienpreise den US-Konsum und damit die Wirtschaft stimulieren. Die Methode hatte Erfolg. Die Rezession wurde rasch überwunden, die Wirtschaft wuchs wieder, die Arbeitslosigkeit ging zurück und die Aktienkurse ebenso wie die Immobilienpreise stiegen deutlich.

Die → Zinspolitik der US-Notenbank wirkt sich unmittelbar auf die Zinspolitik in den anderen Ländern aus. Halten die anderen Notenbanken an höheren Zinsen fest, so kommt es zu einer Aufwertung der jeweiligen Währungen mit entsprechenden negativen Wirkungen für den Export und die Wirtschaft in den betreffenden Ländern. Die Notenbanken der Welt sahen sich deshalb gezwungen, den US-amerikanischen Weg mitzugehen. Weltweit sanken die ohnehin schon niedrigen Zinsen noch weiter ab.

## Der Euro als Schuldenturbo

In Europa begann zeitgleich ein historisches wirtschaftspolitisches Experiment: Der Euro wurde eingeführt, ohne dass die für eine → Währungsunion wichtigste Voraussetzung – nämlich eine gemeinsame Fiskal- und Wirtschaftspolitik – geschaffen wurde. Der Euro hatte in erster Linie folgende Wirkung: Die Zinsen fielen überall auf das deutlich geringere deutsche Niveau. Da die Inflationsraten nicht gleichermaßen zurückgingen, ergaben sich in vielen Ländern negative → Realzinsen. Die Folge war ein rasanter Verschuldungsboom in den heutigen Krisenländern Europas.

Deutschland, das mit einem zu hohen Umtauschkurs in den Euroraum eingetreten war, durchlief derweil eine schwerwiegende Anpassungskrise. Die Arbeitslosigkeit schnellte nach oben und die Löhne stagnierten. Es folgten umfassende Arbeitsmarktreformen (Harz IV). Die Binnennachfrage war davon besonders betroffen, weshalb sich die Wirtschaft noch stärker auf den Export konzentrierte.

Ein Land, das mehr Waren exportiert als importiert, erzielt einen → Handelsüberschuss. Ein solcher Überschuss steht aber nicht für sich alleine. Spiegelbildlich bedeutet er, dass das Land mehr Kapital aus- als einführt. Wer also einen Handelsüberschuss erwirtschaftet, transferiert Geld ins Ausland. Der → Kapitalexport führt zu einer weiteren Senkung des Zinsniveaus in den anderen Ländern und fördert so den – schuldenfinanzierten – Konsum.

Kapital aus dem Ausland kann gut angelegt sein, zum Beispiel in neuen Fabriken, oder auch schlecht, zum Beispiel in Krediten für Immobilien und Konsum. Können die Kredite nicht bedient werden, so verliert das Kapitalexportland seine Forderungen. Im Grunde genommen könnte es die exportierten Waren, die seiner Kapitalausfuhr gegenüberstehen, auch gleich verschenken. Dieser Aspekt wird uns im Hinblick auf Deutschland noch beschäftigen.

Die niedrigen Zinsen zeigten ihre Wirkung: In den USA, Großbritannien, Spanien, Portugal und Irland stiegen die Preise für Immobilien deutlich. Die Aktienmärkte erholten sich ebenfalls und näherten sich zum Teil wieder den im Jahr 2000 erreichten Höchstständen. Banken und Investoren suchten angesichts der niedrigen Zinsen nach attraktiveren Anlagemöglichkeiten. So kam man in den USA auf die Idee, die vergebenen Hypothekenkredite in Wertpapieren zu bündeln und diese Wertpapiere an Investoren aus aller Welt zu verkaufen. Angesichts der Erfahrung, dass die Immobilienpreise eigentlich nur steigen können, bot dies Investoren eine relative sichere Möglichkeit, ihr Geld anzulegen – so dachte man zumindest.

Der Boom führte dazu, dass die Kreditvergabe immer laxer gehandhabt wurde. Es war immer weniger Eigenkapital vonnöten, um ein Haus zu erwerben, und immer weniger achteten die Banken auf die Finanzkraft des Käufers. Warum auch? Konnten sie doch die Hypothek sogleich, in ein Wertpapier verpackt, an ahnungslose Käufer weiterreichen.

## Die Blase platzt

Der Rest ist bereits Geschichte, wie man so schön sagt, denn natürlich kam es, wie es kommen musste: Der Boom wurde immer offensichtlicher. Fernsehsendungen beschäftigten sich mit Strategien, durch »Immobilien-Flipping« – also den schnellen Kauf und Verkauf – reich zu werden. Immer mehr Kunden kauften ohne Eigenkapital, weil sie darauf hofften, der Wertzuwachs des Hauses würde ausreichen, um die Finanzierungskosten zu decken. Aus ihrem laufenden Einkommen konnten viele die Zinsen nicht aufbringen. Die Baubranche boomte und immer mehr Häuser kamen auf den Markt, mit der Folge eines zunehmenden Überangebots.

Als die Immobilienpreise zu fallen begannen, wurde schnell klar, dass viele Schuldner nicht in der Lage waren, ihren Verpflichtungen nachzukommen, und dass folglich die Wertpapiere längst nicht so werthaltig waren wie gedacht. Die Pleite der amerikanischen Investmentbank Lehman Brothers machte die Risiken vollends offensichtlich. Angesichts der Dimensionen, welche die Verschuldung erreicht hatte, und der immer geringer gewordenen Eigenkapitalquoten der Banken drohte ein Kollaps des Finanzsystems, der die Weltwirtschaft in eine tiefe Depression gestürzt hätte.

In Europa zeigte sich zugleich, dass der Euro ein Schönwetterkonstrukt ist. Er ermutigte nicht nur private Haushalte, Unternehmen und Regierungen zu enormer Verschuldung, sondern er hat auch zu wachsenden Ungleichgewichten innerhalb der Eurozone geführt. Deutschland hatte im Zuge der Krise Anfang des Jahrtausends die Lohnkosten stabilisiert, in den anderen Ländern aber stiegen die Löhne während des Booms weiter an. Infolgedessen verloren die anderen Länder an Wettbewerbsfähigkeit und sammelten im Handel mit Deutschland hohe Defizite an.

»Große Finanzkrisen sind meistens die Folge eines sehr starken Kreditwachstums im privaten Sektor«, lautet das Fazit der bereits angesprochenen Studie der Universität Bonn. Nicht anders ist es auch bei der Krise, die 2008 begann. Im Unterschied zu den 94 von den rheinländischen Forschern untersuchten Krisen der letzten 140 Jahre hatten wir es hier jedoch mit einer Krise zu tun, die nicht nur ein einzelnes Land betraf, sondern nahezu die gesamte westliche Welt.

In den USA erwuchs die Krise aus der zu hohen Verschuldung der privaten Haushalte, vor allem bedingt durch den Immobilienboom, bei zugleich ungenügender Finanzkraft der Banken. In Europa lag die Verschuldung der Unternehmen und der privaten Haushalte auf einem noch höheren Niveau als in den USA. Auffallend hoch war sie bei den privaten Haushalten in Großbritannien, Irland, Spanien und Portugal. Unternehmen, speziell solche aus dem Bausektor, waren vor allem in Irland, Spanien und Portugal hoch verschuldet. Zugleich wiesen Staaten wie Griechenland und Italien bereits 2008 eine nicht tragfähige Schuldenlast auf. Das Bankensystem Europas hatte zugleich deutlich mehr Kredite in den eigenen Büchern stehen als die Kollegen in den USA – und das auch noch mit deutlich weniger Eigenkapital.

Der Euro als Gemeinschaftswährung erschwerte die Anpassung zusätzlich. Früher konnte ein Land durch die Abwertung der eigenen Währung rasch wieder wettbewerbsfähig werden und so die Exporte und damit letztlich die gesamte Wirtschaft beleben. Für die

Euroländer ist das nicht mehr möglich. Wer wettbewerbsfähig werden will, muss den Weg der sogenannten internen Abwertung gehen. Dieser Weg (dessen Verlauf im Kapitel »Die Natur der Rezession von 2008« erklärt wird) ist allerdings mit großen Nachteilen verbunden. Er dämpft die Wirtschaft und ist ungemein beschwerlich, langwierig und schmerzvoll.

Japan war es währenddessen nicht gelungen, sich aus der Stagnation zu befreien, die bereits 1990 begonnen hatte. Alle Bemühungen, mit billigem Geld und hohen Staatsausgaben die Wirtschaft zu beleben, waren gescheitert. Nun fiel Japan wieder zurück und geriet gemeinsam mit den Ländern des Westens in eine tiefe Rezession.

Die geschilderten Fakten belegen die Einmaligkeit der Situation von 2008. Noch nie zuvor hat es eine globale Finanzkrise dieses Ausmaßes gegeben. Nicht einzelne Länder, nicht einzelne Sektoren hatten über ihre Verhältnisse gelebt, sondern de facto fast die gesamte westliche Welt. Genau darin lag eine enorme Gefahr: Es drohte der Kollaps des Systems.

# DIE ROLLE DER BANKEN

## Privatbanken schöpfen Geld

Wenn die Bank einen Kredit gewährt, kann sie dies tun, *ohne* zuvor eine Spareinlage bekommen zu haben. Sie schafft das Geld also aus dem Nichts – lateinisch »fiat« (»es möge entstehen«), weshalb man von einem Fiat-Geldsystem spricht.

Dies ist eigentlich kein Problem. Vergibt doch die Bank im eigenen Interesse einen Kredit nur gegen eine gute Sicherheit wie zum Beispiel eine Immobilie oder eine Fabrikanlage. Konsumentenkredite sind schon kritischer zu sehen, weil nur die künftigen Einkommen des Schuldners für den Kredit geradestehen. Dieses höhere Risiko zeigt sich in der Regel am Zins, der höher ist als bei anderen Darlehen.

Der Kreditnehmer bekommt das Darlehen auf seinem Konto gutgeschrieben. Damit verfügt er über von der Bank neu geschaffenes Geld, das er für Konsum und Investitionen nutzen kann. Kauft er beispielsweise eine Immobilie, so wird das Geld dem Verkäufer gutgeschrieben. Dessen Einlage bei seiner Bank wächst um den entsprechenden Betrag. Dabei ist es egal, ob das Guthaben bei derselben Bank anfällt, die den Kredit vergeben hat, oder bei einer anderen. Da die Banken sich untereinander und über die Zentralbank wiederum Geld leihen, gleichen sich durch den Kredit ausgelösten Zahlungsvorgänge stets gegeneinander aus.

Problematisch wird es erst, wenn der Schuldner seinen Kredit nicht bedienen kann und die Sicherheiten nicht (mehr) so werthaltig sind wie angenommen. Dann erleidet die Bank Verluste aus dem Kredit, während das Guthaben des Hausverkäufers und aller anderen Sparer bei der Bank unverändert bleiben. Die Bank, die den Kredit vergeben hat, droht insolvent zu werden. Das Geld, das sie selbst geschaffen hat, stellt nun eine Forderung gegen sie selbst dar. Um sich gegen die Gefahr der Zahlungsunfähigkeit zu schützen, achten solide Banken darauf, es mit der → Geldschöpfung nicht zu übertreiben. Ausreichendes Eigenkapital und vorsichtige Kreditvergabe sind die beste Voraussetzung für eine Bank, um dauerhaft im Geschäft zu bleiben.

Sofern der größte Teil der Kreditvergabe dazu dient, Investitionen zu finanzieren, sind Krisen selten. Normalerweise investieren Unternehmen nur bei soliden Geschäftserwartungen und Banken finanzieren nur bei ausreichenden Sicherheiten mit entsprechendem Risikopuffer. Zugleich achten gut geführte Banken darauf, ihre Forderungen gegen einzelne Schuldner in einem gewissen Rahmen zu halten, damit eine einzelne Kreditbeziehung nicht zum Untergang der Bank führt. Welche Folgen eine Missachtung dieses Grundsatzes hat, zeigt etwa die Pleite der Kölner Traditionsbank Sal. Oppenheim im Jahr 2009. Der Großkunde Arcandor ging in den Konkurs und riss die Bank mit in den Abgrund. Letztlich endeten die Reste des Instituts bei der Deutschen Bank.

Da Banken mit recht geringem Eigenkapital arbeiten, sind sie immer anfällig für Verluste an Vertrauen aufseiten ihrer Kunden, egal ob diese berechtigt sind oder nicht. Der Verlust an Vertrauen in die Zahlungsfähigkeit einer Bank kann zu einem Ansturm der Kunden auf diese Bank führen, die allesamt ihre Einlagen abziehen wollen. Der berüchtigte Bank-Run kann auf andere Banken übergreifen und so eine Banken- und Finanzkrise auslösen.

Solche Krisen zu verhindern war das Hauptmotiv für die Gründung von Zentralbanken, die im Krisenfall als *lender of last resort* – Kreditgeber letzter Instanz – einspringen. Die Zentralbank kann glaubhaft garantieren, dass kein Kunde sein Geld verliert. Allerdings ist die Rettung einer Bank im Krisenfall an harte Auflagen gebunden. Der Bankenexperte und Herausgeber des *Economist,* Walter Bagehot, hat dazu schon 1873 klare Regeln aufgestellt. Demnach soll die Zentralbank im Krisenfall nur solventen Banken helfen, nur gegen die Hinterlegung von sehr guten Sicherheiten und zu einem hohen Strafzins. Mit diesen Regeln wollte er sicherstellen, dass die Banken vorsichtig agieren und ihre Fähigkeit zur Geldschöpfung nicht missbrauchen.

Rund 90 Prozent des Geldes, das wir verwenden, wurde vom privaten Bankensystem geschaffen. Nur der kleinste Teil wird von der Notenbank – also der Bundesbank, der Europäischen Zentralbank (EZB) oder der US-Notenbank Fed – zur Verfügung gestellt. Obwohl die Zentralbanken der Welt einen anderen Eindruck erwecken, sind ihre Möglichkeiten, die Entwicklung der Geldmenge zu beeinflussen, nur sehr indirekt und schwach: Sie können den Zinssatz und die Mindestreserve, welche die Banken bei ihnen hinterlegen müssen, variieren. Dabei sind sie in einer passiven Rolle: Die Zentralbanken folgen dem Bankensystem, nicht umgekehrt.

Zentralbanken können jedoch durch das Angebot billigen Geldes das Zinsniveau insgesamt beeinflussen. Diese Möglichkeit haben die Zentralbanken jahrzehntelang genutzt.[4]

## Niemand versteht die Banken

»Würden die Menschen das Geldsystem verstehen, hätten wir eine Revolution noch vor morgen früh«, meinte schon der Autopionier Henry Ford.

So gesehen ist es gut, dass eine Umfrage unter britischen Abgeordneten ergeben hat, dass noch neun von zehn denken, dass das Geld ausschließlich vom Staat geschaffen wird. Getrost kann man davon ausgehen, dass es um das Verständnis bei deutschen Abgeordneten und der breiten Öffentlichkeit hierzulande nicht besser bestellt ist.[5]

Nun könnte man meinen, es spiele keine Rolle, dass die breite Öffentlichkeit unser Geldsystem nicht versteht, solange es funktioniert und solange die Fachleute zumindest wissen, wie es geht und was zu tun ist, um Krisen zu verhindern. Doch genau dies ist nicht der Fall, wie Zoltan Jakab und Michael Kumhof in einer neuen Studie der Bank of England aufzeigen.[6] Ihre zentrale Aussage lautet: Während die Experten bei Notenbanken, dem Internationalen Währungsfonds (IWF) und der Bank für Internationalen Zahlungsausgleich (BIZ) das System verstehen, herrschen in der allgemeinen Volkswirtschaftslehre und auch bei den Bankern selbst immer noch völlig falsche Vorstellungen von der Funktionsweise des Geldsystems vor.

Hätte es nicht solch fatale Wirkungen, so könnte man über dieses Versagen der Volkswirtschaftslehre lachen. Die beiden Autoren haben nämlich herausgefunden, dass eine korrekte Abbildung der Arbeitsweise von Banken zu ganz anderen Ergebnissen bei der volkswirtschaftlichen Analyse führen würde. Die Veränderungen der Bankbilanzen, also die Großzügigkeit oder Zurückhaltung bei der Vergabe von Krediten und damit der Schaffung von Geld, vollziehen sich viel schneller und haben deutlich größere Auswirkungen auf die Realwirtschaft, als die Volkswirte denken.

Erst recht dann, wenn die Kreditwürdigkeit der Schuldner der Bank sinkt, wie zum Beispiel nach einem heftigen Einbruch am Immobilienmarkt, sind die Folgen für die Wirtschaft dramatisch: Die Banken schränken die Kreditvergabe drastisch ein. Überraschen kann dies nicht, denn nur wenn die Schuldner ausreichende Sicherheiten haben und ihre Pflicht zur Zahlung von Zinsen erfüllen, ist das von den Banken geschaffene Geld werthaltig. Wenn die Schuldner ausfallen, dann verliert die betroffene Bank sehr schnell ihre Zahlungsfähigkeit, sind doch die Eigenkapitalquoten der Banken mit durchschnittlich rund 3 Prozent extrem gering.

Betrachtet man die Banken nicht als allein neutrale Vermittler zwischen Ersparnissen und Investitionen – wie das in vielen Lehrbüchern getan wird –, so erkennt man, dass sie einen erheblichen Einfluss auf die kurzfristige Entwicklung der Wirtschaft haben. In guten Zeiten, in denen die Einkommen sicher und die Vermögenspreise hoch sind oder weiter steigen, geben Banken gerne Kredit. In schlechten Zeiten hingegen halten sie sich zurück. Mit anderen Worten: Sie verhalten sich prozyklisch, das heißt, sie verstärken die Schwankungen der gesamtwirtschaftlichen Aktivitäten. Volkswirte hingegen erwarten in ihrem Vermittlermodell genau das Gegenteil: Weil in schlechten Zeiten die Ersparnisse zunehmen, gehen sie davon aus, dass die Banken mehr Kredite anbieten. Doch diese Annahme ist völlig falsch.

Diese Erkenntnis hat dramatische Auswirkungen auf die Wirtschaftspolitik. Solange mit falschen Annahmen zur Funktionsweise der Banken gearbeitet wird, laufen wir Gefahr, die falsche Medizin zu verordnen. Die Regulierung der Banken setzt an den falschen Hebeln an und die Geldpolitik verfolgt eine falsche Strategie.


## Unproduktive Kredite

Der Anteil des Finanzsektors am Bruttoinlandsprodukt ist in den letzten Jahren kontinuierlich gewachsen. Lag er in den 1960er-Jahren noch zwischen 2 Prozent (Deutschland) und 4 Prozent (USA), so ist er inzwischen auf Werte zwischen 6 Prozent (Deutschland) und 12 Prozent (Großbritannien) gestiegen.[7]

Dabei führt das prozyklische Verhalten der Banken nicht nur zu einer regelmäßigen Abfolge von Booms und Krisen, sondern tendenziell zu immer größeren Krisen. Wie wir gesehen haben, ist die Verschuldung der westlichen Welt in den letzten 40 Jahren kontinuierlich gewachsen. Dies ist so zu erklären: Die Banken vergeben zunächst Kredite an solvente Schuldner mit guten Sicherheiten. Damit wächst die Geldmenge. Die Wirtschaft läuft gut, Einkommen und Vermögenspreise steigen.

Höhere Vermögenspreise signalisieren einen Wertzuwachs bei den Sicherheiten. Die Banken können mehr Kredite geben, die Schuldner mehr Kredite aufnehmen. Am besten geht dies in der Tat mit Immobilien. Banken geben Kredite an Immobilienkäufer, die – ausgestattet mit dem Kredit – bereit sind, immer mehr für ein Haus zu bezahlen. Dabei wird das System zunehmend selbstreferenziell: Immobilienpreise gelten als günstig im Verhältnis zu den Beträgen, die in anderen Ländern bereits bezahlt oder aber auch im eigenen Land bald bezahlt werden dürften.

Welche Dimensionen diese Entwicklung erreicht hat, zeigen Zahlen aus England. Seit 1990 haben sich die Hypotheken und Kredite an Immobilien- und Finanzunternehmen von 33 Prozent auf nun 98 Prozent des BIP verdreifacht. Die Ausleihungen an die produktiven Sektoren – also die Unternehmen außerhalb des Finanzsektors, die in Maschinen und Anlagen investieren oder neue Produkte und Dienstleistungen entwickeln– blieben stabil bei 25 Prozent des BIP.[8]

> Das bedeutet: Englische Banken verleihen vier Mal so viel an unproduktive wie an produktive Sektoren der Wirtschaft.

Vorhandene Vermögensobjekte werden dadurch, dass Käufer deren Erwerb mit Krediten finanzieren, immer teurer.

Nicht anders sieht es unter anderem in den USA, Australien, Kanada, Holland und Schweden aus.

Diese Erkenntnis ist wichtig, betrachten wir die Diskussion zu Vermögen und Vermögensverteilung, die im Jahr 2014 durch das Buch *Das Kapital im 21. Jahrhundert* des französischen Ökonomen Thomas Piketty an Intensität gewonnen hat. Piketty beklagt in seinem Buch eine deutliche Zunahme der Vermögen seit 1980 und befürchtet eine erhebliche Schieflage. In meinem eigenen Buch *Die Schulden im 21. Jahrhundert* habe ich dargelegt, dass die Vermögensentwicklung in direktem Zusammenhang mit der gestiegenen Verschuldung steht.

Eine Analyse des amerikanischen Ökonomie-Doktoranden Matthew Rognlie im Frühjahr 2015 hat ergeben, dass der Vermögensanstieg fast ausschließlich auf Immobilien zurückgeführt werden kann.[9] Er ist eine klare Folge der unbegrenzten Kreditvergabe der Banken.

---

*EXKURS: Von Vermögen und Schulden*

Die Medien sind voll mit Berichten über die Ungleichverteilung des Weltvermögens. Immerhin soll 1 Prozent der Weltbevölkerung so viel besitzen wie die übrigen 99 Prozent zusammen. Gefordert wird mehr Umverteilung, breitere Bildung, mehr Regulierung der Finanzmärkte.

Der Franzose Thomas Piketty zeigt in seinem Buch *Das Kapital im 21. Jahrhundert* einen Anstieg der Vermögen und der Vermögenskonzentration und erwartet eine Fortsetzung dieses Trends. Dabei unterstellt er, dass die Rendite *(r)*, die auf Vermögen erwirtschaftet wird, konstant über der Wachstumsrate der Wirtschaft *(g)* liegt. Kurz gefasst lautet diese mittlerweile berühmte Annahme:

$$r > g$$

Es gibt berechtigte Zweifel am nachhaltigen Bestand dieses behaupteten Zusammenhangs. Nur kurzzeitig kann es Phasen geben, in denen *r* größer als *g* ist. Ein entscheidendes Gegenargument ist, dass ein wichtiger Vermögensbestandteil selbst genutzte Immobilien sind, deren Ertrag *r* – also die fiktive Miete für das eigene Haus oder die eigene Wohnung – per Definition nicht gespart wird, weil er in der Realität gar nicht anfällt.

Piketty erwartet unabhängig vom Wirtschaftswachstum eine reale Kapitalrendite von 4 bis 5 Prozent. Die grundsätzliche Frage, wie es überhaupt sein kann, dass Vermögen dauerhaft schneller wachsen als das Volkseinkommen, stellt er jedoch

---

nicht. Ein derartiges Wachstum der Vermögenswerte und auch der Vermögenskonzentration wäre ohne die zeitgleich enorm gestiegene weltweite Verschuldung gar nicht möglich. Dabei wirken Schulden auf unterschiedliche Art und Weise:

- Zunächst führen Schulden zu mehr Nachfrage und damit mehr Wirtschaftswachstum und höheren Unternehmensgewinnen. Wie wir zuvor gesehen haben, war dies gerade in den USA erforderlich, um die stagnierenden Einkommen der Mittelschicht zu kompensieren.
- Darüber hinaus erlauben Schulden die Nachfrage nach Vermögenswerten. Stellen Sie sich vor, Sie könnten eine Aktie zu 100 Euro kaufen, die jedes Jahr eine Dividende von 10 Euro abwirft. Die Verzinsung läge also bei 10 Prozent. Wenn Sie jetzt gegen einen Zinssatz von 5 Prozent 50 Euro bei der Bank leihen, müssen Sie nur noch 50 Euro von Ihrem eigenen Geld einsetzen. Da die Aktiengesellschaft nach wie vor 10 Euro pro Aktie ausschüttet und Sie davon nur 2,50 Euro an die Bank abgeben müssen (5 Prozent auf 50 Euro), bleiben Ihnen noch 7,50 Euro. Das entspricht einer stolzen Verzinsung von 15 Prozent (7,50 Euro auf 50 Euro Einsatz). Die Fachleute sprechen vom sogenannten Leverage-Effekt. Wenn die Bank noch großzügiger ist, können Sie sich vielleicht sogar 80 Prozent des Kaufpreises leihen. Zu Ihren 100 Euro Eigenkapital kämen dann weitere 400 Euro Kredit. Sie würden Aktien für 500 Euro kaufen, 20 Euro als Zinsen an die Bank zahlen (5 Prozent auf 400) und 30 Euro für sich behalten. Ihre Rendite würde auf 30 Prozent steigen.
- Natürlich steigt der Preis der Aktie angesichts der enormen Rendite. Aber selbst wenn er sich verdoppelt, dann lohnt es sich noch. Steigt der Preis um 100 Prozent, so wächst auch Ihr Eigenkapital von 100 Euro auf 200 Euro, während die Schulden bei 400 Euro festgeschrieben sind. Die Bank wird Ihnen nur zu gerne weitere Kredite einräumen, ist doch jetzt Ihre Si-

cherheit so viel mehr wert. Sie sehen schon: Eine wunderbare Spirale der Vermögensvermehrung lässt sich in Gang setzen.

- Zusätzlich können Sie natürlich mehr konsumieren, weil Sie deutlich reicher geworden sind.

Die skizzierten Abläufe zeigen, dass es kein Zufall ist, dass die Vermögen zeitgleich mit den Schulden gewachsen sind. Das Gegenteil ist der Fall: Es besteht ein zwangsläufiger Zusammenhang.

> Ohne willige Banken und den gigantischen Kreditboom würde es Vermögenszuwächse wie die von Piketty beklagten gar nicht geben.

Kreditbasiertes Wachstum erhöht die Anfälligkeit der Wirtschaft für Krisen überproportional. Kommt es zu einem Rückgang der Immobilienpreise – was, wie wir wissen, nicht ausgeschlossen, sondern nur eine Frage der Zeit ist –, geraten die Banken sehr rasch in Not. Sie stellen fest, dass sie zu großzügig waren. Sie erleiden erste Verluste, die Sicherheiten verlieren an Wert und sie schränken die Vergabe neuer Kredite ein. In der Folge geraten die Immobilienpreise noch stärker unter Druck und ein wachsender Teil der Kredite ist nicht mehr ausreichend besichert. Erste Notverkäufe setzen ein und es beginnt eine Abwärtsspirale, die das ganze Finanz- und Bankensystem in den Abgrund ziehen kann.

Es war diese Entwicklung, die im Zentrum der Finanzkrise stand, als die Immobilienblasen in den USA, Irland, Spanien und Portugal platzten. Angesichts der Dimension der Verschuldung und der globalen Vernetzung der Finanzbeziehungen war eine große Depression mit Bankenpleiten, einer kollabierenden Realwirtschaft und Massenarbeitslosigkeit realistisch.

Wie in der Studie der Universität Bonn beschrieben, war es nun an den Regierungen und Notenbanken, diesen Kollaps zu verhindern. Genau das haben sie getan. Die Regierungen haben Banken mit neuem Kapital versorgt, verstaatlicht oder ihnen die faulen Schulden abgenommen und in sogenannte Bad Banks ausgelagert. Die Regeln der Rechnungslegung wurden für Banken so angepasst, dass sie Verluste verschieben und verstecken konnten. In Deutschland versprachen Bundeskanzlerin Angela Merkel (CDU) und der damalige Finanzminister Peer Steinbrück (SPD) in einer Fernsehansprache den Sparern, dass ihr Geld bei den Banken sicher sei.

Die Notenbanken senkten die Zinsen erneut – wie schon in allen Krisen seit 1987 – und überschwemmten die Märkte mit Liquidität. Mit Erfolg: Die Vermögenswerte stabilisierten sich, die Aktienkurse stiegen, die Immobilienpreise zogen an. Die Verluste der Banken gingen zurück, die Krise war vorerst abgewendet.

> Die Finanzkrise von 2009 war keine normale Krise im Rahmen des typischen Auf und Ab des Kreditzyklus, sondern eine Krise, die nach mehreren Jahrzehnten des Kreditbooms das Finanzsystem an die Grenze des Zusammenbruchs geführt hat.

## Weg vom Krisenzyklus

Seither ist wenig passiert, um eine Wiederholung zu verhindern. Die Regulierung hat nichts daran geändert, dass die Banken mit einem viel zu geringen Eigenkapital arbeiten und sich prozyklisch verhalten. Die weltweite Verschuldung wächst ungebremst weiter.

Was nötig wäre, liegt auf der Hand: deutlich höhere Eigenkapitalanforderungen, ein echtes Konkursrisiko für die Banken, Zentralbanken, die zu den Grundsätzen ordnungsgemäßer Geldpolitik zurückkehren, und ein Instrumentarium, um das prozyklische Verhalten der Banken zu verhindern. Letzteres wäre möglich, indem man zum Beispiel in Zeiten starken Kreditwachstums die erforderliche Eigenkapitalhinterlegung erhöht und in Zeiten geringen Wachstums verringert.

Dafür müssten die Entscheidungsträger allerdings nicht nur verstehen, wie das System funktioniert, sondern auch bereit sein, es zu ändern. Zweifel am realen Gehalt beider genannten Voraussetzungen sind angebracht.

In dem äußerst sehenswerten Film *Margin Call*[10] aus dem Jahr 2011 gibt es eine Schlüsselszene. Der soeben gefeuerte Risikomanager der Bank räsoniert über sein Leben und stellt fest, dass sein einziger echter Beitrag zur Verbesserung der Welt der Bau einer Brücke gewesen sei, die für Tausende von Pendlern die Fahrstrecke um 40 Meilen reduziert. Seine Arbeit bei der Bank hingegen sei nicht nutzbringend für die Gesellschaft gewesen.

Diese Szene verdeutlicht ein weiteres Problem: Der Schaden durch ein aufgeblasenes, übergroßes Finanzsystem liegt nicht nur in den Kosten der Krisenbekämpfung, die letztlich eine Privatisierung von Gewinnen und eine Sozialisierung von Verlusten mit sich bringt. Hinzu kommt, dass die besten Talente nicht zur Erhöhung des Wachstumspotenzials der Volkswirtschaft beitragen, sondern stattdessen an den Finanzmärkten spekulieren.

Eine Studie der Bank für Internationalen Zahlungsausgleich (BIZ) kommt zu einem eindeutigen Ergebnis:[11] Die Produktivität des Realsektors sinkt, wenn der Finanzsektor eines Landes einen zu hohen Anteil einnimmt. Ein hohes Wachstum im Finanzsektor – zum Beispiel infolge eines Kreditbooms, der erfahrungsgemäß vor allem die nicht produktiven Bereiche einer Volkswirtschaft begünstigt (Immobilien!) – führt zu geringeren Produktivitätszuwächsen. Die Ursachen für geringere Produktivität der Wirtschaft als Ganzes sind demnach

- Bevorzugungen nicht produktiver Investitionsbereiche und

- Abwanderungen hoch qualifizierter Arbeitskräfte in den Finanzsektor.

Beides führt dazu, dass forschungs*intensive* Branchen in einem Land mit schnell wachsendem Finanzsektor *langsamer* wachsen als forschungs*schwache* Sektoren in Ländern mit langsam wachsendem Finanzsektor. Die Realwirtschaft wird infolgedessen derart geschwächt, dass sie noch schlechter dasteht als die schwächsten Sektoren anderer Länder! Es wäre volkswirtschaftlich vernünftiger, wenn die Banker nicht Banker wären, sondern Ingenieure.

Selbst das britische Wirtschaftsmagazin *Economist*[12] sieht die Rolle der Banken kritisch und fragt, weshalb die zunehmende Bedeutung des Finanzsektors mit geringerem Wirtschaftswachstum und vermehrt auftretenden Blasen an den Finanzmärkten zusammentrifft. Meine Antwort ist einfach:

> Der Finanzsektor verdient umso mehr, je höher die Verschuldung einer Volkswirtschaft ist.

Parallel zur Zunahme der Gewinne im Finanzsektor ist die Verschuldung in allen Ländern deutlich gestiegen. Von neu geschaffenem Geld profitieren immer jene am meisten, die über das neue Geld als Erste verfügen. Und das ist in erster Linie der Finanzsektor.

# DEUTSCHLAND UND DER EURO

## Scheinblüte auf Pump

Die Einführung des Euro hat einen schuldenfinanzierten Boom in den heutigen Krisenländern des Euroraums ausgelöst. Die Zinssätze waren angesichts nach wie vor vergleichsweise hoher Inflationsraten deutlich zu gering. Dabei kam es zu einer sich selbst verstärkenden Entwicklung, die ich am Beispiel Spaniens erläutern möchte.

Zunächst führten die billigen Kredite zu einer erhöhten Nachfrage nach Immobilien. Die Preise zogen an und noch mehr Menschen stellten fest, dass der Kauf von Immobilien auf Kredit ein attraktives Geschäft darstellt. In der Folge stieg die Nachfrage nach Immobilien weiter und im Verein mit ihr die Preise. Es wurde immer lohnender, Häuser zu bauen. Die Konjunktur belebte sich deutlich. Die Wirtschaft wuchs und die Einkommen stiegen. Weil der Bedarf an Arbeitskräften in der Bauwirtschaft zunahm, erlebte Spanien einen wahren Zustrom an neuen Arbeitskräften aus dem Ausland. Auch diese benötigten Wohnraum für sich und ihre Familien, was die Bautätigkeit wiederum ankurbelte.

Der Aufschwung der Wirtschaft führte zu steigenden Löhnen und Gehältern, die Steuereinnahmen stiegen, während die Kosten für Sozialleistungen zurückgingen. Der spanische Staat erzielte Überschüsse und konnte die Verschuldung im Verhältnis zum Bruttoinlandsprodukt deutlich senken.

Die Nachfrage wuchs weiter und die Importe nahmen zu, weil die eigene Industrie gar nicht über genügend Kapazitäten verfügte, um die enorme Nachfrage zu bedienen. Mehrere Jahre in Folge verzeichnete Spanien erhebliche Außenhandelsdefizite, die aber niemanden weiter störten, weil es sich vor allem um Defizite mit anderen Ländern im Euroraum handelte. Man nahm an, Defizite in einem gemeinsamen Währungsraum wären so wenig wichtig wie Defizite im Handel zwischen Bayern und Niedersachsen. Das war ein großer Irrtum, wie sich inzwischen herausgestellt hat.

Die immer schneller steigende private Verschuldung bereitete niemandem Sorge. Weshalb sollte sie auch, geben doch Banken gewöhnlich nur gegen gute Sicherheiten Kredit? Und welche Sicherheiten konnten schon besser sein als Immobilien, die bekanntlich nicht an Wert verlieren? Dass der Bausektor Spaniens mittlerweile so groß war wie jener von Frankreich, England und Deutschland zusammen, fiel nicht weiter auf.

Nicht nur spanische Banken hatten den Boom finanziert. Aufgrund der schwachen Binnenkonjunktur war die Kreditnachfrage in Deutschland schwach. Auf der Suche nach attraktiven Anlagemöglichkeiten expandierten die deutschen Banken ins Ausland. Nur zu gerne gaben sie Banken und Unternehmen in anderen Ländern Kredit und trieben das Wachstum der Blase zusätzlich an.

Die Krise traf Spanien mit voller Wucht. Immer mehr Immobilien konnten nicht zu den erwarteten Preisen verkauft werden, die Preisen sanken und es zeigte sich, dass viel zu viel gebaut worden war. Die Bauwirtschaft stürzte ab, Bauträger gingen Konkurs. Immobilien wurden zusehends unverkäuflich. Die Rechnung vieler Hauskäufer, wonach allein der Wertzuwachs die Kosten der Finanzierung decken würde, ging nicht auf. Die Sicherheiten der Banken erwiesen sich als mehr oder weniger wertlos. Der schuldenfinanzierte Boom brach in sich zusammen.

»Rette sich, wer kann« war das Motto der Geldgeber und Schuldner. Alle wollten nun ihre Risiken zu reduzieren. Die Hauskäufer, indem sie versuchten, ihre Immobilie zu verkaufen – was den Druck auf dem Markt zusätzlich erhöhte. Die Banken, indem sie ihre Immobilienausleihungen reduzierten. Ein sich selbst verstärkender Abwärtstrend. Hatten sich im Aufschwung steigende Immobilienpreise und zusätzliche Kredite gegenseitig verstärkt, so trat im Abschwung das Gegenteil ein. Die Immobilienpreise fielen immer schneller und die Banken forderten ihr Geld zurück – oder vom Eigentümer mehr Eigenkapital. Die ausländischen Banken kappten ihre Kreditvergabe und versuchten ebenfalls, so viel wie möglich von ihrem Geld zurückzubekommen. Spanische Banken, die in der Immobilienfinanzierung aktiv waren – vor allem die *Caixas*, die Sparkassen –, standen vor der Pleite.

Die spanische Wirtschaft brach infolge der Immobilien- und Bankenkrise ein. Die Arbeitslosigkeit schnellte in die Höhe und der Staat, der während des Booms Überschüsse erzielt hatte, verzeichnete nunmehr deutliche Defizite. Es trat genau der Effekt ein, den die Forscher der Universität Bonn für vergangene Krisen diagnostiziert haben: Die Staatsschulden stiegen, weil der Staat eingreifen musste, um eine durch zu hohe private Schulden ausgelöste Krise zu bekämpfen.

## Die Natur der Rezession von 2008

Der Wirtschaftseinbruch in den Krisenländern im Jahr 2008 war demzufolge keine normale Rezession, sondern eine direkte Folge des vorangegangenen schuldenfinanzierten Booms. Nun ging es darum, die Bilanzen von privaten Haushalten, Unternehmen und Banken zu reparieren. Die Schuldenlasten mussten verringert werden. Die Fachwelt spricht auch von einer → Bilanzrezession, ein Begriff, den Richard Koo von der japanischen Investmentbank Nomura geprägt hat:[13]

- Die Schuldner – also private Haushalte und Unternehmen – reduzieren ihre Ausgaben und verkaufen Vermögensgegenstände, um ihre Schulden zu reduzieren. Folge: Die Wirtschaft bricht ein und die Vermögenswerte verlieren weiter an (Markt-)Wert.

- Die Banken stellen fest, dass ihre Forderungen nicht mehr so werthaltig sind, wie sie angenommen haben, weil die Schuldner nicht mehr zahlen können und weil die Sicherheiten an Wert verloren haben. Sie fürchten – zu Recht – um das eigene Überleben, reduzieren ihre Ausleihungen und verlangen mehr Sicherheiten und Eigenkapital von ihren Schuldnern. Damit verstärken sie den Abwärtstrend von Wirtschaft und Vermögenspreisen.
- Wenn alle sparen, droht eine Deflationsspirale wie in den USA während der großen Depression in den 1930er-Jahren.

> Der Versuch der Schuldner, ihre Last durch Sparen zu mindern, führt zu einem so starken Einbruch der Wirtschaft, dass die Schulden relativ zum BIP immer größer werden. Es ist nicht möglich, sich »aus der Pleite zu sparen«.

- Deshalb fordert Richard Koo angesichts der kollabierenden privaten Nachfrage staatliche Ausgabenprogramme. Nur wenn der Staat die fehlende private Nachfrage ausgleiche, lasse sich eine lang anhaltende Krise verhindern. So sind die staatlichen Defizite in den Ländern mit Privatschuldenproblemen – also Spanien, Irland und Portugal – infolge der Krise deutlich gestiegen.

Koo bemängelt, dass diese Defizite nicht groß genug waren, und fordert, dass die Eurozone als Ganzes deutlich mehr Staatsschulden macht, um die Krise zu überwinden.[14] Diesem Punkt werden wir uns später noch vertieft widmen.

Ein Weg, die Wirtschaft zu beleben, wäre eine Steigerung der Exporte. In der Tat haben andere Länder in vergleichbarer Situation neben höheren Staatsausgaben den Weg einer drastischen Abwertung der eigenen Währung gewählt, so zum Beispiel Schweden im Zuge der Bankenkrise in den 1990er-Jahren.

Wertet die Währung eines Landes ab, so bedeutet dies, dass für den Kauf einer Einheit einer ausländischen Währung ein höherer Betrag an inländischer Währung aufgewendet werden muss. Eine Abwertung wirkt sich in zweifacher Hinsicht auf die Wirtschaft aus. Erstens verteuert sie die Importe, weshalb die Verbraucher eher auf inländische Waren ausweichen. Zweitens nehmen die Exporte zu, weil die im Inland erzeugten Waren auf den Weltmärkten deutlich günstiger angeboten werden können und damit wettbewerbsfähiger sind. Meist erholt sich die Wirtschaft rasch.

Im Zuge des Booms sind die Einkommen in den heutigen Krisenländern deutlich gestiegen, weshalb letztlich ihre Wirtschaft international an Wettbewerbsfähigkeit verloren hat. Dies gilt insbesondere im Vergleich mit Deutschland, wo in den ersten zehn Jahren nach der Einführung des Euro die Lohnstückkosten sogar leicht rückläufig waren. Eine Abwertung würde hier schnell Abhilfe schaffen, jedoch ist dieses Ventil seit der Einführung des Euro nicht mehr verfügbar.

Das bedeutet, dass die Länder mühsam ihre Wettbewerbsfähigkeit zurückgewinnen müssen, indem sie die Lohnstückkosten senken. Dies lässt sich prinzipiell durch Lohnkürzungen bewerkstelligen, aber auch durch längere Arbeitszeiten. Die von Volkswirten so bezeichnete interne Abwertung braucht Zeit und ist zudem für hoch verschuldete Länder problematisch, weil mit sinkenden Einkommen auch die Fähigkeit abnimmt, Schulden zu bedienen.

Es wird noch Jahre dauern, bis die Privatsektoren ihre Bilanzen saniert haben. Während dieser Zeit dürften die betreffenden Volkswirtschaften nur wenig wachsen und die Arbeitslosigkeit hoch bleiben.

Dies gilt auch für jene Länder, die unter zu hohen Staatsschulden leiden, namentlich Italien und Griechenland. Wenn die Regierungen versuchen, zu sparen und ihre Schulden abzubauen, dämpfen sie damit zugleich die Wirtschaft. Ausgleichen kann man dies nur, indem der Privatsektor mehr konsumiert und investiert oder indem die Exporte gesteigert werden. Bleiben ausgleichende Effekte aus, so führt Sparen dazu, dass die Schuldenlast im Verhältnis zum BIP weiter steigt – einfach deshalb, weil die Wirtschaft nicht wächst. Das gilt nicht nur für das Extrembeispiel Griechenland, sondern auch im Fall Italiens.

Obwohl Italien seit Jahren einen Haushaltsüberschuss *vor Zinszahlungen* ausweist – in der Fachwelt spricht man von einem Primärüberschuss –, steigt die Schuldenlast immer weiter an. Die Wirtschaft wächst nicht genug.

Bis heute haben sich die Krisenländer von dem Einbruch nicht erholt, noch immer liegt die Wirtschaftsleistung unter dem Niveau von 2007. Und immer noch ist die Arbeitslosigkeit hoch. Am schwersten wiegt aber, dass die Schulden weiterhin schneller wachsen als die Wirtschaft.

> Die Schuldenprobleme werden stetig größer und belasten die Wirtschaft mehr und mehr.

## Island – oder der andere Weg

Auch in Island gab es einen enormen schuldenfinanzierten Boom. Die drei größten Banken des Inselstaats Glitnir, Landsbanki und Kaupthing drehten an den Weltfinanzmärkten ein großes Rad. Ihr Vermögen übertraf das BIP des nur 330 000 Einwohner zählenden Inselstaats zeitweise um das Zehnfache. Als die Krise ausbrach, standen die Banken und mit ihnen das ganze Land vor dem Bankrott.[15]

Doch Island hatte einen großen Vorteil. Es besitzt seine eigene Währung, die isländische Krone, und konnte deshalb autonom handeln. Davon machte das Land Gebrauch und machte vieles anders als die Eurozone:

- Der Staat rettete nicht die Banken. Lediglich die inländischen Bankkonten wurden vom Staat garantiert. Die ausländischen Gläubiger, vor allem Banken aus Großbritannien, konnten nicht über ihr Geld verfügen, weil die Regierung beschloss, ausländische Investitionen und Bankenschulden einzufrieren.
- Die Isländische Krone wurde massiv abgewertet.
- Es wurden Kapitalverkehrskontrollen eingeführt. Es war nicht mehr möglich, Geld aus dem Land abzuziehen.

Kurzum, es trugen diejenigen die Kosten, die zuvor leichtfertig Kredite an Banken in Island vergeben hatten.

Erst sieben Jahre nach der Krise durften die ausländischen Kapitalgeber erstmals wieder an ihr Geld. Die Gläubiger konnten Vermögenswerte der pleitegegangenen isländischen Banken verkaufen. Sie mussten aber eine Steuer von 39 Prozent zahlen, wenn sie das Geld außer Landes bringen wollten. Eine verständliche Maßnahme, da den Gläubigern etwa 500 Milliarden isländische Kronen (rund 3,4 Milliarden Euro) zustanden. Das entspricht rund einem Viertel der jährlichen Wirtschaftsleistung Islands. Der ungeschmälerte Kapitalabzug hätte die Wirtschaft des Inselstaats zum Kollabieren gebracht.[16]

Die Strategie Islands war ein voller Erfolg.[17] Die Abwertung der Krone bewirkte eine deutliche Inflation, welche die Schulden erheblich entwertete und damit auch den Schuldendienst erleichterte. Zugleich stieg der Export. Schon 2014 erreichte die Wirtschaftsleistung wieder das Vorkrisenniveau – eine Leistung, von der die Krisenländer der Eurozone noch weit entfernt sind.

Zwar nahmen auch die isländischen Staatsschulden bis 2011 bis auf 95 Prozent des BIP zu, doch führten das höhere Wachstum und die Inflation rasch wieder zu einem Rückgang. Schon 2015 wurde ein Wert von nur noch 74 Prozent angestrebt. Dies unterstreicht die Bedeutung eines hohen nominalen Wachstums für die Bewältigung von Schuldenkrisen. Zugleich war es – im Unterschied zu den Ländern der Eurozone – nicht notwendig, bei wichtigen Sozialleistungen und der Bildung zu sparen. Die Arbeitslosigkeit ging zurück nach einem kurzen und signifikanten krisenbedingten Anstieg.

Auch in einer weiteren Hinsicht war Island anders: Die verantwortlichen Banker wurden vor Gericht gestellt und verurteilt. Es wurde über die direkte Entschuldung der Immobilienkäufer nachgedacht, um die Wirtschaft zu stabilisieren – was, wie wir vorher gesehen haben, ein sehr wichtiger Hebel zur Lösung der Bilanzrezession ist. Nicht zuletzt stellte Island auch die Systemfrage und prüft sehr ernsthaft sowohl ein Verbot der Geldschaffung durch Banken als auch eine Umstellung auf ein sogenanntes Vollgeldsystem, in dem Geld nur noch von der Notenbank bereitgestellt werden kann. Doch dazu mehr, wenn wir zu den Ansätzen zur Lösung für die Schuldenkrise kommen.

Der Inselstaat hat nicht nur in der Krise richtig gehandelt, sondern auch Konsequenzen gezogen. Die Eurozone hingegen setzt das Spiel fort. Irland ist am ehesten mit Island vergleichbar und würde sehr viel besser dastehen, hätte es damals den isländischen Weg gewählt, anstatt die eigenen Banken zu »retten«. Allerdings war das im Euroraum nicht mehr möglich.

Deutschland und Frankreich hätten dann 2008 mehr eigene Banken in viel größerem Umfang »retten« müssen. Politisch war das nicht erwünscht. Es wäre aber ökonomisch sinnvoll und besser gewesen, vor allem wenn es mit ernsthafter Regulierung und Bestrafung verbunden worden wäre.

Der Vergleich Islands mit Irland und den anderen Krisenländern Europas zeigt eindrucksvoll, dass es innerhalb des Euro-Währungsraums um ein Vielfaches schwieriger ist, wirtschaftliche Krisen aufzufangen. Nun könnte man meinen, hinterher sei man immer schlauer. Die Folgen des Euro seien nicht vorhersehbar gewesen. Das stimmt nicht. Schon Jahre vor der Einführung des Euro waren die Probleme bekannt. Der britische Ökonom Wynne Godley formulierte bereits 1992 deutlich, warum es zur Krise kommen musste:[18]

»Ein Staat, der sich der Europäischen Währungsunion anschließt, gibt seine geldpolitische Souveränität auf. Er verliert die Freiheit, sein Zinsniveau zu bestimmen, seine Währung abzuwerten, seine Zentralbank als Kreditgeberin der letzten Instanz [...] zu nutzen. Der Verlust dieser Freiheit kann nur kompensiert werden, wenn der betreffende Staat Teil eines größeren Fiskalgebildes wird, mit definierten Transfer-Zahlungsflüssen, die Ungleichgewichte in der wirtschaftlichen Dynamik lindern.«

Und wenn dies nicht der Fall ist?

»Wenn ein Land oder eine Region nicht die Möglichkeit hat, die eigene Währung abzuwerten, und es nicht den Nutzen einer fiskalpolitischen Integration hat, dann gibt es nichts, was den wirtschaftlichen Niedergang stoppt. So wird Auswanderung zur einzigen Option, will man Armut und Hunger entgehen.«[19]

Starke Worte. Ein Blick auf Griechenland und die anderen Krisenländer Europas zeigt leider, dass sie zutreffen.

## Deutschland, der Eurogewinner?

Wann immer die deutsche Position in der Eurokrise diskutiert wird, wird früher oder später – vor allem von ausländischen Kommentatoren – darauf hingewiesen, dass die Deutschen doch die eigentlichen Profiteure des Euro seien. Die Einführung der Einheitswährung habe erst die Grundlage für den Export- und Beschäftigungsboom gelegt. Nur so hätten die deutschen Unternehmen Marktanteile gewinnen und der Produktionssektor in den anderen Euroländern derart schrumpfen können. Demzufolge wäre es auch nur richtig, wenn wir uns nun besonders solidarisch zeigten und die Kosten für die Eurorettung tragen würden.

Stimmt das? Nimmt man die Perspektive des sprichwörtlichen »Mannes auf der Straße« ein, so kommt man zu einem ganz anderen Ergebnis.[20]

Zu Zeiten der Deutschen Mark stand die deutsche Wirtschaft unter konstantem Aufwertungsdruck. Die Währungen der Haupthandelspartner – der französische Franc, die italienische Lira, aber auch der US-Dollar – werteten in schöner Regelmäßigkeit gegenüber der D-Mark ab. Folglich war die deutsche Wirtschaft gezwungen, immer produktiver zu werden. So wuchs die Arbeitsproduktivität pro Stunde in den zehn Jahren vor der Euroeinführung mit einer durchschnittlichen Rate von 20 Prozent und damit deutlich schneller als in der Zeit danach (plus 16 Prozent). Seit dem Jahr 2000 entwickelte sich die Produktivität in Deutschland langsamer als etwa in den USA oder England und sogar langsamer als in einigen der heutigen europäischen Krisenländer wie Griechenland oder Irland.[21]

Wie heilsam die Wirkung einer starken Währung ist, lässt sich aus der wirtschaftlichen Entwicklung der Schweiz ersehen. Das Wohlstandsniveau und die Leistungsfähigkeit der Schweizer Wirtschaft sind weiter gestiegen, obwohl der Schweizer Franken über Jahrzehnte kontinuierlich an Wert gewonnen hat. Problematisch sind Perioden rascher Aufwertung, wie sie im Zuge der aktuellen Krise zu beobachten waren. Das sind aber vorübergehende Effekte, die an der langfristig positiven Wirkung nichts ändern.

Durch den Produktivitätsrückschritt wuchs in Deutschland das BIP pro Kopf – der entscheidende Indikator für die Entwicklung des Wohlstands – langsamer als zuvor. War die Entwicklung bis zum Jahr 2000 mit jährlich über 1,5 Prozent Wachstum noch deutlich besser als in der Schweiz (unter 0,5 Prozent Wachstum pro Jahr), so ist Deutschland in den zehn Jahren nach der Einführung des Euro deutlich zurückgefallen (unter 1 Prozent pro Jahr Zunahme des BIP/Kopf; Schweiz: über 1 Prozent).[22]

> Wir haben uns mehr darauf konzentriert, billiger zu produzieren – statt besser. Dies wird die Entwicklung der deutschen Wirtschaft nachhaltig belasten.

Die deutschen Konsumenten haben bis zur Einführung des Euro von den Abwertungen der anderen Länder profitiert. Importierte Waren und Urlaube wurden billiger. Auch das hat sich seit dem Jahr 2000 geändert: Die Importe wurden teurer und Gleiches gilt für den Urlaub. Um weiterhin billig Urlaub machen zu können, musste man in ein Land außerhalb des Euroraums reisen. Für die Konsumenten bedeutete dies einen Verlust an → Kaufkraft und damit Realeinkommen.

In den ersten Jahren nach der Euroeinführung profitierten die anderen Länder von dem deutlich niedrigeren Zinsniveau, welches sie der von der Bundesbank auf die EZB übergegangenen Glaubwürdigkeit verdankten. Die Zinsen waren für die heutigen Krisenländer zu gering, was den bereits mehrfach erwähnten schuldenfinanzierten Boom auslöste. Für Deutschland, das damals an einer überhöhten Bewertung bei der Festlegung des Euro-Wechselkurses litt, waren die Zinsen jedoch zu hoch.

Die EZB musste einen Mittelweg gehen, der – wie sich herausstellte – für alle Länder der falsche war. Die Rezession in Deutschland war deshalb schwerwiegender und dauerte länger, als es ohne den Euro der Fall gewesen wäre. Die Regierung war gezwungen, Ausgaben zu kürzen und Arbeitsmarktreformen durchzuführen, die zu geringeren Löhnen in Deutschland führten. Die Einkommen der Durchschnittsbürger stagnierten mehr als zehn Jahre lang.[23]

Deutschland war der kranke Mann Europas, während Spanien als Musterbeispiel für eine gute wirtschaftliche Entwicklung galt. Erst später wurde deutlich, dass es sich in Spanien um eine gigantische, schuldenfinanzierte Immobilienblase handelte.

Um die Wirtschaft wieder auf Trab zu bringen, setzte Deutschland auf die Wiedergewinnung der internationalen Wettbewerbsfähigkeit über Kostensenkung. Mit den stagnierenden Löhnen gingen auch die Steuereinnahmen zurück, während die Exporte zulegten. Der Euro hat es Deutschland also nicht »erlaubt«, Handelsüberschüsse zu erzielen; vielmehr hat er die Überschüsse geradezu erzwungen. Dass die Wirtschaft sich auf den Export konzentrierte, lag vor allem an der geringen Binnennachfrage.

Richtig ist: Die deutschen Unternehmen haben von der Lohnzurückhaltung in Deutschland und dem schuldenfinanzierten Boom in den anderen europäischen Ländern profitiert. Die Exporte boomten. Allerdings ist es wichtig, die drei folgenden besonderen Aspekte dieser Entwicklung zu beleuchten:

- Der Schulden- und Konsumboom in den heutigen Krisenländern führte zu einer Übernachfrage nach Gütern und Kapital, die per Definition nur vom Ausland befriedigt werden konnte – egal von welchem Land. Dass die deutschen Unternehmen davon überproportional profitierten, verdankten sie ihrer durch Kostensenkung gestiegenen Wettbewerbsfähigkeit.
- Es waren die Eigentümer der exportorientierten Unternehmen, denen die Euroeinführung am stärksten zugutekam. Bei den börsennotierten Unternehmen sind dies übrigens zu einem überwiegenden Teil ausländische Investoren. Nach einer aktuellen Studie der Beratungsgesellschaft Ernst & Young ist in den vergangenen zehn Jahren der Anteil, den ausländische Investoren halten, sogar stetig gewachsen: Bei den 23 Unternehmen, deren Daten einen Vergleich zulassen, stieg er von durchschnittlich 45 Prozent im Jahr 2005 auf 59 Prozent im Geschäftsjahr 2014. Mit 27 Prozent kann jede vierte Aktie Anlegern aus dem europäischen Ausland zugeordnet werden, jede fünfte Aktie (21 Prozent) befindet sich im Besitz von Anlegern aus Nordamerika.[24]
- Auch die Beschäftigten der Exportunternehmen profitierten. Zwar stockte die Entwicklung ihrer Löhne, dafür aber hatten sie einen guten Arbeitsplatz. Eine übergreifende Betrachtung zeigt allerdings, dass zugleich auf den Binnenmarkt ausgerichtete Arbeitsplätze verloren gingen.

Die schwache wirtschaftliche Entwicklung nach der Einführung des Euro, die verhaltene Entwicklung der Steuereinnahmen und die anhaltend hohen Kosten für Sozialleistungen und den Aufbau Ost zwangen die Politik, die Staatsausgaben zu beschränken. Dazu dienten neben den bereits angesprochenen Reformen der Sozialsysteme vor allem Kürzungen bei den dringend erforderlichen Investitionen in Infrastruktur, Bildung und technischen Fortschritt.

Die Investitionsquote des Staates liegt nunmehr seit Jahren deutlich unter den Abschreibungen.[25] Die Folge ist, dass die Infrastruktur in Deutschland in vielen Bereichen in einer schlechteren Verfassung ist als in den heutigen Krisenstaaten, die im Zuge ihres Booms erhebliche Investitionen durchführten. Zugleich verstärkte diese Zurückhaltung des Staates die Nachfrageschwäche im Inland.

Die Schwäche der Binnennachfrage führte zu einem Ersparnisüberhang. Ersparnisse konnten nicht in vollem Umfang in Deutschland investiert werden. Dies führte zu einem enormen Kapitalexport ins Ausland (dem Spiegelbild des Handelsüberschusses) – teilweise in Form von Direktinvestitionen, überwiegend jedoch als Kredit zur Finanzierung des Schuldenbooms in anderen Ländern. Es ist wenig verwunderlich, dass deutsche Banken viel Geld auf dem US-Immobilienmarkt verloren haben. Schon vor Jahren bezifferte das Deutsche Institut für Wirtschaftsforschung (DIW) die Verluste von Auslandsinvestitionen auf mindestens 400 Milliarden Euro.[26]

Als die Krise in Europa offensichtlich wurde, zogen deutsche Banken ihr Geld aus den Krisenländern ab. Dabei wurden sie entweder von öffentlichen Geldgebern abgelöst – Modell Griechenland – oder aber die Bundesbank musste den Geldabfluss durch die Gewährung von TARGET-II-Krediten[27] ausgleichen. In der Summe wurden so die von privaten Banken vergebenen Kredite durch direkte und indirekte Kredite des deutschen Staates ersetzt. Das Risiko eines Zahlungsausfalls wurde damit sozialisiert und trifft auch jene deutschen Steuerzahler, die von dem Exportboom der letzten Jahre nicht profitiert haben und bei Schuldenschnitten zulasten privater Geldgeber weniger stark betroffen gewesen wären.

Auch von den Bemühungen der EZB, durch groß angelegten Ankauf von Staatsanleihen den Eurokurs zu drücken, die Kreditvergabe zu stimulieren, die befürchtete Deflation zu bekämpfen und damit am Ende Wachstum zu erzeugen, profitiert der Mann auf der Straße nicht. Richtig ist: Bundesfinanzminister Wolfgang Schäuble hat nach Berechnungen des Instituts für Weltwirtschaft (IfW) in Kiel seit Krisenbeginn netto rund 60 Milliarden Euro an Zinszahlungen eingespart. Richtig ist: Ein schwacher Euro hilft erneut der Exportindustrie. Doch für den Mann auf der Straße bedeutet er höhere Kosten durch steigende Importpreise und überdies verringert er den Effekt des fallenden Ölpreises.

Richtig ist außerdem: Die Vermögenspreise steigen. Doch das ist Umverteilung von unten nach oben. Während die Aktienkurse und die Immobilienpreise steigen, erhält der Kleinsparer keine Zinsen mehr. Die DZ Bank beziffert den Verlust an Zinsen in den vergangenen fünf Jahren auf 190 Milliarden Euro.[28]

Für den Durchschnittsdeutschen stellt sich die Geschichte folgendermaßen dar: Die Einführung des Euro führte zu einer langen Phase geringen Wachstums, hoher Arbeitslosigkeit und stagnierender Löhne. Die Tage der billigen Urlaube in Italien und Griechenland waren vorbei. Der Staat kürzte Ausgaben für Sozialleistungen und – viel schlimmer – für Infrastruktur und Investitionen. Die Wirtschaft musste sich auf den Export konzentrieren, weil die Binnennachfrage schwach war, und die Ersparnisse wurden zur Gewährung von Lieferantenkrediten verwendet. Jetzt, da diese Kredite nicht bezahlt werden können, müssen wiederum die deutschen Sparer und Steuerzahler für den Schaden aufkommen. Zu allem Überfluss werden sie auch noch von den anderen Ländern für vermeintlich fehlende Solidarität kritisiert.

Sind die Deutschen also wirklich die Hauptnutznießer des Euro? Wohl kaum. Ohne den Euro hätte es die Schuldenparty im Süden Europas nicht gegeben – und auch nicht die hohen Exportüberschüsse –, dafür wohl aber einen höheren Lebensstandard und bessere Infrastruktur in Deutschland.

## Die ungelösten Probleme des Euroraums

Auch acht Jahre nach dem Beginn der Krise im Jahr 2008 hat sich an den grundlegenden Problemen des Euroraums nichts geändert:

- Die Schuldenstände sind in allen Krisenländern weiter gewachsen.
- Das Bankensystem leidet immer noch unter faulen Schulden, die auf bis zu eine Billion Euro geschätzt werden.
- Die Wettbewerbsfähigkeit der Krisenländer hat sich leicht verbessert, liegt aber immer noch deutlich unter dem Niveau in Deutschland.
- Die Währungsunion krankt noch immer an den Geburtsfehlern. Es fehlen eine gemeinsame Fiskalpolitik mit entsprechenden Transfers und eine gemeinsame Wirtschaftspolitik.
- Es fehlt immer noch das Ventil für eine schnelle Reaktion im Fall von Krisen.

Unterdessen hat sich die Politik von demokratischen Grundsätzen zunehmend entfernt. Immer mehr Entscheidungen werden von Gremien getroffen, die sich dem Votum der Wähler – wenn überhaupt – nur sehr indirekt stellen müssen.

Derweil nehmen die politischen Spannungen zu. In vielen Ländern sind in Bezug auf den Euro europakritische Parteien im Aufwind. Die Bevölkerungen sind immer weniger bereit, den Weg der internen Abwertung zu gehen. Das wird die weitere Entwicklung Europas in den kommenden Jahren nachhaltig prägen.

# DIE DEMOGRAFISCHE KRISE

## Die Erwerbsbevölkerung schrumpft

Die Bedeutung der demografischen Entwicklung für die wirtschaftliche Entwicklung eines Landes wird erheblich unterschätzt. Ein einfacher Vergleich soll das Problem verdeutlichen. Wen halten Sie für den besseren Schuldner? Den deutschen Staat mit Schulden von ungefähr 70 Prozent des BIP und einem ausgeglichenen Haushalt oder die USA mit Staatsschulden von rund 100 Prozent des BIP und weiterhin bestehenden Defiziten von rund 3 Prozent des BIP?

Spontane Antwort: Deutschland.

Doch wer berücksichtigt, dass Deutschland in den kommenden 40 Jahren rund 20 Millionen Einwohner verlieren dürfte, während die USA weiterhin – vor allem dank Zuwanderung – ein Bevölkerungswachstum ausweisen, der beginnt zu zweifeln. Mehr Menschen werden tendenziell eher mit Schulden umgehen können als weniger Menschen.

Die USA wären somit der *relativ* bessere Schuldner.

Das ist neu. Während sich die Wirtschaftskrisen der letzten 100 Jahre allesamt vor dem Hintergrund einer wachsenden Bevölkerung abspielten, stehen wir heute auch vor einer demografischen Krise. Die Dimensionen sind einmalig.

Was auf uns zukommt, zeigt eine Projektion der Erwerbsbevölkerung für eine Reihe von Ländern (Abbildung 2).

Wir stehen unmittelbar vor einem drastischen Rückgang der Erwerbsbevölkerung. Die Berater von The Boston Consulting Group

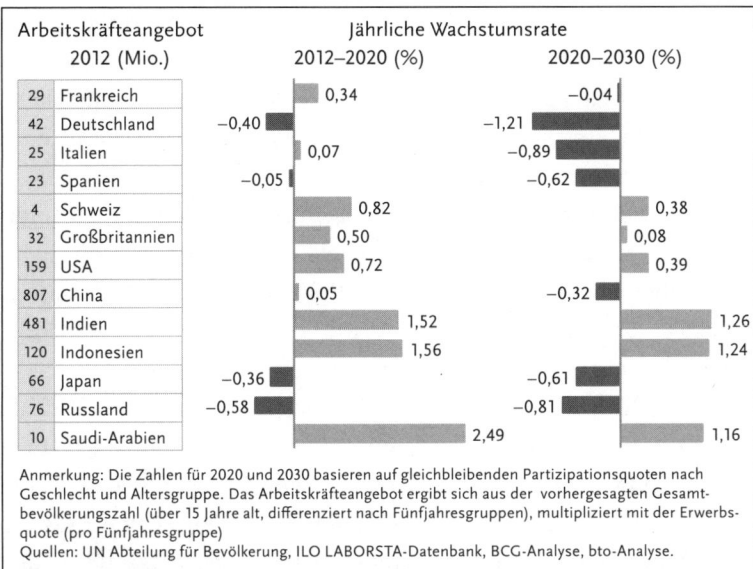

| Arbeitskräfteangebot 2012 (Mio.) | | Jährliche Wachstumsrate 2012–2020 (%) | 2020–2030 (%) |
|---|---|---|---|
| 29 | Frankreich | 0,34 | −0,04 |
| 42 | Deutschland | −0,40 | −1,21 |
| 25 | Italien | 0,07 | −0,89 |
| 23 | Spanien | −0,05 | −0,62 |
| 4 | Schweiz | 0,82 | 0,38 |
| 32 | Großbritannien | 0,50 | 0,08 |
| 159 | USA | 0,72 | 0,39 |
| 807 | China | 0,05 | −0,32 |
| 481 | Indien | 1,52 | 1,26 |
| 120 | Indonesien | 1,56 | 1,24 |
| 66 | Japan | −0,36 | −0,61 |
| 76 | Russland | −0,58 | −0,81 |
| 10 | Saudi-Arabien | 2,49 | 1,16 |

Anmerkung: Die Zahlen für 2020 und 2030 basieren auf gleichbleibenden Partizipationsquoten nach Geschlecht und Altersgruppe. Das Arbeitskräfteangebot ergibt sich aus der vorhergesagten Gesamtbevölkerungszahl (über 15 Jahre alt, differenziert nach Fünfjahresgruppen), multipliziert mit der Erwerbsquote (pro Fünfjahresgruppe)
Quellen: UN Abteilung für Bevölkerung, ILO LABORSTA-Datenbank, BCG-Analyse, bto-Analyse.

Abbildung 2: Entwicklung der Erwerbsbevölkerung

errechnen einen Verlust an BIP von 10 Billionen US-Dollar, wenn es den Regierungen nicht gelingt, gegenzusteuern.[29]

Der enorme Bevölkerungsrückgang hat erhebliche wirtschaftliche Konsequenzen:

- Eine schrumpfende Erwerbsbevölkerung bedingt ein geringeres Wirtschaftswachstum. Dies liegt am abnehmenden Produktionspotenzial der Volkswirtschaft.
- Einhergehend mit der schrumpfenden Erwerbsbevölkerung steigt die Zahl der Rentner. Rentner haben aber andere Konsumgewohnheiten als jüngere Bevölkerungsgruppen. Tendenziell beginnen sie, von ihren Ersparnissen zu leben, sie zehren also ihr Vermögen auf. Dazu verkaufen sie vorhandene Vermögenswerte wie Immobilien, und mit den Erlösen fragen sie weniger und andere Güter und Dienstleistungen nach. Zum Beispiel werden Einfamilienhäuser am Stadtrand verkauft und Wohnungen in der Innenstadt nachgefragt.

- Ökonomen sehen unterschiedliche Auswirkungen einer alternden Gesellschaft. So erwarten einige eine abnehmende gesamtwirtschaftliche Nachfrage, weil ältere Menschen weniger konsumieren, und leiten daraus ein Überangebot und somit eine Tendenz zu fallenden Preisen ab. Andere wiederum schließen aus der Verknappung der erwerbstätigen Bevölkerung auf eine Übernachfrage, die dann zu deutlichen Preissteigerungen führt, vor allem bei Gütern und Dienstleistungen, die nur lokal beschafft werden können. Dies dürfte einen guten Teil der Konsumausgaben der älteren Gesellschaft betreffen.
- Noch schwerwiegender ist die Wirkung der älteren Gesellschaft auf die Kosten für Renten, Pensionen und Gesundheitsleistungen. Zu ihrer Deckung wurden in der Vergangenheit keine Rücklagen gebildet. Die zu erwartenden erheblichen Kosten müssen folglich aus den laufenden Einnahmen der Sozialkassen und des Staates bestritten werden. Das stellt eine große Belastung für künftige Generationen dar und dürfte auch zu erheblichen Verteilungskonflikten nicht nur zwischen den Generationen, sondern auch innerhalb der einzelnen Altersgruppen der Bevölkerung führen.

Natürlich sind Vorhersagen der Bevölkerungsentwicklung immer mit Vorsicht zu betrachten. Das Beispiel Spaniens zeigt eindrücklich, was passiert, wenn vergangene Entwicklungen fortgeschrieben werden. Ging man 2009 noch davon aus, dass die spanische Erwerbsbevölkerung weiter wächst, so stellt sich die Situation seit Beginn der Finanzkrise völlig anders dar.

## Wie Demografie wirkt – das Beispiel Spaniens

Bis zum Ausbruch der Krise erlebte Spanien mehr als zehn Jahre lang einen Boom, bedingt vor allem durch billige Kredite. Der

Boom zog eine wahre Migrationswelle nach sich, die wiederum den Boom weiter anheizte. In wenigen Jahren zogen mehr als 800 000 Menschen nach Spanien um. Die gut laufende spanische Wirtschaft schuf vor allem im Bausektor Arbeitsplätze für diese Menschen.

Seit dem Ausbruch der Krise hat sich dieser Trend umgekehrt. Die Einwanderer kehren dem Land wieder den Rücken. Alleine in den Jahren 2012 und 2013 haben rund 400 000 Menschen Spanien verlassen. Nach aktuellen Schätzungen wird Spaniens Bevölkerung in den nächsten zehn Jahren um 5 Prozent schrumpfen. Das bedeutet, dass die Bevölkerungszahl um 2,7 Millionen Menschen sinken wird. Die Begleiterscheinungen sind verheerend:[30]

- Die Abwanderung belastet den Immobilienmarkt zusätzlich. Die Zahl der Wohnungen, die im Jahr 2014 leer standen, wird auf 600 000 geschätzt. Schrumpft die Bevölkerung, so vergrößert sich das Überangebot an Wohnraum.
- Bis 2023 wird die Zahl der 25- bis 29-Jährigen um 28 Prozent sinken, die der 30- bis 34-Jährigen um rund 40 Prozent (35 bis 39: minus 37 Prozent; 40 bis 44: minus 16 Prozent).
- Vor allem die gut ausgebildeten Spanierinnen und Spanier dürften das Land verlassen, weil sie keine Perspektive mehr sehen. Das sind schlechte Nachrichten für die künftige Produktivität und damit das Wirtschaftswachstum.
- Das Rentensystem steht vor dem Kollaps. Setzt sich der derzeitige Trend fort, so werden in 40 Jahren 1,6 Erwerbstätige für einen Rentner aufkommen müssen. Hier zeigt sich der Zusammenhang besonders deutlich. Im Jahr 2009 wurden die ungedeckten Verbindlichkeiten Spaniens auf nur 200 Prozent des BIP geschätzt. Bei schrumpfender Bevölkerung verschlechtern sich diese Relationen deutlich.

Die *Financial Times* verglich den Bevölkerungsrückgang in Spanien mit den Folgen der großen Pest vor 650 Jahren. Niemals ist die Bevölkerung seither so dramatisch geschrumpft. Es gibt kein Beispiel für ein prosperierendes Land mit schrumpfender Bevölkerung. Es gibt erst recht kein Beispiel für ein Land mit schrumpfender Bevölkerung, welches in der Lage ist, seine Schulden zu bedienen.

Spanien versucht, mit Reformen und Anreizen zur Einwanderung, zum Beispiel für Nachfahren der 1942 vertriebenen jüdischen Bevölkerung, gegenzusteuern. Es ist bei Weitem nicht das einzige Land, auf das die oben beschriebene Diagnose zutrifft. Der Befund gilt für die meisten Länder Europas – auch für Deutschland, wenngleich wir uns angesichts der derzeitigen Zuwanderung und der vordergründig guten Wirtschaftslage bislang noch in Sicherheit wiegen.

## Deutschland braucht qualifizierte Zuwanderer

Ab dem kommenden Jahrzehnt wird sich die Alterung der deutschen Gesellschaft rapide beschleunigen. Der Anteil der Personen ab 67 Jahre in Relation zur Bevölkerung im arbeitsfähigen Alter wird sich bis 2060 in etwa verdoppeln. Währenddessen wird die Gesamtbevölkerung um ein Siebtel schrumpfen, was 12 Millionen Menschen weniger entspricht.

Gegenwärtig können wir uns über einen wahren Zuwanderungsansturm freuen. Seit 2012 ist der Zuzug so groß, dass er fast genügt, um die Erwerbsbevölkerung zu stabilisieren. Dazu müssten zwischen 350 000 und 530 000 Personen pro Jahr mehr nach Deutschland ein- als auswandern. Bis zur Mitte dieses Jahrhunderts würden dann netto 12,5 bis 18,5 Millionen Menschen zuwandern.[31]

Ein Teil der Zuwanderer stammt aus anderen Ländern der Europäischen Union, in denen sich die besser Ausgebildeten angesichts der schlechten wirtschaftlichen Lage veranlasst sehen, ihr Glück anderswo zu suchen. Der überwiegende Teil dürfte jedoch aus Regionen kommen, in denen die Bevölkerung stark wächst: insbesondere aus den Ländern Afrikas südlich der Sahara sowie aus der arabischen Welt.

Ohne Zuwanderung wird es nicht möglich sein, unseren Wohlstand zu erhalten – wobei wir auf Zuwanderungen gut qualifizierter Menschen angewiesen sind, die wir nur im Rahmen eines gesteuerten Verfahrens anziehen können.

Wenn wir die Migrationsströme nicht steuern, werden wir jene anziehen, die in anderen Regionen an den Anforderungen scheitern. Wenn Kanada zu hohe Anforderungen an Bildung und Qualifikation stellt, gehen Migranten eben dorthin, wo es leichter ist, zuzuwandern. Damit stoßen Länder mit geringeren Anforderungen bei der Integration der Zuwanderer an natürliche Grenzen. Man kann nicht aus jedem Menschen einen Ingenieur machen. Die Leistungen von Migranten an deutschen Schulen liegen nicht zufällig deutlich unter denen der einheimischen Bevölkerung. In Kanada, wo die Zuwanderung eng gesteuert wird, liegen die schulischen Leistungen der Zuwanderer faktisch auf dem Niveau der einheimischen Bevölkerung.

Zu den Migranten, die bereits 2014 in Deutschland lebten, gibt es Daten. Sie verfügen über einen höheren Anteil an Abiturienten als die deutschstämmige Bevölkerung, jedoch mit großen Unterschieden je nach Herkunft. Während nur 14 Prozent der Bevölkerung mit türkischen Wurzeln (immerhin mit 2,2 Millionen die größte Gruppe) Abitur oder Fachabitur haben, sind es bei den Spaniern 43 Prozent.

Viel entscheidender ist aber eine andere Zahl: 46,5 Prozent der Migranten haben laut Statistischem Bundesamt keinen beruflichen Bildungsabschluss – im Vergleich mit 21,2 Prozent der Bundesbevölkerung ohne ausländische Wurzeln.[32] 12,5 Prozent der Bevölkerung mit Migrationshintergrund haben zudem gar keinen allgemeinen Schulabschluss, verglichen mit 1,6 Prozent der Bevölkerung ohne Zuwanderungshintergrund.[33] Diese Menschen werden ihr Leben lang keinen oder nur einen geringen messbaren Beitrag zur Sicherung unseres Wohlstandes leisten.

Im November 2015 habe ich die ökonomischen Folgen der Zuwanderung in einem Streitgespräch im *Spiegel*[34] und mehreren Beiträgen erläutert.[35]

Dabei ist zunächst festzuhalten, dass wir weder wissen, wie viele Menschen zu uns gekommen sind, noch über welche Qualifikation sie verfügen. Erste Indikationen stimmen leider nicht optimistisch. Das Ifo Institut hat, basierend auf Erhebungen zu den 2013 in den Flüchtlingslagern in der Türkei aufgenommenen Flüchtlingen, ausgerechnet, »dass 16 Prozent der syrischen Flüchtlinge Analphabeten sind und 8 Prozent gar keinen Schulabschluss haben. Ein Viertel der syrischen Flüchtlinge ist also als unqualifiziert einzustufen. Der Rest der Befragten gab an, über einen Schulabschluss zu verfügen. 35 Prozent haben demnach die Grundschule beendet und 22 Prozent die Hauptschule.«[36] In einer Befragung im Herbst 2015 erklärten 40 Prozent der befragten Industrieunternehmen aus Westdeutschland, dass sie Flüchtlinge nur als Hilfsarbeiter für potenziell gut einsetzbar halten.[37]

Erste Bemühungen zur Qualifizierung der Flüchtlinge verlaufen ebenfalls enttäuschend. So vermeldete die Bayerische Handwerkskammer, dass immerhin 70 Prozent der Flüchtlinge aus Syrien, Afghanistan und dem Irak, die 2013 in Bayern eine Lehre begonnen hatten, diese innerhalb eines Jahres abgebrochen haben.[38]

Wir wissen nicht, was das in absoluten Zahlen bedeutet, die Zahlen untermauern aber, dass es noch schwerfällt, möglichst viele Flüchtlinge in Arbeit zu bekommen. Dabei ist genau das entscheidend. Im Interesse der Flüchtlinge, damit diese ein selbstbestimmtes Leben führen können, aber auch in unserem eigenen Interesse. Nehmen wir an, von einer Million Zuwanderern seien 500 000 zukünftige Leistungsträger, die vollständig für sich allein sorgen können und Beiträge zu unserem Steuer- und Sozialsystem leisten. Die anderen 500 000 werden hingegen aufgrund verschiedener Gründe wie Bildung, Motivation und Integrationsbereitschaft auf Dauer von Transferleistungen abhängig bleiben.

Die 500 000 Leistungsträger würden, wenn wir ein Facharbeitergehalt von 60 000 Euro pro Kopf ansetzen, 30 Milliarden zusätzliches BIP erwirtschaften und davon rund 12 Milliarden an Steuern und Sozialabgaben leisten. Würden die 500 000 Transferempfänger den Staat mit angenommenen 25 000 Euro pro Kopf belasten[39], wären dies insgesamt 12,5 Milliarden Euro. Bei dieser Mischung wäre der Effekt der Migration neutral.

Entscheidend ist folglich, den Anteil der Produktiven hoch und den Anteil der Unproduktiven gering zu halten. Angesichts der Statistik zu den vorhandenen Migranten dürfte ein Verhältnis von 50:50 und ein Gehalt von 60 000 Euro jedoch viel zu optimistisch sein. Tatsächlich liegt die Erwerbsbeteiligung der Migranten in Deutschland bei 42 Prozent[40] und das Durchschnittsgehalt von Männern bei rund 24 000 Euro.[41] Bei beiden Zahlen muss man im Hinterkopf haben, dass es sich um Zuwanderer aus allen Regionen der Welt – inklusive der EU – handelt, die zudem über einen längeren Zeitraum zugewandert sind.

In der Untergruppe der Migranten aus mehrheitlich muslimischen Ländern liegen sowohl die Erwerbsbeteiligung wie auch das Gehaltsniveau deutlich tiefer.[42] Deshalb müssen wir uns von der Hoffnung verabschieden, dass die Flüchtlinge einen erheblich finanziellen Beitrag zur Finanzierung unseres Gemeinwesens und vor allem der Rentenkassen leisten werden.

Nun kann man gegen diese Rechnung einwenden, dass die Zahlen immer noch so gering sind, dass sie in einem reichen Land wie Deutschland keine Rolle spielen. Das stimmt. Setzt sich die Migration jedoch im Tempo des Jahres 2015 fort, so werden die Dimensionen deutlich größer. Bei angenommenen 5 Millionen Migranten und einem Verhältnis von 30 zu 70 beliefen sich die jährlichen Nettokosten für unsere Volkswirtschaft auf 50 Milliarden Euro. Legt man einen Zeithorizont von 30 Jahren zugrunde, so errechnet sich ein Betrag von weit mehr als eine Billion Euro. Dieser Wert entspricht nahezu dem Betrag, den uns die Wiedervereinigung zwischen 1990 und 2010 gekostet hat.

Spätestens jetzt dürfte klar sein, dass Deutschland mit den finanziellen Mitteln intelligent umgehen muss. Auch mit Blick auf die Flüchtlingswelle.

Ungesteuerte Zuwanderung kann sich Deutschland nicht leisten. Deshalb müssen wir die Chancen nutzen, welche die Zuwanderung bietet. Im Kreis der Flüchtlinge muss Deutschland besonders für jene attraktiv sein, die einen produktiven Beitrag leisten können und wollen.[43]

Die Flüchtlingskrise kann also zu einer Chance für Deutschland werden, wenn wir die Zuwanderung steuern und massive Investitionen in Integration und Bildung vornehmen. Bis jetzt sieht es nicht so aus, als würden unsere Politiker diese Möglichkeit nutzen. Vielmehr besteht das Risiko einer weiteren enormen Belastung für uns alle. Der Bremer Wirtschaftswissenschaftler und Soziologe Gunnar Heinsohn brachte es folgendermaßen auf den Punkt: Wir haben die Wahl, ob wir ein Land sein wollen, welches seinen Wohlstand mit jedem teilt, oder ein Land, welches durch qualifizierte Migration den eigenen Wohlstand erhält. Er befürchtet eine Flucht der Qualifizierten, sollte die Belastung durch die Migration zu groß werden und wir uns einem »brasilianischen Szenario« nähern, in dem die Kaufkraft der breiten Masse sinkt und in dem es zu einer Bildung von Ghettos und Parallelgesellschaften kommt.

Selbst wenn wir unseren Zuwanderungserfolg schlagartig verbessern sollten, wird dies nicht ausreichen, um die Kosten einer alternden Bevölkerung aufzufangen. Dazu sind die gegebenen Versprechungen zu groß.

## Ungedeckte Versprechen

Es gibt vielfältige Studien, die versuchen, die Kosten der alternden Gesellschaft transparent zu machen. Dabei ist es sehr erfreulich, dass die Lebenserwartung deutlich gestiegen ist. Da wir zugleich das Renteneintrittsalter deutlich gesenkt haben und der medizinische Fortschritt viel Nutzen bringt, aber auch viel Geld kostet, steigen die Aufwendungen für die Versorgung der älter werdenden Gesellschaft überproportional. Diese Kosten müssen von immer weniger Erwerbstätigen geschultert werden, die vor einem erheblichen Problem stehen: schwächeres Wirtschaftswachstum, explodierende Kosten für eine alternde Gesellschaft und tendenziell fallende Vermögenspreise, wie wir im zweiten Teil dieses Buches noch ausführlicher sehen werden.

Die Dimensionen, um die es geht, sind gewaltig. Schon im Jahr 2009 wurden die wahren Schulden der Staaten, die aus den von der Politik gegebenen Versprechen für künftige Renten-, Pensions- und Gesundheitsleistungen erwachsen, auf Rekordwerte geschätzt (Schulden im Verhältnis zum vom BIP):[44]

- Deutschland: 413 Prozent
- Großbritannien: 418 Prozent
- Frankreich: 542 Prozent
- Italien: 358 Prozent
- USA: 534 Prozent

Die Bank für Internationalen Zahlungsausgleich (BIZ) erstellte im Jahr 2011 eine Studie, in der die weitere Entwicklung der Staatsschulden angesichts der demografischen Entwicklung projiziert wird. Das Ergebnis ist alarmierend.[45]

Die Experten arbeiteten mit drei Szenarien, das heißt einer Fortschreibung des Ist-Zustands, einem Szenario, in dem die laufenden Defizite der Staaten auf das Vorkrisenniveau von 2007 zurückgeführt werden, und dem optimistischen Szenario, in dem zusätzlich die Altersausgaben im Verhältnis zum BIP auf dem derzeitigen Stand eingefroren werden. Letzteres entspricht einer politisch undenkbaren massiven Kürzung pro Kopf: Bei einer abzusehenden Verdoppelung der Zahl alter Menschen würden sich die Ausgaben pro Kopf halbieren.

Doch selbst in diesem Szenario ist die Staatsverschuldung außer Kontrolle. Nur Deutschland und Italien wären in der Lage, ihre Verschuldung zu stabilisieren. In Italien liegt dies an den deutlich bescheideneren Versprechungen für das Alter. In Deutschland würden wir uns derzeit angesichts der guten Haushaltslage irgendwo zwischen den Szenarien Nummer 2 und 3 befinden, hätte die Bundesregierung das Problem der ungedeckten Versprechen nicht durch die Rentenreform 2014 massiv vergrößert. Insofern verwundert es nicht, dass die BIZ zu dem Schluss gelangte, es seien drastische Maßnahmen erforderlich, um das rasche Wachstum der aktuellen und künftigen Verbindlichkeiten der Staaten einzudämmen (Abbildung 3).

Dabei bleiben den Regierungen nur wenige Optionen:

- *Eine höhere Belastung der Erwerbsbevölkerung.* Dies wird nur bis zu einem gewissen Maße möglich sein angesichts der zunehmenden Mobilität der Menschen und der Tatsache, dass andere Länder sich aktiv um qualifizierte Zuwanderung bemühen werden.
- *Eine Kürzung der Zusagen: höheres Renteneintrittsalter, geringere Pensionen und Renten, weniger Gesundheitsleistungen.* Auch dies dürfte im Licht der politischen Mehrheiten nur begrenzt funktionieren. Die letzten Rentenreformen haben deutlich gezeigt, dass sich die politisch Verantwortlichen schon heute, wider besseres Wissen, an den Mehrheitsverhältnissen orientieren und eine falsche Politik betreiben.
- *Mehr Umverteilung innerhalb der älteren Generationen.* Menschen, die für das Alter vorgesorgt haben beziehungsweise über Vermögen verfügen, werden höher belastet. Dies erfolgt über Besteuerung, aber auch über andere Markteingriffe wie beispielsweise die Mietpreisbremse.
- *Finanzierung mithilfe von zusätzlichen Schulden.* Das Beispiel Japans zeigt, dass es sich mit Staatsschulden jenseits von 200 Prozent des BIP gut leben lässt. Vor allem dann, wenn man sich im Inland und bei der eigenen Notenbank billig finanziert.

Es ist nicht viel Fantasie vonnöten, um sich vorzustellen, welche Wahl die Politik treffen wird. Sie wird sich für eine Kombination der geschilderten Optionen entscheiden, das heißt eine etwas höhere Belastung der Jüngeren, eine gewisse Kürzung der Leistungen für

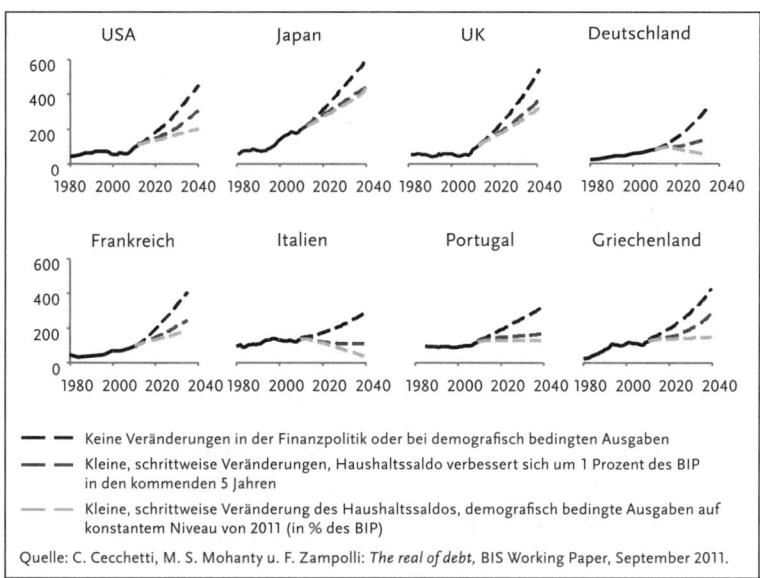

Quelle: C. Cecchetti, M. S. Mohanty u. F. Zampolli: *The real of debt*, BIS Working Paper, September 2011.

Abbildung 3: Staatsfinanzen außer Kontrolle – Staatsverschuldung im Verhältnis zum Bruttoinlandsprodukt

die Älteren, vor allem um die Erwerbsbeteiligung zu erhöhen, ein gehöriges Maß an Umverteilung und noch mehr Kredite. Die Notenbanken werden dann – wie in Japan – einspringen müssen und über niedrige Zinsen und den direkten Kauf von Staatsschulden das System am Laufen halten. Die große Frage bleibt allerdings: Wie lange geht das gut? Dazu mehr, wenn wir uns die Szenarien der weiteren Entwicklung der Krise anschauen.

An dieser Stelle sei nur so viel gesagt: Wir haben offensichtlich nicht nur hohe offizielle Schulden, sondern auch ein Problem mit verdeckten Schulden. Eine schrumpfende Bevölkerung hat erhebliche wirtschaftliche Folgen in Gestalt eines geringeren Wirtschaftswachstums und höherer Kosten. So bleibt nur die Hoffnung auf eine höhere Produktivität. Doch auch hier zeichnet sich keine gute Entwicklung ab.

# DIE PRODUKTIVITÄTSKRISE

## Das Wachstum kehrt nicht zurück

Die Wirtschaften der westlichen Welt, allen voran die europäische, haben sich nicht von der Finanzkrise erholt. Überall liegt das Wachstum unter dem Vorkrisentrend. Dafür gibt es mehrere Ursachen:

- Der Vorkrisentrend war durch immer mehr Schulden mitbedingt. Insofern haben wir Wachstumsraten genossen, die über dem Normalmaß lagen. Nun, da der Hebel zusätzlicher Verschuldung fehlt, fallen die Wachstumsraten auf ihr »natürliches« Niveau zurück.
- Dort, wo zusätzlich versucht wird, die Schuldenlast durch Sparen zu dämpfen, wächst die Wirtschaft noch langsamer. Der genannte Versuch schwächt die gesamtwirtschaftliche Nachfrage. Besonders ausgeprägt ist dieser Effekt in Ländern, die nicht die Möglichkeit haben, Wechselkurspolitik zu betreiben und durch eine Abwertung die Exporte zu steigern, um so Abschwächungen der Binnennachfrage zu kompensieren. Das gilt für alle Länder der Eurozone.
- Das »natürliche« Niveau des Wachstums ist gesunken. Wie bereits angesprochen, gibt es zwei wesentliche Faktoren für Wirtschaftswachstum: die Bevölkerungsentwicklung, vor allem die Entwicklung der erwerbstätigen Bevölkerung, und die Entwicklung der Produktivität. Die Zahl der Erwerbstätigen steht vor einem dramatischen Rückgang. Die Produktivitätszuwächse können das nicht mehr kompensieren.

Selbst wenn wir die Last der Schulden bereinigt hätten, müssten wir uns demnach auf geringere Wachstumsraten einstellen. In der Tat zeigen Analysen[46], dass die Wachstumsraten nach der Krise zu einem guten Teil aufgrund der deutlich verschlechterten Demografie so gering sind. Davon sind fast alle Länder betroffen. Für die USA wird der Anteil der demografischen Veränderung am Wachstumsrückgang auf immerhin 40 Prozent geschätzt. Demografie und Produktivität erklären zusammen 79 Prozent des seit 2007 zu verzeichnenden Wachstumsrückgangs in den USA, Großbritannien, Deutschland, Frankreich und Japan.

Der Rückgang des Produktivitätswachstums ist ebenso wie die demografische Entwicklung schon seit Jahren beobachtbar. Der US-Think-Tank Conference Board errechnete für 2013 gar ein im weltweiten Durchschnitt negatives Produktivitätswachstum. Die Autoren sprechen von einem »dramatischen Ergebnis«. Die Schwellenländer wiesen dabei geringere Zuwachsraten auf als in der Vergangenheit, während die Produktivität in den westlichen Industrieländern sogar abnahm.

Produktivitätszuwächse sind das Ergebnis produktiver Investitionen. Unproduktive Investitionen wie der Kauf von Immobilien oder anderen Vermögenswerten hingegen können die Produktivität nicht steigern. Seit Jahren nimmt die Effizienz der Investitionen kontinuierlich ab, gemessen am *incremental capital/output ratio (ICOR)*, dem Verhältnis von zusätzlichem Kapital zu zusätzlichem BIP. Mit einer Einheit zusätzlichen Kapitals wurde also immer weniger zusätzliches BIP erzeugt. Folglich hätten die Investitionen, um ein gleichbleibendes Wachstum der Produktivität des Faktors Arbeit zu erzielen, steigen müssen. Doch das Gegenteil ist der Fall: Die Investitionen sind in allen Ländern der westlichen Welt seit Jahren rückläufig. In den Schwellenländern wurde die Flut an neuem Kapital nicht ausreichend in produktive Bereiche investiert. Stattdessen dominieren Immobilienspekulation und Überinvestitionen in einigen Sektoren, die zu erheblichen Überkapazitäten geführt haben. Dies gilt vor allem für China.

Gegenüber 1990 haben sich die Investitionen im Verhältnis zum BIP in den Industrieländern folgendermaßen verändert:[47]

- Deutschland: minus 4,6 Prozentpunkte/minus 18,8 Prozent
- Großbritannien: minus 9,2 Prozentpunkte/minus 35,2 Prozent
- Frankreich: minus 1,8 Prozentpunkte/minus 7,8 Prozent
- USA: minus 2,5 Prozentpunkte/minus 11,4 Prozent
- Japan: minus 9,6 Prozentpunkte/minus 29,9 Prozent

Dies sind erheblicher Rückgänge. Wenn aber die Investitionen nicht zunehmen, dann kann auch die Produktivität pro Kopf nicht wachsen. Und das kann angesichts der rückläufigen Zahl der Köpfe nur eins bedeuten: weniger Wirtschaftswachstum.


## Warum investieren wir nicht?

Noch nie war Geld so billig wie heute. Staaten wie die USA, Deutschland, Frankreich und England können sich faktisch umsonst finanzieren – die Kehrseite der geringen Zinsen für Sparer. Auch Unternehmen profitieren von günstigen Finanzierungskosten und zugleich rekordverdächtig hohen Gewinnen. Fast überall liegt der Anteil der Unternehmensgewinne am BIP auf Höchstniveau. Theoretisch müssten wir einen Investitionsboom erleben. Tun wir aber nicht. Im Gegenteil: Sowohl die privaten wie die öffentlichen Investitionen schrumpfen.

Woran liegt das?

Für die Zurückhaltung der Regierungen kann man verschiedene Gründe ausmachen: Viele Staaten sind bereits dermaßen hoch verschuldet, dass sie sich trotz günstiger Finanzierungskosten keine weiteren Schulden mehr leisten können. In einigen Ländern sind die Finanzierungskosten zudem deutlich höher, so in Italien, Spanien und Portugal.

Die Politik müsste in einem derartigen Umfeld von Konsum zu Investitionen umsteuern. Im Klartext heißt das: weniger Sozialausgaben, mehr Infrastruktur und Bildung, höhere Ausgaben für Forschung. Doch das ist unpopulär und kostet Wählerstimmen. Da ist es viel bequemer, investive Ausgaben zu streichen – die Bürger merken es ohnehin nur allmählich, wenn überhaupt. Kaputte Straßen werden nur hier und da moniert, den Mangel an Lehrern bekommt nur noch ein Teil der Bevölkerung zu spüren und die Folgen fehlender Unterstützung von Forschungsarbeiten werden erst in Jahrzehnten sichtbar.

Die Bevölkerung wird immer kritischer gegenüber Investitionen. Man denke nur an die Proteste gegen Flughäfen und Bahnhöfe in Deutschland. Eine alternde und kinderarme Gesellschaft neigt zu Konsum anstelle von Investition, schließlich haben immer weniger Leute Kinder, deren Zukunft ihnen am Herzen liegt. Spektakuläre Skandale bei Großprojekten – siehe Berliner Flughafen – machen es für Politiker zusätzlich unattraktiv, sich solcher Themen anzunehmen.

Letztlich ist die fehlende Investitionsbereitschaft und -fähigkeit der öffentlichen Hand ein Resultat der Schuldenwirtschaft in den letzten Jahrzehnten. Wenn ein Großteil des Budgets für Soziales und Zinsen fest verbucht ist, schrumpft der Bewegungsspielraum. Dabei wäre es gerade heute an der Zeit, genau anders zu handeln: Wir brauchen Investitionen und Kapital ist günstig.

Daneben bleibt die Frage, weshalb der Privatsektor nicht investiert. Billiges Geld und hohe Profite sollten doch Anreiz genug sein? Doch dem ist nicht so. Die Ursachen sind vielfältig.

Für Investoren ist nicht entscheidend, was heute ist, sondern was morgen sein wird. Investitionen, die heute beschlossen werden, sind in zwei bis drei Jahren realisiert und müssen sich dann über zehn bis 20 Jahre rechnen. Aus der Sicht eines Unternehmens in Deutschland stellt sich die Lage so dar: Das Wachstum wird in Zukunft nicht in Deutschland oder Europa stattfinden, sondern in den aufstrebenden Märkten Asiens, Amerikas und Afrikas. Dort wächst die Bevölkerung in den kommenden Jahrzehnten weiter deutlich. Billige und zunehmend besser qualifizierte Arbeitskräfte drängen auf den Markt. In Deutschland droht dagegen ein erheblicher Fachkräftemangel und der Binnenkonsum wird nach kurzer Blüte das tun, was er in schrumpfenden Gesellschaften nun einmal tut: Er wird zurückgehen.

Hinzu kommen hausgemachte Probleme. Die zunehmend verfallende Infrastruktur dürfte sich immer mehr als Standortnachteil bemerkbar machen. Der verfallende Bildungsstandard ist es bereits. Hinzu kommen die Risiken und Kosten der Energiewende, die zu hoher Unsicherheit führen. Selbst wenn die Versorgungssicherheit nicht gefährdet ist, wird Deutschland damit nicht nur ein Hochlohnland, sondern auch zum Standort mit der wohl weltweit teuersten Energie. Auf bis zu eine Billion Euro werden die Kosten geschätzt.

Kritiker werden zu Recht einwenden, dass deutsche Unternehmen keineswegs alleine sind mit ihrer Investitionszurückhaltung. In der Tat haben wir es mit einer Zurückhaltung der Unternehmen in allen Industrieländern zu tun. Einige Beobachter führen dies auf die Nachwehen der Finanzkrise mit hohen Schulden, Arbeitslosigkeit und schwächerem Wachstum zurück. So liegt das Wachstum des BIP in vielen Ländern noch deutlich unter dem vor der Krise herrschenden Trend und die Kapazitäten sind nicht ausgelastet. Es gibt folglich keinen Bedarf an höheren Kapazitäten oder neuen Anlagen. Zugleich hat die wirtschaftliche und politische Unsicherheit in den letzten Jahren eher zu- als abgenommen. Eurokrise, Syrienkonflikt, US-Haushaltsstreit, Energiewende in Deutschland – alle diese Faktoren führen zu Unsicherheit und damit zu einer Schwächung der Investitionsneigung.

Andere sprechen von einer »säkularen Stagnation« – ein Thema, dem wir uns im nächsten Kapitel vertieft zuwenden werden –, in der wir aufgrund der geringen Nachfrage gefangen bleiben. Das macht Investitionen nicht attraktiv.

Verstärkt wird dieser Effekt durch die Anreizsysteme für Manager, die kurzfristige Ergebnisse belohnen anstelle von langfristigen

Wertsteigerungen der Unternehmen. Hier verhält sich die Wirtschaft nicht viel anders als die Politik. Hier die Aktionäre, dort die Wähler – und alle gemeinsam zu kurzfristig orientiert. Zudem ist es immer riskanter, in Neues zu investieren, als Bestehendes durch Effizienz- und Kostensenkungsprogramme zu optimieren.

Interessanterweise sind die Investitionsquoten von nicht börsennotierten Unternehmen höher. Offensichtlich haben die Eigentümer dieser Unternehmen einen längeren Atem, was langfristige Vorhaben betrifft, und einen größeren Weitblick in Bezug auf die Unternehmensentwicklung.

Letztlich spielt es keine Rolle, weshalb Unternehmen unzureichend investieren. Die Wirkung ist angesichts der vor uns liegenden Herausforderungen verheerend. Eine Lösung kann darin liegen, die Investitionen der Unternehmen zu fördern, etwa über eine steuerliche Vorzugsbehandlung von Investitionen gegenüber Ausschüttungen und Aktienrückkäufen und über verbesserte Abschreibungsmöglichkeiten.

Bleibt es bei der derzeitigen Situation, so ist es nur eine Frage der Zeit, bis die Staaten auch im Unternehmenssektor die Steuerschraube wieder anziehen. So gesehen ist es auch im Unternehmensinteresse, das Geld lieber im eigenen Geschäft zu investieren.

## Im Kondratieff-Winter?

Es gibt eine erstaunliche Parallele zwischen Finanz- und Wirtschaftskrisen und wirtschaftlichem Fortschritt. Viele große Erfindungen fallen in die Zeit von Blasen und Finanzkrisen. Manche Beobachter sehen in Krisen gar den Preis, den wir für den Fortschritt bezahlen müssen.[48]

Derart weit würde ich nicht gehen. Interessant ist jedoch, dass sich die Krisen in schöner Regelmäßigkeit wiederholen. Diese Erkenntnis hatte der sowjetische Ökonom Nikolai Kondratieff bereits in den 1920er-Jahren. Der politische Berater im Ministerium für Landwirtschaft und Finanzen war Gründungsdirektor des Konjunkturinstituts in Moskau. Aufgrund seiner Analyse einer Vielzahl von Indikatoren, darunter der langfristigen Bewegung von Großhandelspreisen, Löhnen und Zinsen, stellte Kondratieff fest, dass es neben den kurzfristigen Schwankungen einen längeren, etwa 50 bis 70 Jahre dauernden Zyklus gibt.

Kondratieffs Theorie ist weitgehend aus der ökonomischen Diskussion verschwunden, obwohl sie von dem österreichischen Wirtschaftswissenschaftler und Harvard-Professor Joseph Schumpeter aufgegriffen wurde, der – zu Ehren des sowjetischen Kollegen – in seinem Standardwerk über Konjunkturzyklen bereits 1939 von *Kondratieff-Zyklen* sprach. Kondratieff erlebte es nicht mehr, dass seine Theorie allgemeine Anerkennung fand: Er wurde 1938 hingerichtet, weil er Stalins Landwirtschaftsreform kritisiert hatte.

Der klassische Kondratieff-Zyklus ist eine lange Welle der ökonomischen Entwicklung, die in die vier folgenden Phasen zerfällt:[49]

- *Phase 1.* Der »Frühling« basiert auf Innovationen und der Umsetzung neuer Technologien. Er ist eine Zeit der Expansion, die den allgemeinen Wohlstand steigert und schließlich in eine Zeit der Inflation mündet. Diese Phase dauert rund 25 Jahre.
- *Phase 2.* Der »Sommer« hält nur flüchtige fünf Jahre lang an. Die Expansion erreicht ihren Höhepunkt, dann entstehen Probleme. Überproduktion führt zu Engpässen bei den Ressourcen, was die Kosten in die Höhe treibt und die Gewinne schmälert. Das Wirtschaftswachstum verlangsamt sich.
- *Phase 3.* Der »Herbst« währt rund zehn Jahre. In dieser Phase kommt es zur ersten Rezession im Rahmen des Kondratieff-Zyklus. Danach tritt die Wirtschaft in eine Zeit mit stabilem, aber niedrigem Wachstum ein. Dank niedriger Inflation und guter Wirtschaftsaussichten nimmt die Aufnahme von Krediten zu.
- *Phase 4.* Der »Winter« zieht sich im Durchschnitt über 18 Jahre hin. Er beginnt mit einer durch die hohe Verschuldung im

»Herbst« ausgelösten schweren Rezession, die bis zu drei Jahre anhalten kann. Darauf folgt eine Periode von bis zu 15 Jahren mit niedrigen Wachstumsraten, bis der nächste Frühling kommt.

In der Tat spricht einiges dafür, dass wir uns in einem Kondratieff-Winter befinden. Die alten Industrien leiden unter geringem Wachstum und verwenden ihre liquiden Mittel (den → Cashflow) weniger für Investitionen als für Akquisitionen und Rückkäufe von Aktien. Die Verschuldung in der westlichen Welt ist auf Rekordniveau und die Endnachfrage stagniert.

Die Lösung wäre, wie bereits von Schumpeter vermutet, mit neuen Industrien und Innovationen einen erneuten Aufschwung der Wirtschaft anzufachen. Ansätze für diese zukunftsfähigen Branchen gibt es bereits. Man denke nur an das erhebliche Potenzial von Biotechnologie, des Internets der Dinge und von alternativen Wegen der Energieerzeugung. Die alten Unternehmen und Branchen tun sich naturgemäß schwer mit dem Wandel. Sie haben Angst vor Fehlinvestitionen. Konsequent gedacht, müssten sie ihr bestehendes Geschäft und die darin gebundenen Mittel mit aller Kraft angreifen. Deshalb tun sie nichts.

Die neuen Industrien werden wieder zu Wachstum und auch zur Bereinigung der Ungleichgewichte in der Weltwirtschaft führen. Bis die neuen Branchen und Unternehmen einen breiten Multiplikatoreffekt auf die Wirtschaft ausüben, vergeht allerdings geraume Zeit. Das ist es, was Schumpeter als »schöpferische Zerstörung« bezeichnet hat: Nur wenn wir das Alte fallen lassen, kann das Neue kommen und Nutzen spenden.

Die Politik müsste den Wandel fördern, anstatt ihn zu verhindern. Die niedrigen Zinsen und die unzureichende Regulierung, die in vielen Branchen erst die hohe Rentabilität ermöglichen, halten das Alte am Leben, anstatt den Druck zu erhöhen. In einigen Branchen gibt es einfach zu wenig Wettbewerb. Unternehmen haben es sich in Oligopolen gemütlich gemacht, in denen Erträge optimiert werden, ernsthafte Kämpfe um Marktanteile jedoch unterbleiben.

## Innovationen wirken weniger

Nun mag man die Theorie der Kondratieff-Wellen mehr oder weniger überzeugend finden. Unstrittig ist, dass die Produktivitätszuwächse seit mehreren Jahren rückläufig sind. Von 1972 bis 1996 verlangsamte sich das Wachstum der Produktivität in den USA auf 1,4 Prozent p. a., um im Zuge des Internetbooms bis 2004 wieder auf Werte im Bereich von 2,5 Prozent zu steigen. Seither ging es wieder zurück auf nunmehr 1,3 Prozent. Steht nun wieder eine Periode hoher Wachstumsraten bevor? Oder eher eine anhaltende, sprich »säkulare« Verlangsamung?

In einer viel diskutierten Studie argumentiert der bekannte Wachstumsforscher Professor Robert Gordon, dass sich dieser Trend weiter fortsetzen wird.[50] Neben den ungünstigen Auswirkungen einer schrumpfenden Erwerbsbevölkerung und des bereits erwähnten notwendigen Schuldenabbaus auf das BIP pro Kopf führt er die folgenden weiteren Gründe dafür an, dass die Produktivität in Zukunft langsamer wachsen dürfte:

- *Sinkende Erträge von Innovationen.* Gordon weist nach, dass die Wirkung von Innovationen auf die Produktivität seit Jahren abnimmt, ähnlich der oben bereits angesprochenen sinkenden Effektivität von Investitionen. Einen Grund vermutet er darin, dass es weniger »fundamentale Innovationen« gibt als in der Vergangenheit. Maschinenbau, Automobil-, Chemie- und Pharmaindustrie hätten die Grundlage für eine »industrielle Revolution« gelegt, die sich so nun nicht wiederholen lasse. Er illustriert sein Argument gerne mit der rhetorischen Frage, ob man eher gewillt sei, auf fließendes Wasser zu verzichten als auf sein iPad.

Optimisten wie Erik Brynjolfsson und Andrew McAfee vom Massachusetts Institute of Technology (MIT) erwarten hingegen eine von neuen Technologien angetriebene Beschleunigung des Wachstums der Produktivität pro Kopf.[51] Sie verweisen auf Erfindungen wie Googles selbst fahrendes Auto. Damit stehen sie in der Tradition der Theorie der Kondratieff-Zyklen, deren Vertreter die Ursache der langen Zyklen ebenfalls in Basisinnovationen sehen, die einen fundamentalen ökonomischen Wandel vorantreiben, der die Wirtschaft insgesamt nach vorn bringt.

Beide Lager machen dabei vielleicht einen Fehler: Sie versuchen zu schätzen, was noch alles erfunden werden könnte. Und beide können nicht die tatsächliche Entwicklung erklären – Gordon nicht den Zuwachs an Produktivität seit 1998, Brynjolfsson nicht den Rückgang seit 2004.

Besser wäre ein anderer Blick. Wichtiger könnte sein, wie viele Menschen in der Forschung arbeiten. Zwar wirkt auch hier der Rückgang der Bevölkerung, aber der Anteil der Forscher könnte gesteigert werden – wenn man denn die Bildung verbessern würde. Andererseits gibt es noch viel Forscherpotenzial in den bevölkerungsstarken Ländern wie China und Indien. Davon würden auch die USA und Europa profitieren.

· *Schlechtere Ausbildung.* Schwerer wiegt die Kritik Gordons an der sinkenden Bildungsqualität in den westlichen Industrienationen. Kostet die Demografie alleine rund 0,3 Prozentpunkte Wachstum, so kostet die schlechte Bildung weitere 0,2 Punkte. In den westlichen Industrieländern absolviert ein vergleichsweise geringer Teil der Bevölkerung ein Universitätsstudium. Diese Länder schneiden zudem mit wenigen Ausnahmen in internationalen Leistungsvergleichen schlecht ab.[52] Beides dämpft das künftige Wachstumspotenzial.

Verschärft wird das Problem durch die immer größeren Unterschiede innerhalb der einzelnen Länder. Einer kleinen Leistungselite steht eine immer größere Gruppe von Menschen ohne oder mit einer bestenfalls nur einfachen Ausbildung gegenüber.

Vor allem Jugendliche mit Migrationshintergrund aus den arabischen Ländern, der Türkei und Afrika schneiden tendenziell schlechter ab.[53]

In Deutschland wird diese Tendenz noch zusätzlich verschärft. In einem von der *Neuen Zürcher Zeitung* benannten, falsch verstandenen »Akademisierungswahn« werden überall die Standards gesenkt.[54] Betrachten wir zum Beispiel Nordrhein-Westfalen. Im Jahr 2006 wurde dort in 421 Fällen die Bestnote 1,0 vergeben, im Jahr 2010 waren es 763 und im Jahr 2012 gar 1200 Fälle. Die Zahl der Abiturienten stieg um ein Drittel und die Durchfallquote sinkt. Auf ein Studium werden die Schüler jedoch nicht vorbereitet. »Nach einer Studie des Deutschen Instituts für Wirtschaftsforschung (DIW) hinken die Mathe-Leistungen bei Studienanfängern oft um ein halbes Schuljahr hinterher, um die Leseleistungen ist es noch schlechter bestellt. Selbst Mathe-Erstsemester besuchen Stützkurse in Mathe, ein Drittel aller Bachelor-Studenten bricht das Studium ab.« Keine gute Basis, um mit Innovationen das BIP pro Kopf zu steigern.

Die *Neue Zürcher Zeitung* geht noch weiter. Mit Blick auf die Jugendarbeitslosigkeit in Europa zitiert sie den Bildungsforscher Rainer Bölling, der einen positiven Zusammenhang zwischen den Arbeitslosenzahlen und der Abiturquote feststellt. »Man müsste diesen Akademisierungswahn stoppen«, so Bölling. Das System der dualen Ausbildung, um das die Welt Deutschland beneidet, ist in Gefahr.

- *Steigende Kosten für den Umweltschutz.* Gordon verweist auf den Rückenwind, den wir in der wirtschaftlichen Entwicklung dank eines lang anhaltenden Verfalls der realen Rohstoffpreise hatten. Wir konnten immer mehr Ressourcen einsetzen – darunter vor allem Energie –, um das Wachstum zu beflügeln. Dieser Trend stößt an seine Grenzen. Zwar sind seit 2012, dem Jahr der Publikation Gordons, die Preise für Öl und andere Rohstoffe deutlich gefallen. Dennoch ist es naheliegend, davon auszugehen, dass eine immer größere Weltbevölkerung strukturell zu einer höheren Nachfrage nach diesen Ressourcen und zugleich damit zu höheren Preisen führen wird. Zusätzlich führen die Bemühungen um einen besseren Klimaschutz zunächst zu höheren Kosten. Beides reduziert tendenziell das Wachstum des BIP pro Kopf.

- *Stärkerer internationaler Wettbewerb.* Die Produktivität pro Kopf der Erwerbsbevölkerung in den Industrieländern ist zunehmendem internationalen Wettbewerb ausgesetzt. Waren es zunächst nur einfache Tätigkeiten, die in die Entwicklungs- und Schwellenländer abgewandert sind, so werden zunehmend auch qualifizierte Tätigkeiten verlagert. Das Internet macht es möglich, Tätigkeiten an jedem Ort der Welt auszuüben. Damit wächst der Lohndruck in den Industrieländern zusätzlich. Entweder die Löhne nähern sich einem globalen – meist niedrigeren – Niveau oder aber der Arbeitsplatz entfällt. Angesichts der demografischen Entwicklung in den Industrieländern mag dieser Trend willkommen sein, er ändert aber nichts daran, dass das BIP pro Kopf eher sinkt als steigt.

- *Ungleiche Verteilung von Einkommen und Wohlstand.* Wie bereits diskutiert haben sich Einkommen und Vermögen in den Industrieländern deutlich auseinanderentwickelt, zum einen als Folge des angesprochenen verschärften internationalen Wettbewerbs, zum anderen wegen der ungebremsten Verschuldung, die Vermögenswerte nach oben treibt. Gordon macht die zunehmend ungleiche Verteilung als weiteres Wachstumshemmnis aus. Sie wirke demotivierend, weil sich der Versuch nicht mehr lohne, durch gute Ausbildung und harte Arbeit zu Wohlstand zu kommen. Soziale Spannungen und Zweifel an der Wirtschaftsordnung dürften zunehmen, was wiederum schlecht für das Wirtschaftswachstum ist.

Sicherlich lassen sich diese Thesen kritisieren. In der Summe stimmen sie dennoch nachdenklich. Vieles spricht dafür, dass Phasen hohen Produktivitätswachstums eher die Ausnahme als die Regel sind.

Ein Produktivitätsschub, wie wir ihn bräuchten, um den Rückgang der Erwerbsbevölkerung zu kompensieren, ist nicht in Sicht. Damit gestalten sich die Aussichten für die Zukunft mindestens schwierig. Realwirtschaftliches Wachstum ist auf Jahre hinaus nicht zu erwarten. Natürlich kann es ein paar gute Quartale geben und einige Länder werden sich vorübergehend etwas besser entwickeln als andere. Strukturell spricht vieles für geringeres Wirtschaftswachstum. Damit ist das Szenario einer Eiszeit für die Weltwirtschaft leider sehr realistisch.

Und somit gibt es auch keine Hoffnung, aus den Schulden herauszuwachsen. Der Nenner der Bruchzahl – das nominale Bruttoinlandsprodukt – muss schneller wachsen als der Zähler – die Gesamtschulden des betrachteten Landes –, sonst ist irgendwann Schluss.

# Teil 2:

# Die Politik verschärft die Eiszeit

# DIE ANTWORT AUF DIE KRISE – NOCH MEHR SCHULDEN

## Die Ausgangslage 2009

In den 25 Jahren bis zum Ausbruch der Finanz- und Wirtschaftskrise im Jahr 2009 nahmen die Schulden von Staaten, privaten Haushalten und Unternehmen in der westlichen Welt drastisch zu. In Europa wurde dieser Trend durch die Einführung des Euro beschleunigt. Die Verschuldung diente vor allem dem Konsum und der Spekulation, die natürliche Wachstumsrate der Realwirtschaft ging derweil kontinuierlich zurück. Die Zentralbanken förderten diese Entwicklung, indem sie bei jeder (potenziellen) Krise ihre Geldpolitik weiter lockerten und die Zinsen senkten.

Die Geschäftsbanken vergaben in dem Wissen, von den Zentralbanken jederzeit gerettet zu werden, immer mehr und immer riskantere Kredite. Dies war möglich, weil in unserem Finanzsystem die Kredit- und damit Geldschöpfung in den Händen der Geschäftsbanken liegt. Durch die wiederholte Beleihung existierender Vermögenswerte – vor allem von Immobilien – trieben die Banken nicht nur die Schuldenstände in der westlichen Welt nach oben, sondern auch die Vermögenswerte.

Diese »→ Aufschuldung« vollzog sich vor dem Hintergrund einer immer schwächeren fundamentalen Entwicklung der Realwirtschaft. Die Diskrepanz blieb unbemerkt. Sie wurde durch die Begleiterscheinungen der immer weiter steigenden Verschuldung, das heißt durch die zusätzliche Nachfrage und den scheinbaren Wohlstandszuwachs, kaschiert.

Die Industriestaaten gerieten durch die Globalisierung immer stärker unter Druck, während zeitgleich die Produktivitätszuwächse nachließen. Wie in der Theorie von Kondratieff beschrieben, führte das abnehmende Wachstum zu Überkapazitäten und einer zunehmenden Konsolidierung von Industrien. Unternehmen konzentrierten sich angesichts mangelnder Investitionsgelegenheiten auf die Maximierung der laufenden Erträge und Ausschüttungen. Die Verringerung der Investitionstätigkeit verstärkte die Stagnation noch. Die neuen Industrien sind derzeit noch zu klein, um das gesamtwirtschaftliche Wachstum wesentlich zu beeinflussen, und der technologische Wandel wird von den alten Industrien als Bedrohung angesehen und so lange wie möglich verhindert.

Zeitgleich hat sich die demografische Struktur grundlegend geändert. Die Erwerbsbevölkerung beginnt zu schrumpfen, während zugleich für die unabdingbaren steigenden Kosten einer alternden Gesellschaft keine Rücklagen gebildet wurden.

Kurz: Wir haben jahrzehntelang über unsere Verhältnisse gelebt und stehen jetzt vor der Frage, wie wir mit den Altlasten umgehen sollen.


## Die Schulden des einen sind die Forderungen des anderen

Schulden sind gut – sofern sie zu produktiven Zwecken verwendet werden, das heißt zur Finanzierung von Investitionen in neue Anlagen oder in die Forschung und Entwicklung. Konsum auf Kredit ist auch in Ordnung, solange der Schuldner die Absicht hat, die Schulden wieder zurückzuzahlen.

> Vereinfacht gesagt: Wenn Schulden zu einer Mehranstrengung führen und damit das Einkommen und das Bruttoinlandsprodukt steigern, dann wachsen die Schulden und das Bruttoinlandsprodukt mit der gleichen Rate.

Problematisch wird es erst dann, wenn der Schuldner nicht das erforderliche Mehrprodukt erzeugt, zum Beispiel deshalb, weil er einfach nur auf eine weitere Wertsteigerung der Immobilie hofft, die er auf Kredit gekauft hat. In einem solchen Fall spricht man gemeinhin von Ponzi-Finanzierung.

Namensgeber ist der Italo-Amerikaner Charles (»Carlo«) Ponzi, der in den 1920er-Jahren Investoren 50 Prozent Rendite in 45 Tagen versprach, wenn sie bei ihm investierten. Ponzi verwendete das ihm anvertraute Geld allerdings nicht für einträgliche Investitionen, sondern er zahlte damit diejenigen Investoren aus, die er bereits früher mit seinen Versprechungen angelockt hatte. Als das System nach zehn Monaten zusammenbrach – es gab zu wenige neue Investoren und das Vertrauen schwand –, verloren die Anleger eine Summe, die nach heutiger Rechnung immerhin rund 240 Millionen Dollar entspricht.

Gut 60 Jahre später schuf Bernard Madoff, früherer Investmentmanager und inzwischen verurteilter Betrüger, sein eigenes Ponzi-Schema. Madoff indes war weitaus erfolgreicher als Ponzi, denn sein Geschäftsmodell blieb 20 Jahre lang stabil. Sein Erfolgsgeheimnis: Niemand wollte je verkaufen. Die Anleger standen Schlange, um investieren zu dürfen. Doch auch dieses Ponzi-Schema brach schließlich zusammen, als mit dem Ausbruch der Finanzkrise Investoren in wachsender Zahl ihr Geld abzogen. Die Verluste wurden anfangs auf 20 Milliarden US-Dollar beziffert. Die Investoren hatten aber Glück im Unglück. Sie scheinen nach jahrelangem Warten immerhin 75 Prozent ihres Geldes zurückbekommen.[55]

Ob wir genauso viel Glück haben? Auch wir sind unfreiwillige Mitspieler in einem Ponzi-System. Wie sonst soll man ein System immer schneller immer höher steigender Schulden nennen, das ungedeckte Versprechen zukünftiger Renten, Pensionen und Gesundheitsleistungen im Umfang vom Vier- bis Achtfachen des BIP gegeben hat? Ohne die Absicht, wirklich jemals zu zahlen. Ponzi und Madoff waren Amateure. Die Politiker der westlichen Welt sind die Profis.

Wann platzt ein Ponzi-Schema? Immer dann, wenn weniger Leute einsteigen als aussteigen. Bei einer schrumpfenden Bevölkerung steigen mehr aus als ein. Das steht uns nun bevor.

Der Finanzsektor wird nicht weiter wachsen können, da er zunehmend vor dem Problem steht, beleihungsfähige Vermögensobjekte (»Assets«) zu finden. Was werden die Banken tun? Entweder werden sie dennoch weiter Kredit gewähren gegen ungenügende oder zweifelhafte Sicherheiten mit den zwangsläufigen negativen Wirkungen auf die Stabilität des Finanzsystems. Oder sie stellen Zahlungen ein, was bei einem derart hohen Anteil an Ponzi-Finanzierung leicht zu einer deflationären Entwicklung führen kann. Dann kollabieren die Preise für Vermögenswerte und die gesamtwirtschaftliche Nachfrage bricht ein. Genau das passierte in den 1930er-Jahren. Und genau das bahnte sich 2009 von Neuem an.

Eine geordnete Rückführung des Schuldenberges wird das Wachstum der Wirtschaft auf Jahre hinaus belasten. Besser wäre es, die Schulden zu senken und den Finanzsektor zu verkleinern. Beides geht nur zusammen, denn die Größe des Finanzsektors ist nichts anderes als das Spiegelbild der Größe unseres Schuldenbergs.

> Die Schulden des einen sind immer das Vermögen des anderen.

Wenn das Bankensystem, wie wir gesehen haben, Geld durch die Beleihung von Sicherheiten aus dem Nichts schafft, so schafft es genauso Vermögen. Der Schuldner der Bank nutzt den Kredit, um zu investieren, zu konsumieren oder Vermögenswerte zu kaufen. In jedem Fall fließt das Geld in die Taschen der Verkäufer und wieder als Einlagen in das Bankensystem zurück. Die Vermögen wachsen.

Wenn wir nun feststellen, dass die Schulden zu hoch sind und die Vermögensobjekte nicht so wertvoll, wie zum Zeitpunkt der Beleihung angenommen, dann entstehen Verluste. Zunächst bei den Banken. Angesichts der Größenordnungen, über die wir heute reden, jedoch auch schnell bei anderen Vermögensbesitzern, die oftmals unwissend die Risiken tragen: als Bankkunden, Sparer und Besitzer von Lebensversicherungen.

> Reduzieren wir die Schulden, so reduzieren wir auch die Vermögen.

Angesichts der Dimensionen, um die es heute geht, ist dies keine erfreuliche Aussicht. Und sie gilt auch für die Ansprüche auf zukünftige Rentenzahlungen und Leistungen der Gesundheitsversorgung. Diese Ansprüche stellen Forderungen gegen den Staat dar – also gegen uns alle. Wie wir gesehen haben, wird es unmöglich sein, diese Ansprüche zu erfüllen. Es wird auch hier zu einer Reduktion von Vermögen (= Ansprüchen) und Schulden (= Versprechen) kommen – in Dimensionen, die erheblich sind.

## Das Ponzi-Spiel geht weiter

Der Zusammenbruch eines Ponzi-Schemas verläuft nicht geordnet, sondern chaotisch und brutal. In dem Versuch, möglichst viel des eigenen Vermögens zu retten, ziehen die Gläubiger ihr Geld ab. Die Schuldner bemühen sich verzweifelt um die Beschaffung von Geld, um die Ansprüche der Gläubiger zu befriedigen. Dazu verkaufen sie Vermögenswerte und die Preise beginnen zu fallen. Sinkende Vermögenspreise erhöhen den Druck auf andere Schuldner, ebenfalls zu verkaufen, was die Abwärtsbewegung verstärkt. Immer mehr Gläubiger zweifeln an der Qualität von Schuldnern und Sicherheiten, Panik entsteht und die Preise von Vermögenswerten fallen immer schneller. Was folgt, ist ein typischer Crash.

Die Realwirtschaft bleibt davon nicht unberührt. Die Nachfrage sinkt. Zeitgleich steigt das Angebot, weil sich auch hier Schuldner Liquidität beschaffen wollen. Die Folge sind sinkende Preise – die gefürchtete Deflation. Fallende Preise für Waren und Dienstleistungen senken den Wert von Unternehmen und Vermögen zusätzlich. Eine sich selbst verstärkende Abwärtsspirale setzt ein. Gelingt es nicht, diese zu stoppen, so sind Bankenzusammenbrüche und eine schwere Rezession die Folge.[56]

Das beste Beispiel dafür ist die Depression der 1930er-Jahre in den USA, die zur Weltwirtschaftskrise führte. Dieser Krise war ein für damalige Zeiten einmaliger schuldenfinanzierter Boom vorausgegangen, gekennzeichnet durch ein Übermaß an Investitions- und Konsumausgaben.

Heute sind die offenen und verdeckten Schulden ungleich höher und die fundamentalen Triebkräfte der Wirtschaftsentwicklung, vor allem die demografische Entwicklung, weniger günstig. Deshalb wird das Ende unseres Ponzi-Schemas zu erheblichen Anpassungen von Forderungen führen. Auch das Potenzial für eine chaotische Entwicklung ist deutlich größer. Grund genug für die Politik, alles zu tun, um das Ponzi-Schema weiterzuführen.

Genau das hat die Politik seit 2009 getan. Als die Immobilienblase in den USA und die Euro-Schuldenblase in Europa platzten, stand das finanzielle Kartenhaus der westlichen Welt vor dem deflationären Kollaps. Fallende Vermögenspreise hatten die Schulden entwertet, Banken waren faktisch insolvent und die Flucht der Gläubiger war in vollem Gange. Nur beherztes Eingreifen von Regierungen und Notenbanken konnte eine Kernschmelze des Finanzsystems verhindern.

Eine Vielzahl von Maßnahmen wurde ergriffen. Bilanzierungsregeln wurden geändert, damit Banken höhere Werte für ihre eigenen Vermögensobjekte ansetzen und die Illusion von soliden Bankbilanzen aufrechterhalten konnten. Schuldnern und Banken wurde mit direkten Kapitalspritzen geholfen. Solidere Staaten bürgten für die Schulden der Krisenländer. Vor allem aber setzten die Notenbanken ihre seit Jahrzehnten verfolgte Politik des billigen Geldes noch radikaler fort. Die Zinsen sanken auf null und es wurden »unkonventionelle« Maßnahmen ergriffen wie der direkte Kauf von Wertpapieren durch die Notenbanken in Billionenhöhe.

> Dies alles diente nur einem einzigen Ziel: den Schuldenturm vor dem Einsturz zu bewahren.

Wie bei einem baufälligen Haus spritzte man quasi Zement in das Fundament. Mit vollem Erfolg. Die Vermögenspreise erholten sich wieder und auch die Realwirtschaft fasste wieder Tritt. Die Erholung blieb allerdings deutlich hinter den Erwartungen zurück. Die Stabilisierung des Schuldenturms blieb überdies nicht ohne Nebenwirkungen. Es wurde nämlich nicht nur das Fundament behandelt, sondern man fügte dem Turm auch noch neue Stockwerke hinzu. Zu verlockend ist die Spekulation mit billigem Geld.

Die Dimensionen sind gewaltig, wie die Unternehmensberatungsfirma McKinsey im Frühjahr 2015 vorrechnete.[57] Ihr zufolge sind die Schulden von Staaten (mit 9,3 Prozent pro Jahr), privaten Haushalten (2,8 Prozent pro Jahr) und Unternehmen außerhalb des Finanzsektors (5,9 Prozent pro Jahr) seit 2007 weltweit weiterhin drastisch und immer noch schneller als die Wirtschaft gewachsen. Dabei haben Unternehmen ungefähr im selben Maße neue Schulden wie im Zeitraum von 2000 bis 2007 gemacht, die privaten Haushalte deutlich weniger (vor der Krise waren es 8,5 Prozent pro Jahr) und die Regierungen deutlich mehr (bis 2007 »nur« 5,8 Prozent pro Jahr). Letztere haben damit die geringere Neuverschuldung der privaten Haushalte und die damit wegfallende Zusatznachfrage durch eigene Schulden kompensiert. Das geht auf Dauer nicht gut.

Das Gleiche gilt übrigens für die Länder der Eurozone. In keinem einzigen von ihnen liegt die Gesamtverschuldung unter dem Niveau von 2008. Bei einigen Ländern hat sich die Struktur der Verschuldung geändert. Beispielsweise stehen in Spanien geringeren Schulden der privaten Haushalte deutlich höhere Schulden des Staates gegenüber. Wir haben also weitergemacht wie zuvor (Abbildung 4). Von Sparen kann keine Rede sein.

## Schulden wirken immer weniger

Rund gerechnet wachsen die Schulden der Realwirtschaft seit 2007 weltweit um 6 Prozent pro Jahr nach rund 7 Prozent von 2000 bis 2007. Zeitgleich mit dem Rückgang der Schuldenwachstumsraten kam es auch zu einem Rückgang des Wirtschaftswachstums. Neue Schulden hatten außerdem eine immer geringere Wirkung auf das Wachstum. In den 1960er-Jahren bewirkte ein US-Dollar neuer Schulden noch rund 80 Cent mehr BIP. Der Wert dieser Kenngröße sank in den 1990er-Jahren auf 30 Cent und ab 2000 schließlich auf rund 10 Cent.

Hierin liegt die entscheidende Ursache für den zunehmenden deflationären Druck und das immer geringere Wachstum der hoch verschuldeten Länder und der Weltwirtschaft insgesamt. Gehen wir davon aus, dass der durchschnittliche Zinssatz, der auf die Schulden zu zahlen ist, bei 5 Prozent liegt, so ergibt sich, dass der größte Teil der neuen Schulden nur noch dazu dient, die Zinsen auf die alten Schulden zu decken. Zur Finanzierung neuer Nachfrage nach Gütern und Dienstleistungen bleibt kaum etwas übrig.

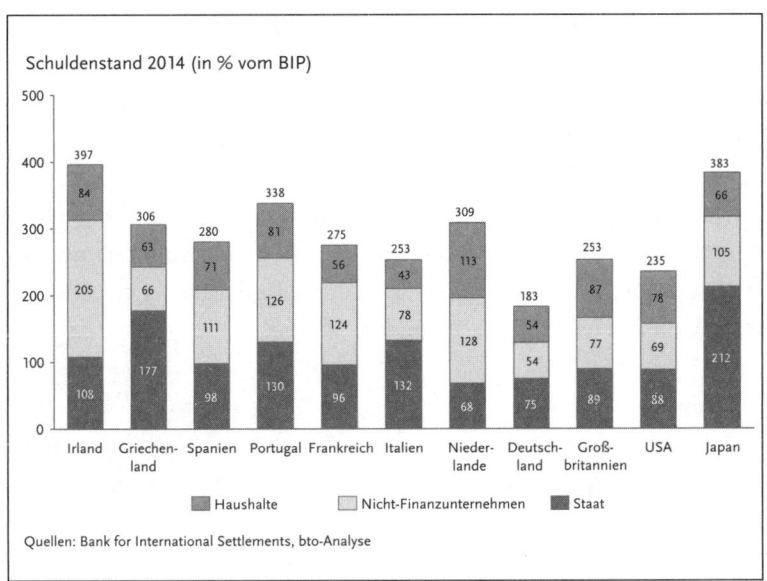

Quellen: Bank for International Settlements, bto-Analyse

Abbildung 4: Die Schulden der westlichen Welt – höher als 2008

Ein Zinssatz von 5 Prozent klingt angesichts des geringen Zinsniveaus hoch, doch gilt es zu bedenken, dass

- die Zinsen in den letzten Jahren gefallen sind und diese Senkung nur mit Verzögerung auch bei bestehenden Schulden greift,
- das Zinsniveau weltweit noch nicht auf dem Niveau der Schweiz und Deutschlands angekommen ist und
- nicht jeder Schuldner sich zu so günstigen Konditionen finanzieren kann wie der Staat.

Die neuen Schulden bewirken kein weiteres Wirtschaftswachstum. Damit nähert sich die Wachstumsrate der Wirtschaft ihrem natürlichen Maß, bestimmt durch das Wachstum der Erwerbsbevölkerung und der Produktivität. Beide Größen jedoch stagnieren oder schrumpfen.

In den letzten Jahren ist es gelungen, neue Schuldner zu finden, vor allem in China und den asiatischen Schwellenländern. Sie haben geholfen, die Weltwirtschaft zu stabilisieren. Nun, nachdem auch hier die Verschuldungskapazität ausgeschöpft ist, fehlt auch diese Zusatznachfrage. Überdies bemühen sich die Schuldner nun ebenfalls, ihre Schulden zu verringern. Das Problem ist also größer geworden, nicht kleiner.

Nachdem wir jahrelang dank »Aufschuldung« ein Wachstum oberhalb des natürlichen Potenzials erzeugt haben, drohen nun also eine Abkühlung und eine Wende in die Gegenrichtung: Wachstum unterhalb des natürlichen Trends.

> Die Weltwirtschaft steht vor einer Eiszeit. Diese Eiszeit kann Jahrzehnte dauern.

## Wie viele Schulden sind »zu viel«?

Niemand kann mit Bestimmtheit sagen, wie viele Schulden eine Volkswirtschaft verträgt. Wissenschaftliche Studien wie die eingangs erwähnte Studie der Universität Bonn oder auch die umfangreiche Arbeit der US-Professoren Kenneth Rogoff und Carmen Reinhardt, die pünktlich zur Krise eine Analyse von Schuldenkrisen vorgelegt haben,[58] nennen keinen eindeutigen Punkt, ab dem hohe Schulden zur Krise führen. Die Schwelle hängt von verschiedenen Faktoren ab.

Je geringer der Zinssatz ist, desto höher kann die vertretbare Schuldenlast sein. Beispielsweise kann der japanische Staat seine Schulden von über 200 Prozent des BIP nur deswegen beherrschen, weil die Zinsen, die er auf sie zahlen muss, gering sind. Zugleich profitiert Japan davon, dass es fast ausschließlich im Inland und in eigener Währung verschuldet ist. Andere Länder wie beispielsweise Russland in den 1990er-Jahren gerieten schon bei Schuldenständen von rund 50 Prozent des BIP in Schwierigkeiten. Der Grund dafür war die Abhängigkeit von ausländischen Kreditgebern, deren Forderungen auf die entsprechenden Fremdwährungen lauteten.

Je schneller die Wirtschaft wächst, desto mehr Schulden kann sie verkraften, weil Wachstum steigende Einnahmen mit sich bringt. Vor diesem Hintergrund ist zum Beispiel die Schuldentragfähigkeit der USA günstiger zu sehen (wenn auch nicht gut!) als jene der EU-Staaten.

Die magische Grenze, ab der Schulden das Wirtschaftswachstum beeinträchtigen, liegt nach einer Studie der Bank für Internationalen Zahlungsausgleich bei rund 90 Prozent des BIP. Um das Wachstum der Realwirtschaft zu dämpfen, genügt es, wenn *ein* Sektor der Volkswirtschaft – also der Staat, die Unternehmen oder die privaten Haushalte – Schulden von 90 Prozent des BIP oder mehr hat.[59] Wie bereits beschrieben, liegt in den meisten Ländern mindestens ein Sektor über der magischen Hürde von 90 Prozent.

Schulden von 90 Prozent und mehr mögen deshalb unter bestimmten Umständen, also je nach Zinsniveau und Gläubigerstruktur, langfristig tragfähig sein, sie wirken sich aber nichtsdestoweniger negativ auf die Realwirtschaft aus. Die Wirtschaft wächst langsamer und kann den Schuldenstand bestenfalls »verwalten«, nicht jedoch abtragen. In der Praxis ist es noch schlimmer. Faktisch wachsen die Schulden immer weiter an und es gibt wenig Hoffnung, dieses Wachstum unter Kontrolle zu bringen.

> Schulden sind nur dann langfristig tragfähig, wenn der Kreditnehmer ihr Wachstum unter normalen Bedingungen unter Kontrolle halten kann.

Unter »normalen Bedingungen« verstehe ich ein Zinsniveau, welches

- nicht durch Eingriffe der Notenbank dauerhaft manipuliert und gering gehalten wird und

- mit einem Wachstum der Realwirtschaft im Gleichklang mit Demografie und Produktivitätsfortschritten einhergeht.

Nur unter diesen Bedingungen lassen sich immer weiter steigende Schulden und Fehlinvestitionen, angeregt von zu billigem Geld, verhindern.

Legt man diese Maßstäbe an, so könnten ein nominales Wirtschaftswachstum von 3 Prozent und ein Zinsniveau von 5 Prozent als vernünftige Zielwerte dienen. Die damit korrespondierende, nachhaltig tragbare Schuldenlast läge bei rund 60 Prozent des BIP für jeden Sektor. Dieser Wert beruht auf der Annahme, dass die Neuverschuldung den Zinszahlungen für die ausstehenden Schulden entspricht.

Die Berechnung erklärt sich folgendermaßen: Liegt die Schuld bei 60 Prozent des BIP, so führen Zinszahlungen von 5 Prozent zu einer Belastung in Höhe von 3 Prozent des BIP (5 Prozent, multipliziert mit 0,6). Wächst die Wirtschaft gleichzeitig um 3 Prozent, so bleibt die Schuldenquote stabil. Zähler und Nenner wachsen mit der gleichen Geschwindigkeit.

Stiegen die Schulden über 60 Prozent des BIP an, so müsste ein Teil der Zinszahlungen aus dem laufenden Einkommen bestritten werden, was jedoch die Nachfrage und damit das Wirtschaftswachstum dämpfen würde und somit unerwünscht ist. Deshalb werden in der Praxis Zinszahlungen durch neue Kredite finanziert – mit der Konsequenz, dass die Schulden allmählich außer Kontrolle geraten.

Die Hürde von 60 Prozent gilt, wie auch die empirische Hürde von 90 Prozent, ab der das Wachstum leidet, für jeden Sektor einer Volkswirtschaft – also Staat, Unternehmen und private Haushalte. Wenn also eine Volkswirtschaft als Ganzes die Schuldenquote dauerhaft stabil halten möchte, sollte die Gesamtschuld nicht mehr 180 Prozent des BIP betragen. Wenn sie diesen Wert übersteigt, dann beginnt die Politik bereits, in die Marktpreisbildung einzugreifen, vor allem in die Bestimmung der Zinsen, um höhere Schulden tragbar zu machen. Das ist mit erheblichen Nebenwirkungen verbunden. Zum einen wird die Schuldendynamik damit noch weiter angeheizt und zum anderen nimmt die Spekulation zu. Die Schulden wachsen dann also nicht langsamer, sondern eher noch schneller.

Wenden wir die hier beschriebene Logik auf die bestehenden Schuldenberge an, so können wir den Anteil der Schulden beziffern, der offensichtlich nicht nachhaltig ist. Die Schulden, die über 180 Prozent des BIP hinausgehen, wären demzufolge nicht tragbar und müssten abgebaut werden. In der Eurozone wie in den USA reden wir über einen überschüssigen Betrag in der Größenordnung von 5 Billionen Euro! Die ungedeckten Verbindlichkeiten für die alternde Gesellschaft sind in dieser Zahl noch nicht enthalten.

Den genannten 5 Billionen Euro stehen entsprechende Vermögenswerte gegenüber, zum Beispiel die aufgrund der kreditfinanzierten Nachfrage hoch bewerteten Immobilien. In einem geordneten Prozess ließen sich die Schulden reduzieren und es wäre unter Umständen nicht notwendig, den gesamten Schuldenüberhang abzubauen. Langfristig niedrige Zinsen könnten es ermöglichen, mit einem höheren Schuldenstand zu leben, allerdings zum Preis weiterhin gedämpfter wirtschaftlicher Aktivität.

Im günstigsten Fall dürfte es in der Eurozone genügen, den Schuldenstand um 3 Billionen Euro zu verringern. Das bedeutet eine enorme Kraftanstrengung, die nur von Schuldnern und Gläubigern gemeinsam bewältigt werden kann. Doch nach einer solchen Lösung sieht es nicht aus. Im Gegenteil, das Spiel auf Zeit wird fortgesetzt und die Schuldenlast wächst immer weiter an. Das Gleiche gilt für den Rest der Welt.

# CHINA – SCHULDENWIRTSCHAFT NACH WESTLICHEM VORBILD

## China wie Griechenland – nur viel größer?

Dass Griechenland jahrelang über seine Verhältnisse gelebt hat und schon seit Jahren faktisch pleite ist – auch wenn das unsere Politiker nicht zugeben wollen –, ist längst Allgemeingut. Doch dass China ein viel größeres Problem für die Weltwirtschaft darstellt, überrascht viele. Schließlich hat sich seit 2007 das chinesische BIP verdoppelt, womit China zur Wachstumslokomotive der Welt geworden ist. Den Rohstoffexporteuren von Australien bis Chile und den Autoherstellern in Deutschland zur Freude. Der Boom tröstete über die Tristesse in Europa und den USA nach dem Platzen der Schuldenblase 2007 hinweg.

Was allerdings bei all der Bewunderung Chinas vergessen wird: Nicht nur die Wirtschaft wuchs umgerechnet um beeindruckende 5 Billionen US-Dollar; im selben Zeitraum nahmen auch die Schulden zu, und zwar um 21 Billionen US-Dollar.

> In den letzten 14 Jahren haben sich die chinesischen Schulden von 2 Billionen US-Dollar auf 28 Billionen US-Dollar erhöht, das heißt mit dem Faktor 14 (siehe Abbildung 5).[60]

Wenn Ausleihungen derart stark wuchsen, dann hat dies bisher immer zu Krisen geführt. So wuchs in Japan in den fünf Jahren vor

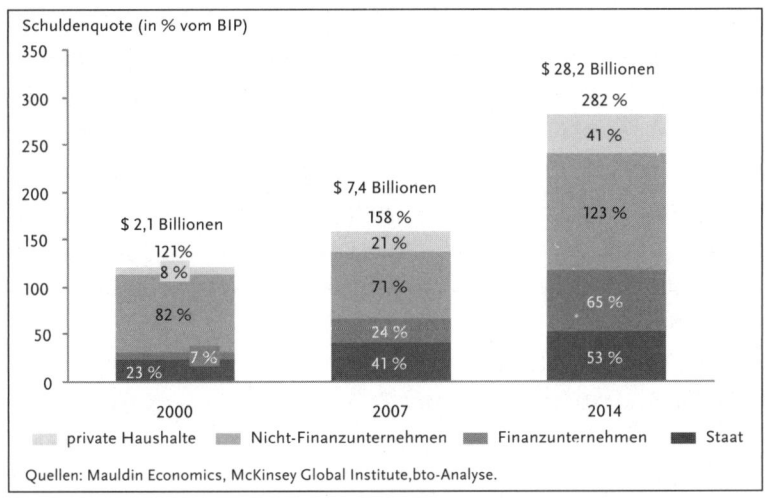

Schuldenquote (in % vom BIP)

| | | |
|---|---|---|
| **2000** | **2007** | **2014** |
| $ 2,1 Billionen | $ 7,4 Billionen | $ 28,2 Billionen |
| 121% | 158 % | 282 % |
| 8 % | 21 % | 41 % |
| 82 % | 71 % | 123 % |
| 7 % | 24 % | 65 % |
| 23 % | 41 % | 53 % |

private Haushalte   Nicht-Finanzunternehmen   Finanzunternehmen   Staat

Quellen: Mauldin Economics, McKinsey Global Institute,bto-Analyse.

Abbildung 5: Chinas Schuldenboom – Schulden in Relation zur Wirtschaftsleistung

dem Platzen der Blase 1989 das Kreditvolumen um 30 Prozent, in Südkorea bis zur Asienkrise um 22 Prozent und in den USA bis 2007 um 39 Prozent.

Dabei erleidet China das gleiche Schicksal wie wir im Westen. Die wachstumsfördernde Wirkung neuer Schulden nimmt immer mehr ab. Jeder neue Dollar an Kredit erbringt nur noch rund 30 Cent Wachstum. Damit liegt China noch deutlich über den Werten bei uns, aber es gibt kaum Anlass zu der Hoffnung, dass es aus den Schulden herauswachsen wird.

Der schuldenfinanzierte Boom hat Überkapazitäten geschaffen, wohin man schaut. So hat die Bauwirtschaft immerhin einen Anteil von 13 Prozent am BIP, rund doppelt so hoch wie in den USA im Jahr 2007. Zählt man die mit der Bauwirtschaft verflochtenen Sektoren wie Stahl und Baumaterialien hinzu, so liegt der Wert sogar bei einem Drittel der Investitionen. Kommt es zu einem Einbruch am Markt, dann hat dies Auswirkungen nicht nur auf die chinesische Konjunktur, sondern auch auf die Rohstofflieferanten und damit die Weltwirtschaft.

Nicht anders sieht es in der Industrie aus. Die Kredite an den chinesischen Unternehmenssektor sind höher als in den USA – obwohl die US-Wirtschaft um 82 Prozent größer ist. Es dürfte sich damit um die größte Anhäufung fauler Schulden in der Geschichte handeln. Schätzungen lauten auf umgerechnet 2 bis 3 Billionen US-Dollar an Krediten, die wertlos sind. Insgesamt wird das Volumen an Fehlinvestitionen seit 2009 auf beeindruckende 6,8 Billionen US-Dollar geschätzt! Das bedeutet Städte ohne Bewohner und Fabriken ohne Nachfrage.[61]

Die Folge der erheblichen Überkapazitäten ist in einer staatlich gelenkten Wirtschaft keine andere als in der Marktwirtschaft: Die Preise fallen. Verschuldete Unternehmen schauen nicht mehr auf den Gewinn, sondern auf den Cashflow. Alles ist willkommen, was Geld in die Kassen spült. So fielen die Preise auf Produzentenniveau in China im Sommer 2015 bereits seit 40 Monaten. Da zugleich die Zinsen bei 6 bis 8 Prozent lagen, zahlten chinesische Unternehmen vermutlich den höchsten Realzins der Welt. Mehr braucht es nicht, um ein Land in eine tiefe Krise zu stürzen.

> In China herrscht eine verhängnisvolle Kombination aus Überkapazitäten und Überschuldung, die erhebliche deflationäre Konsequenzen hat.

## An der Wohlstandsmauer

Schulden und Überkapazitäten können nur durch Wirtschaftswachstum überwunden werden. Seit 2013 schwächt sich das Wachstum immer mehr ab und es spricht wenig für eine grundlegende Wende. Die Probleme treffen China just in der Zeit, in der auch die demografische Entwicklung kippt. Ähnlich wie in Japan 1990 fällt der Investitionsboom mit einer Ausweitung der Zahl der Erwerbstätigen zusammen, die mittlerweile ihren Endpunkt erreicht hat. Das Arbeitskräfteangebot sinkt bereits seit 2011. Für 2030 wird erwartet, dass in China rund 140 Millionen Arbeitskräfte fehlen.

Der Bevölkerungsrückgang wird durch die Ein-Kind-Politik deutlich verschärft. Die Vorliebe für männlichen Nachwuchs hat dazu geführt, dass auf sechs Jungen fünf Mädchen kommen, was angesichts der absolut großen Zahlen dazu führt, dass in den nächsten beiden Jahrzehnten mehrere zehn Millionen chinesische Männer keine Chance haben, eine Frau zu finden. Dies wird zu erheblichen sozialen Problemen führen.

Weniger Arbeitskräfte bedeuten weniger Wirtschaftswachstum, es sei denn, es gelänge, das BIP pro Kopf deutlich zu steigern. Laut IWF könnte China, wenn es entsprechende Reformen angeht, bis 2030 einen Wert von 40 Prozent des BIP pro Kopf der USA erzielen. Ohne Reformen sind nur 25 Prozent realistisch. Heute liegt das chinesische BIP pro Kopf bei 20 Prozent des US-amerikanischen.

Hier kommt die Wohlstandsmauer ins Spiel. Damit wird eine empirische Erfahrung beschrieben. Sie besagt, dass Staaten es im Lauf ihrer wirtschaftlichen Entwicklung bis zu einem realen BIP pro Kopf in der Größenordnung von 10 000 bis 17 000 US-Dollar bringen können, danach aber keine weiteren Zuwächse mehr erreichen. Nur wenigen Ländern ist es in den letzten 100 Jahren gelungen, diese magische Grenze zu durchbrechen und von einem Schwellenland zu einer Industrienation zu werden. Andere wie Argentinien und die Sowjetunion sind »an der Mauer abgeprallt« und wieder zurückgefallen.[62]

Ökonomen erklären diese Entwicklung folgendermaßen: Zunächst ist es einfach, Erfolge zu erzielen. Es kommt zu einer Industrialisierung, einem Wachstum der Städte und vor allem zur Schaffung einfacher Arbeitsplätze. In dieser ersten Phase der Entwicklung haben eher autokratisch geprägte Wirtschaften einen Vorteil.

Um die magische Mauer zu überwinden, werden Innovationen, höherwertige Produkte und Dienstleistungen gebraucht. Voraussetzungen für diesen nächsten Schritt sind die Sicherung von Eigentumsrechten, Rechtsstaatlichkeit und die Förderung von Innovationen und Kreativität. All dies ist stark mit persönlicher Freiheit verbunden.

Kapital muss in innovative und kreative Bereiche fließen. Genau das passiert in China jedoch nicht. 90 Prozent der neuen Kredite gehen an die Staatsunternehmen (SOEs), obwohl diese nur ein Drittel des BIP erwirtschaften. Diese Unternehmen sind zudem chronisch unprofitabel. Kleinen Unternehmen, die eher Innovationsmotor sein könnten, leihen die staatlichen Banken nur selten Geld.

## Der Geist von 1929?

Nicht nur die Parallelen zur Entwicklung in Japan 1990 und zur amerikanischen und europäischen Immobilienblase 2007 stimmen nachdenklich. Auch ein Vergleich mit den Vereinigten Staaten des Jahres 1929, wie ihn der englische *Telegraph* anlässlich des chinesischen Börsencrashs im Sommer 2015 anstellte, fällt beunruhigend aus.[63] Beide Male boomte die Wirtschaft ein Jahrzehnt lang, begleitet von einem deutlichen Verschuldungsanstieg. Indes sind die Dimensionen in China heute deutlich größer. Die Bevölkerung zog vom Land in die Städte, um dort in den neuen Industrien zu arbeiten. Breite Bevölkerungsschichten investierten in diese neuen Industrien. Eine solche Entwicklung hat nun auch in China stattgefunden, wenn auch wiederum um ein Vielfaches stärker.

Die Börse in China ist zwar erst in den letzten zwölf Monaten vor dem Crash explodiert, während in den USA der Anstieg in den 1920er-Jahren länger andauerte. Die stärkste Phase des Booms umfasste allerdings auch damals eine kurze Zeitspanne: Sie fiel in die Monate ab 1927, als die Wall Street rund 50 Prozent Kursgewinn verzeichnete.

Der Börsenboom war zunächst von der Regierung angeheizt worden und sollte die Finanzierung der privaten Unternehmen erleichtern, die Schwierigkeiten hatten, Kredite von den Banken zu bekommen. Im Vordergrund stand aber die Versorgung von Staatsbetrieben und Banken mit neuen Finanzmitteln, denn diese hatten mit einem erheblichen Volumen an faulen Krediten zu kämpfen.

Wie alle kreditfinanzierten Börsenbooms endete auch dieser mit einem jähen Absturz. Zugleich zeigte er die Grenzen der chinesischen Regierung in ihrem Bemühen, die Wirtschaft zu steuern. Obwohl das Land über mehr Munition in Form von Währungsreserven verfügt und dank Politmonopol schneller handeln kann, ließ sich die Börse nicht so einfach stabilisieren.

Selbst die Reaktion auf den Crash am Aktienmarkt ist nicht so unterschiedlich, wie man es angesichts der starken chinesischen Regierung erwarten würde. Beide Male wurde Geld in die Börsen gepumpt, nur mit dem Unterschied, dass in China der Staat direkt die Hebel betätigte.

Dies muss nicht bedeuten, dass die Geschichte sich nun wiederholt. Ohne Zweifel wird die chinesische Regierung eine Bankenkrise nicht zulassen. Es bleibt zu hoffen, dass es ihr auch gelingt, das → Schattenbankensystem zu stabilisieren. Doch eines muss klar sein: Selbst dann, wenn die Optimisten recht bekommen, wird der Preis der »Rettung« der gleiche sein wie in Europa; er wird sich in einem noch größeren Schuldenberg äußern. Ein weiterer Schritt in die Welt mit Null- beziehungsweise Negativzins und immer höheren Schuldenbergen und Scheinvermögen. Auch China ist damit auf dem besten Weg in die Eiszeit.

## Deflationsexporteur China

Es war für die Kapitalmärkte eine große Überraschung, als China im Sommer 2015 mit der Abwertung der eigenen Währung begann. Letztlich ist dies angesichts der deutlichen Aufwertung in den letzten Jahren verständlich. Japan versucht, durch eine deutliche Abwertung des Yen die eigene Wirtschaft aus der jahrzehntelangen Stagnation zu befreien. Die EZB sieht in einem schwachen Euro die Lösung für die Eurokrise. China bleibt deshalb nach einer handelsgewichteten Aufwertung des Renminbi um mehr als 10 Prozent innerhalb von zwei Jahren keine andere Wahl, als mit einer Abwertung ein klares Signal zu setzen: Bis hierher und nicht weiter.

Allein im ersten Halbjahr 2015 wurde Kapital im Umfang von schätzungsweise 800 Milliarden US-Dollar von China ins Ausland transferiert. Diese Kapitalflucht ist ein erhebliches Warnsignal. Die Bevölkerung, vor allem die Vermögenden aus dem Umfeld der Partei, glauben nicht mehr an die Fortsetzung des Aufschwungs. Wenn China zur Stabilisierung des eigenen Schuldenturms die Währung abwertet, um über Exporte die Wirtschaft zu beleben, könnte es die 172 Billionen US-Dollar an Schulden der restlichen Welt mitreißen und der Weltkonjunktur, die ohnehin im sechsten Jahr nach der Krise auf schwachem Fundament steht, einen schweren Schlag versetzen. Die USA sind nach einem langen, nur als anämisch zu bezeichnenden Aufschwung nicht mehr weit von der nächsten Rezession entfernt, während Europa die letzten sechs Jahre nicht dazu genutzt hat, das Haus wetterfest zu machen.

Die schwache Konjunktur in China wirkt auf verschiedene Weisen negativ auf uns. Zunächst sinken die Exporte nach China, was vor allem Deutschland trifft. Die sinkende Nachfrage nach Rohstoffen dämpft die Konjunktur in den Rohstoffländern von Australien bis Südafrika. Damit sinkt auch dort die Importnachfrage und das Risiko weiterer Finanzkrisen angesichts der aus dem Ruder gelaufenen Verschuldung nimmt weiter zu. Fallende Rohstoffpreise und fallende Preise chinesischer Exportgüter verstärken den deflationären Druck.

Den Notenbanken im Westen bleiben nicht mehr viele Möglichkeiten, um gegenzusteuern und die Wirtschaft wieder auf Kurs zu bringen, darunter die direkte Finanzierung von Staatsausgaben. Ob und wie schnell es dazu kommt, bleibt abzuwarten.

Damit verschärft China die Eiszeit in der Weltwirtschaft. Erhebliche Überkapazitäten drücken das weltweite Preisniveau. Eine nochmalige kreditfinanzierte Konjunkturbelebung kann die Wirtschaft vorübergehend stabilisieren. Die Politik gewinnt dadurch Zeit, die Eiszeit kann sie dadurch aber nicht überwinden.

# PLANLOSE EURORETTER

## Die deutsche Europolitik vor dem Scherbenhaufen

In dem Versuch, dem eigenen Wahlvolk die wahren Dimensionen der Eurokrise und die zu erwartenden Kosten zu verheimlichen, hat die deutsche Regierung in den letzten fünf Jahren den Schaden potenziert. Im Beraterdeutsch würde man sagen, die Europolitik von Schäuble und Merkel sei »unten links« angesiedelt.

Berater lieben es, Probleme in einer einfachen Matrix mit vier Feldern darzustellen. Die Achsenbeschriftung wird dann so gewählt, dass die beste Alternative oben rechts positioniert ist, die Alternativen mit Vor- und Nachteilen entweder oben links oder unten rechts. Die Alternative, die auf keinen Fall infrage kommt, ist unten links platziert. Sie bietet nämlich keine Vorteile, sondern nur Nachteile. Und hier befindet sich Deutschland nun nach sechs Jahren verfehlter Europolitik.

Ich möchte zunächst die Ausgangslage im Jahr 2010 in Erinnerung rufen und die Achsenbeschriftung definieren.

Bereits 2010 war erkennbar, dass die Einführung des Euro ein großer ökonomischer Fehler war, der zu einem schuldenfinanzierten Konsum- und Investitionsboom geführt hat. Die Schuldenlast von Ländern wie Irland, Portugal, Spanien und Griechenland war offensichtlich untragbar. In Italien und Frankreich zeichneten sich die Probleme der Staatsschulden deutlich ab. Schon damals hätte man sich an einen Tisch setzen müssen, um diese Schulden in einem geordneten Prozess zu bereinigen. Zugleich hätte geklärt werden müssen, ob das Korsett des Euro wirklich für alle passt. Lässt die gemeinsame Währung doch Anpassungen innerhalb Europas nur über einen langjährigen, schmerzhaften Prozess der »internen Abwertung« zu, verbunden mit hoher Arbeitslosigkeit. Doch diese Diskussionen wurden nicht ernsthaft geführt. Stattdessen hat man auf Zeit gespielt.

In diesem Spiel ging es aus deutscher Sicht letztlich um zwei Dimensionen: die Minimierung des finanziellen Schadens auf der einen Achse und des politischen Schadens, gemessen an der Akzeptanz und Beliebtheit Deutschlands in Europa, auf der anderen.

Oben rechts wäre in diesem Bild eine Lösung platziert, die politische Sympathien und Einfluss bringt und die Kosten gering hält. Unten links stünde eine Lösung, die sehr teuer ist und zugleich den politischen Einfluss und die Akzeptanz Deutschlands in Europa vermindert. Genau in dieses Feld haben wir uns zielsicher manövriert.

2010 hätten wir noch die Möglichkeit gehabt, den finanziellen Schaden zu begrenzen. Dazu hätten wir

- uns eingestehen müssen, dass wir in einer Schuldenunion leben, in der ein immer größerer Teil der Schulden nicht mehr bedient werden kann, was zwangsläufig zu Verlusten bei den Gläubigern – also uns! – führt;
- eine Strategie anwenden müssen, wie sie im Rahmen einer typischen Unternehmensinsolvenz verfolgt wird – die Schulden neu ordnen und damit wenigstens einen Teil der Forderungen retten;
- einen Schuldentilgungsfonds schaffen müssen, wie bereits damals vom Sachverständigenrat der Bundesregierung angeregt, allerdings ergänzt um die faulen privaten Schulden, die eine → Rekapitalisierung des europäischen Bankensystems erforderlich machen. Dieser Fonds hätte rund 3 Billionen Euro umfassen müssen, mit gemeinsamer Haftung aller Euroländer, einer gemeinsamen Finanzierung und solidarischer Tilgung;

- auf prozyklische Sparmaßnahmen verzichten müssen. In einer Überschuldungssituation verschärfen Sparmaßnahmen die Wirtschaftskrise und unterminieren so die Schuldentragfähigkeit nur noch stärker;
- im Gegenzug für unsere Solidarität Reformen der EU-Institutionen einfordern müssen – anstelle von Reformen in den jeweiligen Ländern, die immer als Einmischung von außen verstanden werden.

Der Charme einer solchen Lösung ist offensichtlich. Er liegt in der Beschränkung auf die Bereinigung der Altlasten und einer Reform der Institutionen. Mit Letzterer hätte man eine Wiederholung der Krise weitgehend ausschließen können. Vor allem hätte man keinen Freibrief und keine Haftungsgemeinschaft für die Zukunft etabliert. Zugleich hätten die anderen Länder selbst über den Reformweg entscheiden können und müssen, ohne Einmischung von außen.

> Deutschland wäre der großzügige und konstruktive Partner gewesen, der die Eurokrise gelöst hat. Mit diesem Pfund hätten wir wuchern können.

Bekanntlich haben wir das nicht getan. Stattdessen haben wir im großen Stil private Gläubiger durch staatliche ersetzt, auf Sparmaßnahmen in den Krisenländern bestanden und uns in die Ausgestaltung derselben eingemischt. Statt es den dortigen Politikern zu überlassen, ihre Länder wieder auf Kurs zu bringen, haben wir uns als Sündenbock angeboten, mit dem und gegen den sich bestens Politik machen lässt. Man denke nur an die Plakate während der Wahlkämpfe in den Krisenländern, die nicht gerade ein positives Bild von Deutschland entwerfen. Diese Entfremdung geht so weit, dass amerikanische Nobelpreisträger in Beiträgen in der *New York*

*Times* davon sprechen, dass Deutschland Griechenland zum zweiten Mal in einem Jahrhundert zerstört habe![64]

Natürlich ist das Unsinn. Genauso wie das Gerede von dem vermeintlichen Eurogewinner Deutschland. Wie bereits festgestellt, ist Deutschland keineswegs der Gewinner des Euro. Gesamtwirtschaftlich haben wir bei objektiver Betrachtung erheblich an Wohlstand verloren. Es zeigt aber, wie groß die Spannungen bereits sind. Zu befürchten ist außerdem, dass sie in den kommenden Jahren noch weiter zunehmen werden. Die Dämonisierung Deutschlands als böse Hegemonialmacht findet immer breitere Zustimmung.

Doch nicht nur die politischen Sympathien haben wir verspielt. Wir haben auch die Kosten des Euro für uns maximiert. So sind die Schulden seit 2010 in allen Krisenländern weiter deutlich gestiegen. Würden wir heute einen Schuldentilgungsfonds auflegen, so dürfte dessen Größenordnung eher bei 5 Billionen Euro liegen. Wir haben auch keine Möglichkeit mehr, eine Sozialisierung nicht nur der vergangenen, sondern auch der künftigen Schulden zu verhindern.

Damit sind wir auf dem Weg in eine massive Umverteilung auf europäischer Ebene. Unser angeblicher Nutzen durch Exporte entpuppt sich nun als das, was es ist: ein Subventionsprogramm für die Exportwirtschaft, welches wir letztlich selber bezahlen. Alle Versuche, die Wirtschaftspolitik in den anderen Ländern zu mehr Solidität zu verändern, werden zu noch mehr politischen Abwehrreaktionen führen. Hohe finanzielle Kosten und maximaler politischer Schaden sind also das Ergebnis der deutschen Europolitik. Jetzt, wo wir im Rahmen der Flüchtlingskrise dringend auf europäische Solidarität angewiesen sind, wird uns die Rechnung präsentiert werden. Transferunion, Schuldensozialisierung und noch mehr Interventionen der EZB sind zu erwarten.[65]

Natürlich kann so nur ein rationaler Bürger argumentieren, kein Politiker. Die oben skizzierte Matrix gilt aus der ökonomischen Sicht desjenigen, der die Kosten zu tragen hat. Für die Politiker sind diese Kosten zweitrangig.

Die politische Matrix ist eine andere: Die eine Dimension ist die Minimierung des kurzfristigen politischen Schadens für den agierenden Politiker, die andere die größtmögliche Verzögerung des langfristigen politischen Schadens – mindestens so weit, bis der Nachfolger sich um das Problem kümmern muss.

So war im Jahr 2010 der politische Entscheid klar. Aus Angst vor der Rache der Wähler wurde alles getan, um die Kosten der Eurorettung zu verschleiern und damit kurzfristig eine gute politische Stimmung zu erhalten. Verbunden wurde dies mit der Hoffnung, dass sich die Krise durch ein Wunder löst – oder aber, dass es lange genug gut geht.

Die gute Nachricht für die Regierung lautet, dass angesichts der Milliardenbeträge, die über die verschiedenen Institutionen verschoben werden, weite Teile der Bevölkerung in Wirtschaftsfragen ohnehin nicht mehr durchblicken. Doch spätestens wenn auch Irland, Portugal, Spanien, Italien und Frankreich die Hand aufhalten, wird auch dem Letzten klar werden, welchen hohen Preis wir alle für die politische statt der ökonomisch vernünftigen Lösung bezahlen. Dann ist es aber entschieden zu spät.

## Die linke Agenda für Europa

Im Sommer 2015 erlebte Europa ein Schauspiel besonderer Art. Es ging zum wiederholten Male seit 2010 um die »Rettung Griechenlands« und natürlich die »Rettung des Euro«. Dabei war allen Beteiligten klar,

- dass Griechenland mit einer Wirtschaftsleistung von weniger als 2 Prozent des BIP des Euroraumes zu klein ist, um den Euro zu gefährden, und
- dass Griechenland niemals in der Lage sein wird, seine Schulden zu bedienen.

Pünktlich zum »Showdown« in Brüssel wurde das nochmals von den Experten des Internationalen Währungsfonds vorgerechnet.[66] Beides durfte aber nicht laut ausgesprochen werden. Ein Schuldenschnitt hätte zu echten Verlusten für die anderen Staaten geführt – allen voran Deutschland. Dieses Szenario wollte die deutsche Regierung um jeden Preis verhindern, denn dann hätte man den Wählern die Wahrheit auftischen müssen: dass der Euro keine kostenlose Veranstaltung ist und aufgrund seiner misslungenen Konstruktion ein Fass ohne Boden.

Hätte man Griechenland aus dem Euro entlassen, so wäre klar geworden, dass der Euro doch nicht unumkehrbar ist. Es ist nur eine Frage der Zeit, bis auch andere Länder auf die Idee kommen, sich aus dem Euro zu verabschieden. Verhindert man das Beispiel Griechenland, so verhindert man auch Nachahmer, so dachte man in Brüssel, Paris und Berlin.

Es ging in diesen Sommertagen in Brüssel aber um mehr. Griechenland wollte die Speerspitze sein für einen »Politikwechsel« in Europa. »Schluss mit dem Sparen«, lautete der Schlachtruf – völlig ungeachtet dessen, dass die Schulden in der Eurozone im Sommer 2015 deutlich über dem Niveau von 2008 lagen. Die Politik hat bekanntlich eine durch zu viele Schulden ausgelöste Krise durch noch mehr Schulden bekämpft. Nur die Zusammensetzung der Schulden hat sich geändert.

In Athen zeigte man sich darüber enttäuscht, dass der Schlachtruf in den anderen Ländern nicht sofort verfing. Dabei hatten Irland, Portugal, Spanien, Italien und auch Frankreich das größte Interesse an einem Politikwechsel, leiden doch auch diese Länder unter einer schwachen Wirtschaft und hohen Schulden, die niemals voll bedient werden können.

Die zurückhaltende Unterstützung aus diesen Ländern hatte zwei Gründe. Zunächst galt es zuzugeben, dass nur Griechenland tatsächlich gespart hatte. In allen anderen Ländern lag die Verschuldung im Sommer 2015 deutlich höher als im Jahr 2008. In Griechenland stieg die Schuldenquote ebenfalls, vor allem aber deshalb, weil die Wirtschaft in einem Maße kollabiert war, wie es nur Deutschland in den 1930er-Jahren erlebt hat. Damit war in den anderen Ländern der politische Druck weitaus geringer als in Athen.

Außerdem konnten die Regierungen nur wenig politisches Kapital aus einem Strategiewechsel schlagen. Sie hatten bis dahin – zumindest verbal, wenn schon nicht mit großen Taten – den Kurs des Sparens und der internen Abwertung mitgetragen. Ein Kurswechsel hätte ihnen nur wenig eingebracht, aber dafür die jeweilige Opposition gestärkt.

Hinter den Kulissen war die Lage eine andere. Frankreich und Italien betonten immer wieder, dass sie für neue Gespräche mit Griechenland offen seien. Sicherlich taten sie dies auch in der Absicht, die Schuld für einen »Grexit« auf Berlin zu schieben. Realistischer aber ist, dass sie es taten, um einen Politikwechsel zu fördern.

Hier lohnt sich ein Blick auf die Publikationen der Vordenker der politischen Linken in Europa. Der Ökonom und ehemalige griechische Finanzminister Yanis Varoufakis[67] und der bekennende Sozialist Thomas Piketty[68], Wirtschaftsprofessor in Paris, haben in erfolgreichen Büchern ihre Analyse der Eurokrise und der notwendigen Maßnahmen zu ihrer Beendigung dargelegt. Diese Schriften widerspiegeln das Denken der Regierungen in Italien und Frankreich und auch der politischen Opposition in Ländern wie Spanien und Portugal. Man kann es als linke Agenda für Europa verstehen.

Piketty und Varoufakis sind Anhänger eines starken Staates. Geht es nach ihnen, so ist ein guter Teil der Probleme, die wir heute haben, darauf zurückzuführen, dass der Einfluss des Staates in Europa zu gering ist. Als wichtigste Krisenursache sehen sie neben den Konstruktionsmängeln der Eurozone – also »eine Währung ohne Staat, eine Zentralbank ohne Regierung und eine gemeinsame Geldpolitik ohne gemeinsame Haushaltspolitik« (Piketty) – die Bankenkrise der Jahre 2009 und 2010. Ohne die Bankenkrise wäre es gar nicht zur Staatsschuldenkrise in der Eurozone gekommen. Denn nur weil Regierungen Banken retten mussten, kamen sie selber in Schwierigkeiten, so die Argumentation. Dabei ignorieren beide geflissentlich, dass die Staatsschulden bereits vor der Krise in einigen Ländern wie Griechenland, Italien und Frankreich aus dem Ruder gelaufen waren.

Viel schwerer wiegt, dass sie den hinter der Bankenkrise stehenden privaten Verschuldungsboom in ihrer Analyse völlig ausblenden. Doch wäre es ohne den Euro gar nicht zu dem niedrigen Zinsniveau in den heutigen Krisenländern gekommen, das erst die Voraussetzung für den Schulden-, Immobilien- und Konsumboom geschaffen hat. Stattdessen stimmen sie ein in den Chor jener, die Deutschland vorwerfen, sich über Lohndumping einen ungerechtfertigten Vorteil erschlichen zu haben, was Deutschland zum Hauptnutznießer des Euro mache – eine These, der ich bereits klar widersprochen habe.

Doch die Analyse hat einen Zweck. Ist die Ursache erst einmal definiert, so lassen sich die gewünschten Vorschläge besser begründen. Während in Deutschland die Sicht überwiegt, dass die anderen Länder über ihre Verhältnisse gelebt haben und nun einfach sparen und reformieren, also etwas »deutscher« werden müssen, wird hier der Spieß umgedreht. Nicht übermäßiges Schuldenmachen sei die Ursache, sondern übermäßiges Sparen und mangelnde Solidarität.

Konsistent mit ihrer Analyse sind auch die Forderungen Pikettys und Varoufakis'. Zunächst ist da der Wunsch nach einheitlichen Zinsen für alle. Es wäre doch nicht gerechtfertigt, dass Spekulanten die Zinsen in den Krisenländern nach oben treiben und so die Krise verstärken, diagnostizierten sie auf dem Höhepunkt der Eurokrise 2011. Dass die Zinsen dank des Euro viel zu sehr konvergiert waren und das Risiko der einzelnen Staaten als Schuldner nicht mehr ausreichend widerspiegelten, ließen sie unter den Tisch fallen.

Nicht die unterschiedlichen Zinssätze waren das Problem. Das gleiche Zinsniveau für alle war die Ursache für den bereits angesprochenen Schuldenboom. Insofern war es richtig, dass sich die Zinsunterschiede – wenn auch leider zu spät – wieder vergrößerten. Dennoch forderten beide, sowohl Piketty als auch Varoufakis, die Einführung von Eurobonds, um auf diese Weise gleiche Zinsen für alle zu erreichen.

Bekanntlich hat sich die Bundesregierung diesem Ansinnen – bis jetzt – erfolgreich widersetzt. Dafür hat die EZB mit dem Versprechen Mario Draghis, »alles Erdenkliche zu tun«, das Zinsniveau deutlich gedrückt und den Renditeabstand zwischen den Krisenländern und Deutschland bedeutend verringert. Eurobonds durch die Hintertür, so könnte man das nennen. Nur so ist erklärlich, dass Länder wie Spanien und Portugal trotz deutlich höherer Gesamtverschuldung und ungünstiger Demografie geringere Zinsen zahlen als die USA.

Niedrige Zinsen genügen natürlich nicht, um das Problem der hohen staatlichen und privaten Schulden zu lösen. Das wissen auch Piketty und Varoufakis.

So schlägt Varoufakis vor, insolvente Banken in Zukunft auf europäischer Ebene durch den Europäischen Stabilitätsmechanismus (ESM) sanieren zu lassen. Hier folgt er der von anderen Ökonomen aufgebrachten Idee, die enge Bindung von Regierungen und Banken zu zerschlagen. Die Kosten einer Bankenkrise würden so von allen Staaten getragen, nicht nur von dem Staat, in dem die betrachtete Bank residiert. Dieser Vorschlag ist durchaus sinnvoll, wenn man es mit der politischen und wirtschaftlichen Integration im Euroraum ernst nimmt.

Was Varoufakis jedoch nicht erwähnt, sind die Dimensionen, um die es hierbei geht.

Wie oben erläutert, lassen sich in der Eurozone Schulden im Umfang von mindestens 3 Billionen Euro nicht mehr einbringen. Selbst nach vorsichtigen Schätzungen stehen die Banken vor Verlusten von mindestens einer Billion Euro.[69] Erfolgt die Restrukturierung durch den ESM, so müssen alle Euroländer entsprechend ihrem Anteil am ESM für die Kosten aufkommen. Deutschland hätte den Löwenanteil der Kosten zu übernehmen.

Doch damit nicht genug. Auch für die Staatsschulden wird eine Umverteilung angestrebt. Piketty fordert eine Vergemeinschaftung der Schulden. Die Eurostaaten sollten die ausstehenden Staatsschulden in einen gemeinsamen Topf werfen, mit Eurobonds finanzieren und für alle Schulden gemeinsam haften.

In der Tat werden wir um eine gewisse Umverteilung der untragbaren Schuldenlast nicht herumkommen. Allerdings sollte Solidarität nur gegen entsprechende Gegenleistung erfolgen. Diese Notwendigkeit sehen aber weder Piketty noch Varoufakis.

Das Verbot der »monetären Staatsfinanzierung« durch die EZB war zu Recht einer der Grundpfeiler bei der Einführung des Euro. Nach den fatalen Erfahrungen mit der Hyperinflation in der Weimarer Republik drang Deutschland auf diesen Passus, der nun ausgehöhlt wird. Zum einen durch die Rechtsprechung des Europäischen Gerichtshofs (EuGH), zum andern durch die fragwürdige Kreditgewährung an insolvente Banken gegen zweifelhafte Sicherheiten zu Null-Zins-Konditionen wie in Griechenland im Sommer 2015.

Für Piketty und Varoufakis gilt dies nicht. Beide fordern offen eine Monetarisierung der Staatsschulden durch die EZB. Während Piketty nur allgemein davon spricht, dass die EZB Staatsschulden aufkaufen sollte, da es »unter den gegeben Umständen keine andere Lösung gibt, als einen Teil der öffentlichen Schulden zu monetarisieren«, ist Varoufakis deutlicher. Geht es nach ihm, so soll die EZB die Staatsschulden der einzelnen Länder bis zu einem Niveau von 60 Prozent des BIP auf ihre Bilanz nehmen. Danach sollen diese Schulden zins- und tilgungsfrei gestellt werden.

> Dies entspräche faktisch einem Schuldenschnitt über die EZB-Bilanz.

Beide Ökonomen sprechen immer von Solidarität, gerade auch in ihren zahlreichen Interviews in Deutschland, ohne jemals zu beziffern, was diese Solidarität in Euro kostet. Und leider fragt auch kein Journalist danach. Angesichts der angesprochenen Last an faulen Schulden dürfte ein »Solidaritätsbeitrag« von rund einer Billion Euro aus Deutschland nicht zu hoch geschätzt sein.

Hinzu kommt, dass die linken Vordenker einen Blankoscheck für die Zukunft fordern. Ein Europarlament mit Vertretern der jeweiligen nationalen Volksversammlungen sollte in Zukunft über die jährliche Neuverschuldung befinden – mit Mehrheitsbeschluss, wie Piketty mehrfach betont. Erklärtes Ziel: Die sparsamen Nordländer wären in der Minderheit und die verschuldungsbereiteren Staaten hätten die Möglichkeit, ihren Willen durchzusetzen, unter anderem um eine »europäische Wachstumsstrategie« zu verwirklichen. Nicht nur die vergangenen Schulden sollen sozialisiert werden, sondern auch die künftigen. Diese Vorstellung muss angesichts des weitreichenden Staatsverständnisses von Piketty und Varoufakis besorgt stimmen.

Damit stehen wir vor einem Dilemma. Deutschland pocht auf die Einhaltung von Regeln und versucht, einer Schuldenkrise durch Sparen und Anstrengung beizukommen, während gleichzeitig die Schuldnerländer angesichts der nicht mehr zu beherrschenden Schuldendynamik auf eine Sozialisierung der Altlasten und einen Blankocheck für die Zukunft setzen.

Der Brite Bernard Connolly hat vor 20 Jahren ein Buch mit dem Titel *The Rotten Heart of Europe* veröffentlicht. Obwohl er das Buch in seinem Urlaub schrieb, wurde er nach der Veröffentlichung von der EU-Kommission, für deren Währungsabteilung er damals arbeitete, gefeuert. Der Grund war offensichtlich. Er wählte in dem Buch klare Worte. Er erklärte, weshalb eine Währungsunion von Ländern, deren Volkswirtschaften sich unterschiedlich entwickeln, nur funktionieren kann, wenn die Länder politisch und finanziell integriert sind und zum Ausgleich der Unterschiede massive Transfers untereinander leisten. Zugleich prognostizierte er die Krise des Euro – völlig korrekt, wie wir inzwischen wissen.

Die Politik kann wirtschaftliche Grundzusammenhänge nicht dauerhaft verleugnen. Gebrauchte Exemplare von Connollys Buch wurden 2012 bei Amazon für über 800 US-Dollar gehandelt. Seit 2013 gibt es eine Neuauflage, leider nur auf Englisch. Bisher hat sich noch kein deutscher Verlag gefunden.

Im Jahr 2015 wurde Connolly in einem Interview gefragt, wie er den Euro heute sieht. Zunächst stellte er fest, dass die Welt wie zuvor im Jahr 2007 ein finanzielles Kartenhaus ist und beim kleinsten Windstoß in sich zusammenfallen könne. Dabei hatte er sicherlich die ungebremst steigenden Schulden im Blick.[70] Er erinnerte daran, dass der Euro nicht nur ein Staatsschuldenproblem ist, sondern vor allem ein Problem der Unterschiede in der Wettbewerbsfähigkeit der einzelnen Länder. Jeder Versuch, diese Unterschiede über »interne Abwertung« zu kompensieren, führe unweigerlich zu Deflation und Depression.

Die Alternative sei eine dauerhafte Transferunion, in der vor allem Deutschland bezahlen müsse. Die unweigerliche Folge dessen wäre, dass Deutschland selbst bei anhaltend niedrigen Zinsen pleitegehen würde. Die Belastung wäre höher, deren Grenze noch ferner als damals aufgrund des Versailler Vertrags. Doch selbst wenn Deutschland diesen Weg beschreiten würde, wäre sehr zweifelhaft, ob er funktioniert. Die anderen Länder würden sich nur sehr ungern in ihre innenpolitischen Angelegenheiten hineinreden lassen. Zudem zeigen neueste Studien, dass selbst eine Transferunion nicht hinreichend wäre, um den Euro dauerhaft zu stabilisieren.[71]

Connollys Fazit ist ernüchternd. Am besten wäre es, wenn Deutschland den Euro verließe, so seine Einschätzung. Das würde den finanziellen Schaden der unweigerlich auf Deutschland zukommenden Auflösung des Euro minimieren.

Das denke ich übrigens auch. Deutschland hat hohe Forderungen in Euro, die an Wert verlieren würden. Aber wenigstens ein Teil davon ließe sich retten.

Bevor wir zu den Szenarien kommen, ein kurzer Blick auf den Erfolg der Politik des Sparens und der internen Abwertung in Europa.

## Musterschüler Spanien

Wir haben uns die Entwicklung Spaniens bis zur Krise bereits angeschaut. Spanien stürzte nach einem schuldenfinanzierten Konsum- und Immobilienboom in eine Bilanzrezession. Nur die deutlich gestiegene Staatsverschuldung konnte einen deflationären Kollaps verhindern. Seither hat sich Spanien deutlich besser als die anderen Krisenländer entwickelt und nun gilt es als Musterschüler innerhalb des Euroraums. Entsprechend hart ist die spanische Regierung auch im Falle Griechenlands aufgetreten.

Schauen wir uns die Kennzahlen des Musterschülers genauer an. Spanien konnte als Mitglied des Euro nicht wie früher die eigene Währung abwerten. Es blieb nur der harte Weg über die interne Abwertung, also die Senkung der inländischen Löhne, um auf diese Weise aus einem Import- einen Exportüberschuss zu machen.

Der Versuch, den Gürtel enger zu schnallen, hat auf den ersten Blick funktioniert.[72] Das Land vermeldet ein schrumpfendes Staatsdefizit, ein relativ hohes Wachstum und eine schnell steigende Produktivität. Die Handelsüberschüsse wachsen dank vermehrter Exporte – und nicht nur, wie zum Beispiel in Griechenland, wegen fallender Importe.

Trotzdem liegt die Wirtschaft immer noch um 6 Prozent unter dem Vorkrisenniveau, die Arbeitslosigkeit bei 23 Prozent. Selbst wenn es bei der jetzigen konjunkturellen Geschwindigkeit bleibt, dauert es bis 2019, bis die Vorkrisenwerte wieder erreicht werden.

Dem Privatsektor gelang es, die Verschuldung um 22 Prozent vom BIP zu senken – stärker als in den USA und im Unterschied zu den USA nicht einfach nur durch Insolvenzen. Im Gegenzug erhöhte der Staat die Verschuldung, was in einer Bilanzrezession richtig und üblich ist, sodass die Gesamtverschuldung trotz eines Rückgangs des nominalen BIP um 5 Prozent nicht höher liegt als 2008.

Trotz dieser Fortschritte wird Spanien bei dieser Therapie rund zehn Jahre brauchen, um die Krise zu überwinden. Der ehemalige Chefvolkswirt des IWF brachte es im Herbst 2015 folgendermaßen auf den Punkt: »23 Prozent Arbeitslosigkeit und 3 Prozent Wachstum kann man nicht als Erfolg feiern.«[73]

In den anderen Krisenländern ist die Lage deutlich schlechter. Es ist fraglich ob diese Medizin in Ländern wie Portugal überhaupt wirkt und politisch durchsetzbar ist. Überall wachsen die Spannungen. Portugal ist in einer besonders schweren Lage. Im Zuge der Diskussion zu Griechenland wurde Portugal immer als ein weiteres Musterbeispiel genannt.

Ein Blick auf die Fakten macht deutlich, dass es um Portugals Zahlungsfähigkeit nicht besser bestellt ist als um die der Griechen. Zwar liegt die Staatsverschuldung mit rund 132 Prozent des BIP unter der des griechischen Staates, aber die Gesamtverschuldung ist mit 383 Prozent deutlich höher als jene Griechenlands (306 Prozent). Hat Griechenland überwiegend ein Staatsschuldenproblem, so leidet Portugal unter zu hohen Schulden in allen drei Sektoren der Wirtschaft – Staat, Unternehmen und private Haushalte.

Zugleich wächst die Schuldenlast ungebremst weiter. Von 2008 bis 2013 haben die portugiesischen Schulden von Staat, privaten Haushalten und Unternehmen im Verhältnis zum BIP um 69 Prozentpunkte zugenommen. Trotz aller Sanierungsbemühungen wachsen die Schulden also weiterhin schneller als die Wirtschaft. Allein um die Staatsschulden zu stabilisieren, müssten die Ausgaben um 3,6 Prozent des BIP gesenkt werden – ein kaum zu bewältigender Kraftakt mit weiteren negativen Auswirkungen auf die Wirtschaft.

Die Verschuldung besteht überwiegend gegenüber dem Ausland. Diese Schulden können weder durch Inflation entwertet werden, noch kann Portugal aus ihnen herauswachsen. Bei einem Leistungsbilanzüberschuss von 0,9 Prozent des BIP (Stand 2013) würde es 128 Jahre dauern, um die Nettoauslandsverschuldung auf null zu bringen.

Das Land steht vor enormen strukturellen Herausforderungen: Es hat die geringste Geburtenrate der Eurozone, die Jugend wandert aus, die Bevölkerung hat das geringste Qualifikationsniveau in der EU und die Produktivität ist gering. Mit jährlich neun Patenten pro eine Million Einwohner liegt Portugal zwar vor Griechenland mit vier, aber deutlich hinter Italien mit 70 und Deutschland mit 277. Portugal wird niemals in der Lage sein, die Schuldenlast aus eigener Kraft zu bewältigen. Die Tatsache, dass das Land sich nun am Kapitalmarkt finanzieren kann, ist nur der Großzügigkeit der EZB geschuldet.

Nicht anders sieht es in Italien aus. Dort wurden die niedrigeren Zinsen nicht dazu verwendet, die Staatsfinanzen auf eine stabile Basis zu stellen. Stattdessen stieg die Staatschuld seit der Einführung des Euro von rund 70 auf 133 Prozent des BIP. Der Privatsektor machte derweil keine übermäßigen Schulden, was auch daran lag, dass die Wirtschaft Italiens faktisch nicht mehr wuchs. Der Möglichkeit der regelmäßigen Abwertung der eigenen Währung beraubt, fiel Italien in eine Dauerstagnation. Die Exportindustrie verlor massiv an Wettbewerbsfähigkeit, nicht nur innerhalb des Euroraums, sondern auch international. Die Verkrustungen auf dem Arbeitsmarkt blieben bestehen.

Obwohl Italien im Staatshaushalt einen sogenannten Primärüberschuss erwirtschaftet, also einen Teil der Zinszahlungen wirklich aus Steuermitteln leistet und nicht durch neue Kredite deckt, bekommt das Land die Staatsschulden nicht in den Griff. Der Grund dafür ist das mangelnde Wirtschaftswachstum. Liegt beispielsweise die durchschnittliche Zinslast des Staates bei 2 Prozent, so muss die Wirtschaft um 2,6 Prozent pro Jahr wachsen (2 Prozent mal 130 Prozent Staatsschuld relativ zum BIP), damit die Schuldenquote stabil bleibt, wenn der Staat sich das Geld für die Zinszahlungen leiht. Reduziert der Staat hingegen die Ausgaben oder erhöht er die Einnahmen im Umfang von angenommenen 1,6 Prozent des BIP, so genügt ein Wachstum von 1 Prozent.

Italiens Problem ist jedoch, dass das Wachstum seiner Volkswirtschaft noch stärker zurückgegangen ist. Deshalb gelingt es ihm nicht, genügend zu sparen, um die Schulden zurückzuführen. Die Unternehmensberatungsfirma McKinsey rechnet vor, dass Italien einen Primärüberschuss von 3,6 Prozent des BIP bräuchte, um die Staatsschulden zu stabilisieren. Währenddessen beläuft sich der Primärüberschuss de facto nur auf 1,7 Prozent. Jeder Versuch, den benötigten Wert über Ausgabenkürzungen und/oder Einnahmenerhöhungen zu erreichen, würde das Wachstum weiter vermindern. Italien ist damit – wie fast alle Länder der westlichen Welt – auf dem Weg in immer höhere Staatsschulden.

Für Italien würde es sich am stärksten lohnen, die Eurozone zu verlassen.[74] Italien hängt noch nicht direkt am Tropf der EZB. Es erwirtschaftet einen Primärüberschuss und könnte daher im Gegensatz zu den anderen südeuropäischen Staaten aus der Eurozone austreten, ohne in Finanzierungsschwierigkeiten zu geraten. Die Wettbewerbsfähigkeit des Landes würde von diesem Schritt profitieren, denn eine Abwertung der Lira gegenüber dem Euro würde die italienische Exportwirtschaft beflügeln. Fast alle Oppositionsparteien in Italien sind für einen Austritt des Landes aus der Eurozone. Die besonders aktive Cinque-Stelle-Bewegung, die immerhin rund 20 Prozent der Wähler vertritt, plädiert für eine Volksabstimmung über den Verbleib im Euro.

Statt die Gründe für die wirtschaftliche Misere auch im eigenen Tun zu suchen – Italien belegt im weltweiten Wettbewerbsranking Platz 49 und liegt, was die Korruption betrifft, auf gleichem Niveau wie Rumänien, Bulgarien und Griechenland –, wird vor allem Deutschland in der öffentlichen Diskussion als Verursacher gesehen. So berichtet die *Frankfurter Allgemeine Zeitung:* »Die ehemaligen italienischen Ministerpräsidenten Romano Prodi und Mario Monti machten Deutschland und die deutsche Verweigerung von mehr kreditfinanzierten Investitionen für die schwache Wirtschaftsentwicklung in Europa verantwortlich. Romani Prodi klagte, der deutsche Handelsbilanzüberschuss, gepaart mit Nulldefizit und Nullwachstum, »ist destabilisierend wie zu viele Schulden oder zu hohe Haushaltsdefizite«. Auch der bis 2012 amtierende Ministerpräsident Mario Monti beschuldigte die deutsche Regierung, sich einer aktiven Wachstumspolitik zu verweigern. Es habe nichts mit

Stabilitätspolitik und dem Schutz der Interessen künftiger Generationen zu tun, wenn Deutschland sich weigere, sich zum Nulltarif zu verschulden »und damit die Basis für Wirtschaftswachstum zu schaffen«.[75]

Es ist nur eine Frage der Zeit, bis eine Regierung an die Macht kommt, die versuchen wird, mit der Drohung, den Euro aufzugeben, massive Transferleistungen zu erpressen. Dabei ist es völlig irrelevant, dass die europäischen Verträge keine Austrittsklausel enthalten. Was sollen die europäischen Partner denn tun?

Auch in Frankreich ist die Lage nicht viel besser. Zwar liegt die französische Staatsschuld noch unter dem Niveau der italienischen, dafür sind die laufenden Defizite größer und die Verschuldung des Privatsektors höher. Wie Italien ist Frankreich international immer weniger wettbewerbsfähig (Rang 23) und reformwillig. Das Land verliert seit Jahren globale Marktanteile und hat ein Defizit im Außenhandel von 0,9 Prozent. Der einzige Vorteil Frankreichs auch gegenüber Deutschland liegt in der deutlich günstigeren demografischen Entwicklung.

Die Länder der Eurozone sind seit acht Jahren in der Krise (Abbildung 6). Das Wachstum ist schwach, die Arbeitslosigkeit hoch, die Schuldendynamik ist außer Kontrolle geraten.

Diese Daten verdeutlichen, dass die Geschichte der gelungenen Eurorettung nur politische Propaganda ist. Die Fakten sprechen eine andere Sprache und der politische Druck wird in den kommenden Jahren wachsen. Wohin man auch schaut, mehren sich die politischen Ermüdungserscheinungen in Europa. In Italien sind die Oppositionsparteien schon lange einheitlich gegen den Euro positioniert, in Spanien führt die erst vor zwei Jahren gegründete Linkspartei Podemos die Umfragen an. Frankreich hadert ebenfalls seit Jahren mit der Sparpolitik, egal welches Regierungsbündnis gerade regiert, und der Front National mit Marine le Pen an der Spitze treibt die traditionellen Parteien vor sich her. Währenddessen hat die EZB begonnen, die Staatsschulden in Europa zu sozialisieren.

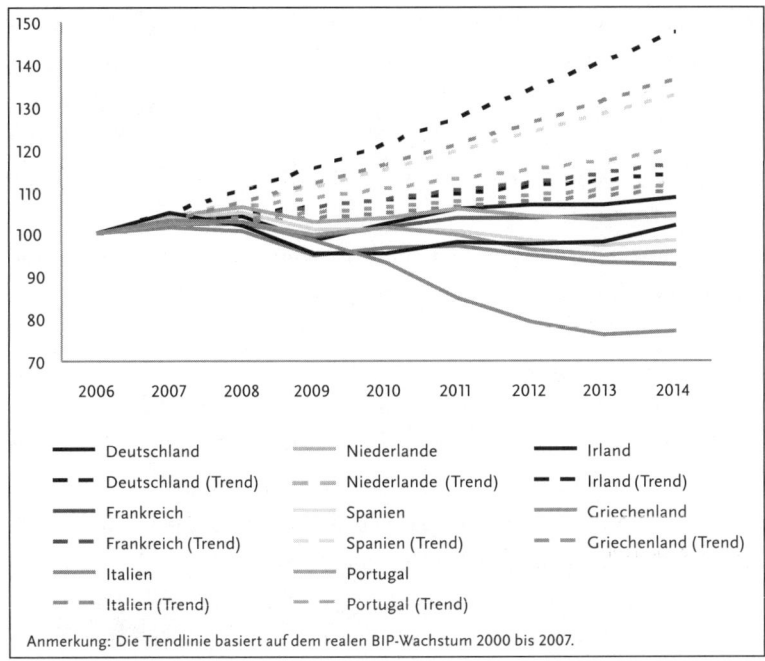

Anmerkung: Die Trendlinie basiert auf dem realen BIP-Wachstum 2000 bis 2007.

Abbildung 6: Sechs Jahre Krise in Europa – Veränderungen des Bruttoinlandsprodukts 2006 bis 2014 (in v. H.)

Je länger es dauert, bis Europa die Krise überwindet, desto größer ist die Wahrscheinlichkeit politischer Krisen, weil europakritische Parteien Zulauf gewinnen.

Irgendwann tritt ein Land aus der Euro-Währungsunion aus.

## Was man tun müsste

Europa muss die grundlegenden Probleme angehen, welche die Krise verursacht haben. Die überbordende Verschuldung muss reduziert und die erheblichen Unterschiede in der Wettbewerbsfähig-keit zwischen den Ländern müssen ausgeglichen werden. Das ist keine neue Erkenntnis. Die Erreichung dieser Ziele setzt allerdings voraus, dass sich die politische Führung der Realität stellt und die unpopulären Entscheidungen trifft, die erforderlich sind, um die Krise zu beenden.

Was wäre zu tun? Hier der Plan für eine Rettung der Eurozone, bei der auch Deutschlands Interessen gewahrt blieben:

1. *Eingestehen.* Die Politik kommuniziert offen, dass wir in Euro-pa zu viele Schulden haben, die nicht mehr bezahlt werden kön-nen. Dabei geht es um Schulden von Staaten und Privaten in der Größenordnung von mindestens 3 Billionen Euro.

2. *Bereinigen.* Die übermäßigen Schulden – zu denen auch der Teil der deutschen Staatsschulden oberhalb der Maastricht-Grenze von 60 Prozent des BIP gehört – werden auf EU-Ebene in einem Schuldentilgungsfonds gebündelt. Für diesen Schuldenüber-hang haften die Euroländer gemeinsam.

3. *Abtragen.* Dieser Schuldenberg wird in einem geordneten Ver-fahren über einen längeren Zeitraum von mindestens 20 Jahren abgetragen. Diese zeitliche Streckung reduziert den aktuellen Spardruck in Europa.

4. *Finanzierung mit Eurobonds.* Der Schuldentilgungsfonds wird mit eigens dafür begebenen Anleihen refinanziert, für welche die Staaten gemeinsam haften. Diese Anleihen haben eine lan-ge Laufzeit mit geringem Zins und jährlicher Tilgung.

5. *EZB-Finanzierung.* Die EZB kann Teile dieser Anleihen kau-fen und so eine langfristige, zinsgünstige Finanzierung der Altlast sicherstellen. Je größer der Anteil der von der EZB ge-kauften Anleihen, desto geringer die laufende Belastung der Staatshaushalte.

6. *Solidarität.* Einige Länder, vor allem Griechenland, Spanien, Por-tugal und Irland, werden niemals in der Lage sein, ihren Schul-denüberhang aus eigener Kraft zurückzuzahlen. Hier werden

die stärkeren Länder, allen voran Deutschland, einen Mehrbeitrag leisten müssen. Ökonomisch entspricht dies einem Schuldenerlass. Die Kosten für Deutschland wären vermutlich erheblich. Je nachdem, wie viele Schulden wir vergemeinschaften und wie die Refinanzierung des Schuldentilgungsfonds erfolgt, könnten sie sich auf bis zu einer Billion Euro summieren.

7. *Haftungsbeschränkung.* Im Unterschied zu den Forderungen der linken Vordenker sollte eine Haftungsgemeinschaft für künftige Schulden ausgeschlossen werden. Voraussetzung für eine gemeinsame Haftung wäre eine Fiskalunion mit Aufgabe der Budgethoheit der einzelnen Staaten. Diese ist zurzeit in Europa nicht durchsetzbar. Deshalb wird im Gegenzug für die Solidarität bei der Bewältigung der Altlasten unwiderruflich eine gemeinschaftliche Haftung für die Schulden der einzelnen Staaten ausgeschlossen. Damit verbunden wird eine Regelung für die Staatsinsolvenz. Da alle Staaten wieder mit einem Schuldenstand von 60 Prozent des BIP beginnen und zudem das Problem der Privatschulden durch den Tilgungsfonds ebenfalls gelöst wird, können die Kapitalmärkte den Zinssatz unbeeinflusst von Interventionen der EZB in Abhängigkeit von der Kreditwürdigkeit selbst bestimmen.

8. *Echte Reformen.* Befreit von kurzfristigem Spardruck, können die Länder Europas sich auf eine Wachstumsagenda einigen: Flexibilisierung der Arbeitsmärkte, gezielte Einwanderungspolitik, Investitionen in Bildung, Innovation und Infrastruktur.

Ich höre schon den Aufschrei der Kritiker: Ist es nicht ungerecht gegenüber jenen, die gespart haben? Weshalb sollen wir die Gläubiger retten? Ist die Einbeziehung der EZB nicht direkte Staatsfinanzierung mit Inflationsfolgen? Wie stellen wir sicher, dass wir nicht in ein paar Jahren wieder vor derselben Frage stehen? Warum sollte Deutschland dies tun?

Die Antwort auf die erste Frage ist leicht: Ja, es ist sogar sehr ungerecht. Aber der Schaden ist bereits entstanden und wir haben nur die Wahl, wie wir ihn wieder aus der Welt schaffen wollen. Durch einseitige Zahlungseinstellungen der Schuldner, durch Inflationierung oder in einem geordneten Verfahren. Angesichts der Nebenwirkungen der beiden erstgenannten Alternativen favorisiere ich eindeutig das geordnete Verfahren?

Es ist ebenfalls richtig, dass Gläubiger wie Banken und Versicherungen profitieren. Doch auch hier gilt es, die Frage nach der Alternative zu stellen. Lassen wir die Banken die Verluste tragen, so müssen wir diese wiederum mit Steuermitteln retten. Gehen wir den Weg der Beteiligung der Bankgläubiger wie in Zypern, so werden auch deutsche Sparer direkt erheblich betroffen. Verlieren die Versicherungen Geld, so sind es wiederum die Kunden, die Verluste erleiden: bei Lebensversicherungen direkt, bei Sachversicherungen über deutlich höhere Prämien.

Die Einbeziehung der EZB in eine solche Lösung wird zu Recht sehr kritisch gesehen. Droht uns hier wie in der Weimarer Republik die direkte Staatsfinanzierung mit der zwangsläufigen Folge der Hyperinflation? Doch im Unterschied zur derzeitigen Politik der EZB bedeutet der Plan eine einmalige Aktion mit einem beschränkten, von vornherein definierten Volumen. Durch die sofortige Bereinigung des Schuldenproblems würde die Wirtschaft in Europa sich rascher erholen, was wiederum weitere Interventionen der EZB überflüssig machen würde. Letztlich wäre der Geldwert in diesem Modell sicherer als im derzeitigen Umfeld, in dem ein Ende der Interventionen der EZB nicht abzusehen ist.

Eine Wiederholung der Krise ist nicht auszuschließen. Deshalb muss in den Verhandlungen zum Schuldentilgungsfonds entweder eine weitgehende europäische Integration oder eine wasserdichte No-Bail-out Klausel vereinbart werden, die auch künftige Regierungen bindet. Durch diese Klausel müsste sichergestellt werden, dass in Zukunft kein Staat von anderen gerettet wird. Zweifel an der Tragfähigkeit einer solchen Lösung sind im Licht der vergangenen Jahre durchaus verständlich. Doch es gibt, solange wir am Euro festhalten, keine Alternative.

Wir Deutschen sind die Hauptgläubiger der Eurozone und deshalb besonders gefordert, wenn es um eine konstruktive Lösung der Schuldenkrise geht. Unsere Handelsüberschüsse haben wir dadurch erwirtschaftet, dass wir unseren Kunden Kredit gegeben haben. Nun, da feststeht, dass diese nicht in vollem Umfang bezahlen können, kommt es zum Forderungsverlust.

> So ungern wir es auch wahrhaben wollen: Ohne Verlust können wir dieses Problem nicht lösen.

Wir können nur entscheiden, wie wir den Verlust realisieren und im Land gerecht verteilen und was wir dafür als Gegenleistung von unseren Schuldnern verlangen.

All dies funktioniert nur, wenn wir unsere Interessen angemessen vertreten. Deshalb sollte sich die Bundesregierung jetzt an die Spitze der Bewegung setzen. Die bisherige Strategie ist gescheitert und droht auf eine unbegrenzte Sozialisierung vergangener und künftiger Schulden durch die Hintertür über die EZB-Bilanz hinauszulaufen. An ein solchen Szenario können wir in Deutschland kein Interesse haben. Besser ist es, die Schulden in einem offenen und transparenten Verfahren für die Altlasten und ohne Freibrief für die Zukunft neu zu ordnen und abzubauen.

Selbst wenn wir das oben beschriebene Programm in der Eurozone durchsetzen würden, wäre damit das Überleben des Euro noch nicht gesichert. Die Unterschiede in der Wettbewerbsfähigkeit zwischen den einzelnen Ländern sind nach wie vor viel zu groß.

Mit der Einführung des Euro kam es zu dem bereits beschriebenen kreditfinanzierten Boom in den heutigen Krisenländern und zur Anpassungskrise in Deutschland. Dies hatte die Wettbewerbsunfähigkeit dieser Länder zur Folge. Und trotz einer gewissen Annäherung in den letzten Jahren wird noch ein weiter Weg zurückzulegen sein. Das wirkt sich sowohl innerhalb der Eurozone als auch international aus. Für Länder wie Italien, Spanien, Portugal und auch Frankreich ist der Euro viel zu stark. Diese Länder brauchen eine deutlich niedriger bewertete Währung, was aber in einem gemeinsamen Währungsraum mit Deutschland nicht erreichbar ist.

Über eine interne Abwertung werden diese Länder das Problem nicht lösen können, weil dieser Prozess zehn Jahre und damit viel zu lange dauern würde. Er würde überdies voraussetzen, dass Deutschland jährliche Inflationsraten von 5 Prozent in Kauf nimmt und die Inflation in den anderen Staaten bei null liegt. Diese Bedingungen sind ökonomisch und politisch völlig illusorisch.

Um dem Problem der Unterschiede der Wettbewerbsfähigkeit zu begegnen, gibt es nur zwei Lösungen. Entweder wir bilden gemeinsam mit den schwächeren Ländern eine Transferunion, in der die starken Länder – also vor allem Deutschland – die schwächeren dauerhaft unterstützen, oder aber wir ändern die Zusammensetzung der Eurozone. Länder wie Italien, Portugal und Spanien und am besten auch Frankreich würden dann zu eigenen Währungen zurückkehren oder einen eigenen Währungsblock bilden.

Die Voraussetzungen für eine Transferunion – Aufgabe der Budgethoheit, Interventionsrecht Brüssels – sind realistisch betrachtet politisch nicht durchsetzbar und bergen, wie wir schon heute sehen, erheblichen Sprengstoff. Deshalb müsste die Politik nach der Bereinigung der Altlasten das Projekt »Euro« offen auf den Prüfstand stellen und nur mit jenen Ländern fortsetzen, die sich dem strengen Korsett unterwerfen wollen und können.


## Ausblick

Die politische Diskussion verläuft, vereinfacht gesagt, entlang den zwei folgenden Linien:

- Bekommen wir eine gemeinsame Haftung für derzeitige und künftige Schulden von Staaten und Privaten (in Form einer gemeinsamen Haftung für Banken) im Euroraum?
- Bekommen wir eine politische Union in der Form, dass die Nationalstaaten Autonomie aufgeben und Kompetenzen, vor allem im Bereich Finanzen, an Brüssel delegieren? Dies dürfte auf eine Vereinheitlichung der Steuer- und Sozialsysteme hinauslaufen.

Offensichtlich sind die beiden Linien nicht immer miteinander vereinbar. Könnte man denken. Rationale Beobachter würden zwei grundlegende Optionen sehen: gemeinsame Haftung mit Aufgabe der Autonomie oder Autonomie und jeder haftet für sich alleine.

Wie wir bereits gesehen haben, gibt es durchaus Bestrebungen zugunsten einer Haftungsgemeinschaft bei Belassung der Autonomie. Dies ist sogar die bevorzugte Version der Politiker der Peripheriestaaten, erlaubt sie doch die Fortsetzung der bisherigen Politik mit dem Geld anderer Leute. Genau dies steht auch hinter der Forderung nach einem Europarlament, in dem die Empfängerstaaten über eine solide Mehrheit verfügen.

Da es unwahrscheinlich ist, dass die anderen Staaten ihre Autonomie aufgeben, und ebenso unwahrscheinlich – aber gerade mit Blick auf die Flüchtlingskrise nicht ausgeschlossen[76] –, dass Deutschland dann einer Transferunion zustimmt, dürfte das wahrscheinlichste Szenario ein entschlossenes »Weiter so« sein. Schulden werden nicht offiziell neu geordnet, sondern wie im Falle Griechenlands auf Jahrzehnte zins- und tilgungsfrei gestellt, was ökonomisch zwar auf dasselbe hinausläuft, von der Politik dem Bürger jedoch besser verkauft werden kann.

Damit fällt die Last der Eurorettung weiter auf die EZB, die immer mehr stärker in das Geschehen auf den Finanzmärkten eingreifen und Staatsschulden in immer größerem Umfang aufkaufen wird. Dies ändert jedoch nichts an den beiden Problemen der Eurozone, den hohen Schulden und der divergierenden Wettbewerbsfähigkeit.

Deshalb wird es spätestens bei der nächsten Rezession zu erheblichen Zerfallserscheinungen im Euro kommen.

Damit wird Europa zu einer erheblichen Belastung für die Weltwirtschaft: ungünstige Demografie, schwaches Produktivitätswachstum, ungebremste Höherverschuldung und zunehmende Konflikte. Zugleich vergrößert die Eurozone die Probleme der anderen, ebenfalls unter hohen Schulden, ungünstiger Demografie und schwacher Produktivität leidenden Wirtschaftsregionen. Der immer größere Außenhandelsüberschuss entzieht der Welt Kaufkraft. Damit exportiert Europa die Eiszeit in die Welt.

# JAPAN: VORBILD FÜR EUROPA?

## Der Weg in die Krise

In den 1980er-Jahren war Japan das Musterbeispiel für wirtschaftlichen Aufstieg. Nach dem Wirtschaftswunder im Anschluss an den Zweiten Weltkrieg haben japanische Unternehmen immer mehr Industrien dominiert, so bei Maschinen und Anlagen, Automobilen und Unterhaltungselektronik. Bücher, die das japanische Wirtschaftsmodell erklärten und priesen, waren Bestseller. Der Aufstieg zur führenden Wirtschaftsnation schien nur noch eine Frage der Zeit. Die Stimmung mit Blick auf Japan ähnelte in vielerlei Hinsicht der heutigen, nunmehr nachlassenden China-Euphorie. Japans Unternehmen kauften exquisite Kunst und Premium-Immobilien auf der ganzen Welt, vor allem in den USA.

Hinter diesem Aufschwung standen unter anderem die Steuerung der Wirtschaft durch die japanische Regierung und eine unterstützende Geldpolitik. Letztere wurde vor allem nach dem Plaza-Abkommen von 1985 aktiv, einer Vereinbarung der Regierungen der USA, Deutschlands, Englands, Frankreichs und Japans zur Schwächung des US-Dollar. Um die negativen Folgen für die japanische Wirtschaft abzufangen, senkte die japanische Notenbank die Zinsen weiter und legte damit die Grundlage für eine beeindruckende Blase auf dem japanischen Aktien- und Immobilienmarkt. Gerüchteweise soll zum Höhepunkt der Blase die Fläche der kaiserlichen Gärten in Tokio so viel wert gewesen sein wie ganz Kalifornien.

Als die Blase platzte, fielen ab 1990 die Vermögenswerte dramatisch, während die Schulden auf ihrem überhöhten Niveau verharrten. Der Unternehmenssektor und die Banken standen vor einem
riesigen Schuldenberg, den sie über die kommenden Jahrzehnte abtragen mussten. Um diese Anpassung zu erleichtern, drückte die japanische Notenbank über Jahre die Zinsen auf ein Niveau von unter
1 Prozent. Kritiker halten fest, dass sie hierbei nicht schnell genug
vorging und auch ihre Politik des → *quantitative easing* – des direkten
Kaufs von Wertpapieren, den die US-Fed in den letzten Jahren sehr
aggressiv betrieben hat und dessen Erfolg zu Recht bezweifelt werden kann – erst im Jahr 2001 und auch dann nur zurückhaltend um-
setzte. Trotzdem ist unstrittig, dass die Politik sehr rasch versucht
hat, die Wirtschaft mit niedrigen Zinsen, geänderten Bilanzierungsregeln und staatlichen Ausgaben wieder zu beleben.

## Verlorene Jahrzehnte

Vor allem die Regierung handelte wie nach John Maynard Keynes'
Lehre. Die staatlichen Ausgaben wurden deutlich erhöht. Zugleich
jedoch nahm die erforderliche Restrukturierung des japanischen
Bankensektors sehr viel Zeit in Anspruch. Während die USA im
Jahr 2008 den Banken mit dem »Trouble Asset Relief Program«
(TARP) massiv unter die Arme gegriffen hatten, scheute sich Japan vor derartigen Maßnahmen. Ähnlich wie heute in Europa wurden faktisch insolvente Banken und Unternehmen künstlich am
Leben gehalten, indem man die Zinsen senkte und auf Tilgungen
verzichtete. Diese »Zombies« erschwerten die Bereinigung und
verzerrten zudem den Wettbewerb für die relativ gesünderen Unternehmen. Für viele Beobachter liegt hierin – ebenso wie in dem
Versuch, das Staatsdefizit übereilt durch Steuererhöhungen zu senken – einer der Hauptgründe für die lange Periode wirtschaftlichen
Niedergangs.

Aber sie könnte auch andere Ursachen haben. Wie beschrieben, war der japanische Unternehmenssektor infolge der Party in den 1980er-Jahren hoch verschuldet, so wie heute die privaten Haushalte in Spanien, Portugal und Irland. Die Unternehmen setzten alles daran, ihre Bilanz wieder in Ordnung zu bringen. Sie senkten ihre Kosten, kürzten ihre Investitionen und tilgten Schulden. So wurden sie zu Netto-Sparern – ebenso wie die privaten Haushalte, die Anfang der 1990er-Jahre noch deutlich mehr als 10 Prozent ihres Einkommens auf die hohe Kante legten.

Die Folge dieser »Über-Ersparnis« waren zum einen Außenhandelsüberschüsse, wie wir sie auch in Deutschland erleben. Dahinter steht nichts anderes als der Export von Kapital. Japan hat seit 1985 in der Summe immerhin Kapital im Umfang von 3,6 Billionen US-Dollar in andere Länder ausgeführt. Zum anderen muss der Staat Haushaltsdefizite eingehen, um den Nachfrageausfall des Privatsektors zu kompensieren, will er eine schwere Rezession vermeiden.

Die Ersparnisse aller vier Sektoren addieren sich immer zu null. Je mehr die Unternehmen und die privaten Haushalte sparen, desto größere Handelsüberschüsse und Staatsdefizite sind erforderlich. Diesen Zusammenhang hat Richard Koo, Chefvolkswirt der japanischen Investmentbank Nomura, aufgezeigt und dafür den Begriff der »Bilanzrezession« eingeführt. Demzufolge ist das, was in den letzten 25 Jahren passiert ist, recht simpel. Die Unternehmen haben netto gespart und ihre Verschuldung abgebaut, die privaten Haushalte haben ihre Sparquote von rund 20 Prozent auf nur mehr 3 Prozent reduziert, während die Regierung fehlende Nachfrage mit einem kreditfinanzierten Konjunkturprogramm nach dem anderen kompensiert hat, was die Verschuldung von rund 50 Prozent des BIP auf heute fast 250 Prozent des BIP gesteigert hat. Letztlich hat lediglich ein Schuldnertausch stattgefunden: weniger Schulden im privaten Sektor, deutlich mehr Schulden im öffentlichen Sektor.

Doch zur Beurteilung der Entwicklung in Japan muss noch ein weiterer Aspekt herangezogen werden. Zeitgleich mit dem Platzen der Blase und dem Beginn des Schuldenabbaus (»→ Deleveraging«)

begann die Erwerbsbevölkerung in Japan zu schrumpfen. Bis zum Höhepunkt der Blase war sie noch gewachsen und hatte zu ihrer Verstärkung beigetragen. Das ist eine beunruhigende Parallele zu Europa, wo ebenfalls mit dem Höhepunkt des Booms der Höhepunkt der Zahl der Erwerbspersonen erreicht wurde.

Während die Bevölkerung zu schrumpfen begann, verzeichnete Japan ein nachhaltiges Wachstum des BIP pro Kopf und lag dabei sogar vor den USA. Das wird bei der Betrachtung der japanischen Wachstumszahlen regelmäßig vergessen. Doch leider sind Schulden und BIP nominale Größen. Schulden können nur aus dem nominalen Einkommen bedient werden, weshalb es dem Schuldner nichts nützt, wenn er produktiver wird, zeitgleich aber der Ressourceneinsatz abnimmt.

## Japan ist pleite

Zusammenfassend lässt sich Japan charakterisieren als ein Land

- mit solidem Wachstum des BIP pro Kopf;
- mit einer schrumpfenden Bevölkerung (bis 2060 wird sich dieser Prozess fortsetzen und die Bevölkerung wird von 127 Millionen auf 87 Millionen sinken);
- mit folglich geringerem realen Wachstum auch in den kommenden Jahrzehnten;
- mit einer weiter sinkenden Sparquote der älter werdenden Bevölkerung, die demnächst sogar negativ wird;
- mit einem Unternehmenssektor, der nach 25 Jahren Schuldenabbau über eine sehr solide Bilanz verfügt und wenig investiert, unter anderem auch mit Blick auf die demografische Entwicklung;
- mit einem Staat, der bei einem Schuldenstand von nahe 250 Prozent des BIP trotz Minizinsen immerhin 43 Prozent der Staatseinnahmen für den Schuldendienst aufwendet;

- mit einer Notenbank, die über Jahre eine Politik des billigen Geldes verfolgt hat und als erste Notenbank der Welt bereits 2001 mit *quantitative easing* experimentiert hat;
- in dem trotz aller Bemühungen die Inflationsrate anhaltend gering ist.

> Oder einfach ausgedrückt: Japan ist völlig überschuldet. Keine Volkswirtschaft kann ein Schuldenniveau von fast 400 Prozent des BIP – so hoch ist der kumulierte Schuldenstand von Staat, Unternehmen und privaten Haushalten – ohne ein deutliches Nominalwachstum verkraften. Doch ein solches ist angesichts von Demografie und geringer Inflationsraten nicht in Sicht.

Optimisten verweisen darauf, dass Japan immer noch eine der reichsten Nationen der Welt mit einem internationalen Nettovermögen von annähernd 3 Billionen US-Dollar ist. Dem gegenüber stehen rund 10 Billionen US-Dollar an Staatsschulden, die fast ausschließlich von Inländern gehalten werden. Zusätzlich zu diesen offiziellen Staatsschulden kommen auch in Japan die versteckten Verbindlichkeiten für künftige Renten- und Gesundheitskosten.

Es ist offensichtlich, dass die Regierung die Schulden niemals wird zurückzahlen können. Die Frage ist demzufolge nicht, *ob* die Gläubiger ihre Forderungen verlieren werden, sondern *wie* dies geschehen wird. Die Optionen sind klar:

- Der Staat könnte sich für zahlungsunfähig erklären und die Schulden einfach nicht mehr bedienen. Da die Gläubiger im Inland sitzen, wäre dies deutlich einfacher als im Fall Argentiniens. Dort erschweren ausländische Gläubiger diesen Schritt.
- Die Regierung könnte das Privatvermögen besteuern. Statt nur die Besitzer von Staatsanleihen zu treffen, müssten in diesem Szenario alle Vermögensbesitzer einen Beitrag zur Lösung der

Schuldenkrise leisten. Dieses Vorgehen dürfte ähnlich wie in Europa politisch nicht attraktiv sein.

## Mit Abenomics die Mauer durchbrechen

Hier kommt nun Abenomics als möglicher Ausweg ins Spiel. Wie ein Autofahrer, der erkennt, dass es ihm nicht gelingen wird, rechtzeitig vor der Mauer zum Stehen zu kommen, gibt der amtierende japanische Ministerpräsident Shinzō Abe Vollgas und versucht so, die Mauer zu durchbrechen. Das nach ihm benannte Abenomics ist der radikale Versuch der japanischen Regierung, die Wirtschaft aus der jahrzehntelangen Lethargie zu reißen, die Deflation zu überwinden und einen Staatsbankrott abzuwenden. Die Strategie basiert auf den drei folgenden Säulen:

1. massive Aufkäufe von Staatsanleihen und Wertpapieren aller Art (relativ zur Größe der Volkswirtschaft rund ein Drittel mehr als die nicht gerade knauserige Fed), um dadurch die Inflation über 2 Prozent anzuheben
2. noch größere Staatsdefizite (zurzeit etwa 10 Prozent des BIP)
3. Strukturreformen zur Erhöhung des mittel- bis langfristigen Wachstumspotenzials

Die britische Wochenzeitschrift *The Economist* war so begeistert von dem Politikwechsel, dass sie den japanischen Ministerpräsidenten und Namensgeber des Programms Abe in einem Supermann-Kostüm auf dem Titel zeigte.

Das Ziel ist klar: die nominale Wachstumsrate der Wirtschaft über die Wachstumsrate der Schulden hinaus anzuheben, um so die Schuldenquote zu senken.

Zwar gibt es Ansatzpunkte, das Wachstum durch Arbeitsmarktreformen und eine höhere Erwerbsbeteiligung von Frauen zu steigern, doch werden diese Maßnahmen gegen die Übermacht der demografischen Entwicklung wenig ausrichten können. Das Realwachstum wird gering bleiben.

Wichtiger ist die Hoffnung, über eine Abwertung des Yen die Exporte zu steigern und die Preise nach oben in Bewegung zu bringen. In dieser Hinsicht war die Politik zweifellos effektiv – und wirkungslos. So hat der Yen seit dem Beginn der geschilderten Politik massiv an Wert verloren, aber die Exporte Japans haben nicht in nennenswertem Umfang zugelegt.

Ein Grund dafür liegt in der Struktur der Exporte, die ähnlich wie in Deutschland aus technisch anspruchsvolleren Produkten bestehen. Sie werden eher aufgrund ihrer Leistungsfähigkeit und Qualität verkauft und weniger aufgrund ihres Preises. Die Unternehmen erfreuen sich deshalb lieber an der in Yen gemessenen höheren Rentabilität – und mit ihnen die Aktionäre am japanischen Aktienmarkt.

Zum anderen führt die Abwertung des Yen zu höheren Importpreisen. Das hat den gewünschten Effekt auf das inländische Preisniveau und die Bank of Japan kann in der Tat damit rechnen, dass im Jahr 2015 zum ersten Mal seit Jahrzehnten eine Inflationsrate von 2 Prozent herrschen wird. Allerdings ist die Wirkung dieser Preissteigerung auf die gesamtwirtschaftliche Nachfrage hochgradig negativ. Sie gleicht der einer Konsumsteuer und die verfügbaren Einkommen der privaten Haushalte sinken. Die private Nachfrage sinkt in der Folge ebenfalls. Das ist jedoch genau das Gegenteil dessen, was die Politik erreichen will, und verstärkt die Ungleichgewichte in der japanischen Wirtschaft. Gesamtwirtschaftlich gesehen sinkt die Konsumquote und die Ersparnisse nehmen zu. Dahinter verbergen sich Rekordgewinne und Rekordsparquoten der Unternehmen, eine Auflösung von Ersparnissen der privaten Haushalte und Rekorddefizite des Staates. Nur dann, wenn der Unternehmenssektor anfängt, Geld auszugeben, kann Japans Wirtschaft wachsen.

Dies bedeutet höhere Löhne und mehr Investitionen. Bis jetzt halten sich die Unternehmen mit Lohnerhöhungen zurück, vor allem vermeiden sie eine Erhöhung ihrer fixen Kosten. Ähnlich wie für Unternehmen in Europa und Amerika gibt es gute Gründe für die Investitionszurückhaltung: Die Wachstumsaussichten sind gering, die Kapazitäten nicht ausgelastet und Innovationen hoch riskant. Wenn die Regierung dieses Verhalten ändern will, muss sie beginnen, die Unternehmen deutlich stärker zu besteuern – und hierbei vor allem den Teil der Gewinne, der nicht für Investitionen verwendet wird. Wie auch die Regierungen in Europa und den USA scheut die Politik genau davor zurück. Zu groß sind die Möglichkeiten für Unternehmen, die Gewinne in andere, steuergünstigere Regionen zu verschieben.

Sollte Abenomics funktionieren und das Nominalwachstum anspringen, so müsste die Notenbank angesichts der Rekordschulden des Staates dafür sorgen, dass die Zinsen weiterhin niedrig bleiben. Schon ein geringer Zinsanstieg würde zur Zahlungsunfähigkeit führen. Damit käme es zur – sicherlich gewünschten – *financial repression,* der schleichenden Enteignung der Sparer zugunsten des Staates, die dann eintritt, wenn das Zinsniveau dauerhaft unter die nominale Wachstumsrate der Wirtschaft gedrückt wird. Die Empirie sagt uns jedoch, dass dies wiederum zu einer höheren Sparquote und damit – bei gegebenem Investitionsniveau – zu noch höheren Handelsüberschüssen führen wird. In der heutigen Welt ist es unwahrscheinlich, dass andere Länder dies akzeptieren.

Was nun? Zunächst haben Regierung und Notenbank auf die zuletzt enttäuschenden Konjunkturdaten mit einer nochmaligen Verstärkung der Maßnahmen reagiert – das Gaspedal also noch weiter durchgetreten. Da eine offene Pleite und eine Vermögensabgabe politisch nicht attraktiv sind und da sich die Schulden nicht aufgrund von wachsenden Einnahmen verringern lassen, scheint Japan eine andere Lösung anzustreben.

## Staatsschulden annullieren

Die Bank of Japan kauft einen immer größeren Anteil der Staatsschulden auf. Es dürfte nicht mehr lange dauern, bis der Großteil der japanischen Staatsschulden im Besitz der japanischen Notenbank sein wird. Da Staat und Notenbank beide dem japanischen Volk »gehören«, könnte man die Ansicht vertreten, dass die Schulden nicht mehr relevant sind.

> Die Notenbank könnte die Zinseinnahmen aufgrund der Staatsschuld in derselben Sekunde, in der sie bezahlt werden, wieder an das Finanzministerium zurücküberweisen und auf Tilgung verzichten. Bingo! – Das Schuldenproblem wäre gelöst und niemand würde Geld verlieren.

Diese Idee ist nicht neu. In England wird diese Sichtweise schon seit längerer Zeit diskutiert und vorgeschlagen, die Staatsschulden im Besitz der Notenbank einfach zu annullieren.[77] Kritiker sehen darin eine Wiederholung der Geldpolitik aus Zeiten der Weimarer Republik, die bekanntlich in einer Hyperinflation endete. Befürworter sehen dieses Risiko nicht, sofern es bei einem einmaligen Schritt bleibt und die Notenbank nicht in die laufende Finanzierung von Staatsdefiziten einsteigt. Eine optimistische Annahme, wie ein Blick in die Geschichte lehrt.

Japan scheint gewillt, das Risiko einzugehen. Geht es gut, so gibt das Land ein Vorbild für die Lösung der → Überschuldungskrise in Europa. Scheitert es, so geht das Vertrauen der Japaner in ihre Währung gänzlich verloren mit der Folge ihrer völligen Entwertung.

Die Entscheidung von japanischen Pensionsfonds, japanische Staatsanleihen zu verkaufen (und zwar an die Bank of Japan!) und die entsprechenden Erlöse in japanische und ausländische Aktien zu investieren, ist vor diesem Hintergrund eine smarte Strategie.

Im schlimmsten Fall werden Realwerte erhalten. Gelingt die Politik, so wird die Wirtschaft stärker wachsen und mehr Wert schaffen als bisher.

Japan war bislang kein Vorbild dafür, wie man mit einer Überschuldungskrise umgeht. Aber es wird uns recht bald zeigen, wie das Endspiel nach Jahren der Eiszeit aussieht.

## Lehren für Europa

Was können wir aus dem japanischen Beispiel lernen?

Wir befinden uns in einer sehr ähnlichen Situation wie Japan nach dem Platzen der Blase Anfang der 1990er-Jahre: Die Schulden in den Ländern Europas sind auf Rekordniveau und steigen weiter. Die Erwerbsbevölkerung beginnt zu schrumpfen. Für die Kosten der alternden Gesellschaft wurden keine Rücklagen gebildet. Der Euro ist angesichts des Zustands der europäischen Wirtschaft viel zu stark, das Bankensystem ist marode und gerade in den Ländern der Peripherie wimmelt es von »Zombie-Unternehmen«, wie die *Financial Times* berichtete.[78] Es handelt sich um Unternehmen, die nur noch deshalb am Leben sind, weil die Banken die Abschreibungen nicht verkraften. Im Unterschied zu Japan haben wir es mit verschiedenen Staaten, Sprachen und Sozialsystemen zu tun, was die Handlungsmöglichkeiten einschränkt. Und auch wenn die EZB auf einen noch aggressiveren Kurs einschwenkt, so bleibt sie doch die Zentralbank für verschiedene Länder mit verschiedenen Interessen.

Als Vorbild für uns kann Japan sicherlich nicht dienen. Eher als Warnung. Die Ausgangslage ist in Europa heute ungleich schlechter als jene Japans vor 25 Jahren. Der japanische Staat konnte sich, ausgehend von einem niedrigen Niveau, stark verschulden, um die Wirtschaft zu stabilisieren. Finanziert wurden diese Schulden von den japanischen Sparern. Die europäischen Staaten hingegen haben schon vor der Krise enorme Schulden angehäuft. Zudem sind sie von ausländischen Geldgebern abhängig, weil die inländische Ersparnis zur Finanzierung der Defizite nicht genügt.

> Wir werden dem japanischen »Vorbild« nicht 25 Jahre lang folgen können. Besser wäre es, den richtigen Schluss aus dem japanischen Beispiel zu ziehen: das Schuldenproblem bereinigen, statt es ungebremst anwachsen zu lassen, bis es knallt.

Bis jetzt sieht es aber nicht so aus, als ob jemand diese Mahnung erhören würde.

# Teil 3:
# Dreißig Jahre Eiszeit?

# DIE THESE VON DER SÄKULAREN STAGNATION

## Die Welt wächst nicht mehr

Die Weltwirtschaft steht vor einer jahrzehntelangen Phase der Stagnation. Diese These formulierte erstmals der frühere US-Finanzminister Larry Summers bei einer Rede vor dem Internationalen Währungsfonds (IWF) im November 2013. Dabei verwendete er bewusst den vom Ökonomen Alvin Hansen in den 1930er-Jahren geprägten Begriff der »säkularen Stagnation«. Dies ist eine lange Phase, in der die Wirtschaft bestenfalls nur wenig wächst, der Realzins gering und die Inflation niedrig ist. Viele namhafte Ökonomen und der IWF selbst haben sich mittlerweile dieser These angeschlossen. Demnach steht die Welt vor einer Phase des Überangebots mit geringen Investitionen, geringen Nominal- und Realzinsen, Schuldenblasen und auf die Dauer untragbaren Schuldenständen.[79]

Summers sieht die Ursache in einem Überhang an Ersparnissen, die nicht ausreichend für Investitionen eingesetzt werden. Die Wirtschaftsakteure investieren zu wenig und sparen zu viel, was das Wirtschaftswachstum bremst. Für die Flaute bei den Investitionen sorgen verschiedene Ursachen. Die demografische Entwicklung reduziert den Investitionsbedarf zur Ausstattung von Arbeitskräften und führt zu einer sinkenden Endnachfrage. Zudem sind die Kosten für viele Kapitalgüter gesunken, etwa für Informationstechnologie. Dadurch schwächt sich die Gesamtnachfrage nach Investitionen ab. Die Ungleichheit der Einkommensverteilung fördert die Sparneigung zusätzlich: Vermögende Personen sparen mehr und konsumieren einen kleineren Anteil ihres Einkommens als relative ärmere Bevölkerungsschichten.

Sichtbar wird dieses Ungleichgewicht von Ersparnis und Investition an den anhaltenden Handelsungleichgewichten: Auf der einen Seite stehen China und Deutschland als Sparer, auf der anderen die USA, Großbritannien und die Peripherie Europas als Schuldner. Deutschland und China konsumieren nach dieser Theorie nicht genug und entziehen der Weltwirtschaft entscheidende Kaufkraft. Das steht auch hinter der Kritik an den deutschen Außenhandelsüberschüssen, die im Jahr 2015 bei fast 8 Prozent des BIP lagen. Wie wir zuvor gesehen haben, bedeuten diese Überschüsse einen Export von Ersparnissen in gleicher Größenordnung. Die Folge: Das Kapitalangebot in der Welt wächst zusätzlich und niedrige Zinsen begründen falsche Investitions- und Konsumentscheidungen.

Die schwache Investitions- und Konsumnachfrage führt zu einem sinkenden realen Gleichgewichtszins. Damit ist der Zinssatz gemeint, bei der sich Investitions- und Sparquote ausgleichen.

Laut Summers liegt der reale Gleichgewichtszins derzeit unter null, weshalb die Wirtschaft kein Gleichgewicht findet.

Das wiederum kann die Weltwirtschaft unmittelbar in eine mehrjährige Stagnation führen.[80] 

Ein Blick auf die Fakten stützt Summers' Argumentation: Die westlichen Volkswirtschaften erholen sich seit der Finanzkrise nur sehr langsam. Die meisten Länder liegen noch weit unter dem Trendwachstum. Nur die Volkswirtschaften der USA und Deutschlands leisten nominal mehr als im Jahr 2007. Auch die zunehmende Verschuldung aller Sektoren der Krisenländer stützt diese Argumentation. Es gab in diesen Ländern keine produktive Verwendung für die Ersparnisse, also wurden sie zur Finanzierung des Konsums eingesetzt.

## Gefangen in der Negativspirale

Summers betrachtet ebenso wie sein französischer Kollege Thomas Piketty die Symptome eines Problems, nicht die eigentliche Ursache. Während Piketty die Vermögensentwicklung analysiert, ohne die ursächliche Wirkung der fortgesetzt steigenden Verschuldung zu erkennen, konzentriert sich Summers auf den Ersparnisüberhang, ohne die wachstumsschädliche Wirkung übermäßiger Schulden zu erkennen.

Nicht der Ersparnisüberhang ist die Ursache, sondern die Überschuldung der Welt. Die Stagnation ist die direkte Folge der Politik der letzten Jahrzehnte. Die demografische Entwicklung und die abnehmenden Produktivitätszuwächse verschärfen das Problem zusätzlich, wie wir gesehen haben.

Der Wirkungszusammenhang ist dabei vielfältig. Zunächst hat die zunehmende Verschuldung dazu geführt, dass das Wirtschaftswachstum höher war, als es ohne diese Zusatzverschuldung ausgefallen wäre. Das höhere Wachstum wurde durch vorgezogenen Konsum erkauft. Zugleich versuchte die Geldpolitik, Rezessionen zu verhindern oder so weit wie möglich abzukürzen. Das gelang ihr glänzend. Ab 1985 waren die Rezessionen seltener und weniger schwerwiegend, bis es 2007 fast zum Kollaps des Systems gekommen wäre.

Vordergründig mag das als Erfolg erscheinen. In Wahrheit ist die Wirkung fatal. Die Bereinigung der Wirtschaft durch Rezessionen bleibt aus. Fehlinvestitionen und nicht wettbewerbsfähige Strukturen und Unternehmen bleiben so im Markt.

Dies wirkt sich jedoch schlecht auf das weitere Wachstum aus, weil schwache Unternehmen zwar noch existieren, aber wenig zur Dynamik einer Wirtschaft beitragen.

Die im Zuge des schuldenfinanzierten Booms aufgebauten Über-kapazitäten reduzieren den Bedarf an neuen Investitionen und ver-stärken den deflationären Druck. Wenn es um die Bedienung von Schulden geht, steht die Beschaffung von Liquidität im Vorder-grund. Wenn es nur noch darum geht, Liquidität zu beschaffen, und nicht um die Deckung der Vollkosten, ist die Gefahr erheblich, dass die Wirtschaft in eine Deflation gerät, das heißt, dass die Inflations-raten sinken und schließlich negativ werden.

Die zunehmende »Aufschuldung« im System führt zudem zu einer wachsenden Ungleichverteilung der Vermögen, weil nur Ka-pitaleigner von Zinszahlungen und steigenden Preisen von Ver-mögensobjekten profitieren. Damit einhergehend sinkt die Kon-sumneigung der Gesellschaft, weil die Sparquote der Vermögenden deutlich über dem Durchschnitt der Gesellschaft liegt und die är-meren Schichten keinen weiteren Verschuldungsspielraum haben, um zusätzlich zu konsumieren. Das Wirtschaftswachstum sinkt da-durch zusätzlich.

Die Politik versucht, das zu verhindern und mit allen Mitteln das erforderliche Wachstum der Schulden zu dem alleinigen Zweck der Finanzierung von Zinszahlungen nach unten zu drücken, damit

- mehr neue Schulden zu Nachfrage führen und damit die Real-wirtschaft beleben;
- die Schuldner in der Lage bleiben, ihren Verpflichtungen nach-zukommen;
- der Druck zum Schuldenabbau (»Deleveraging«) verringert wird;
- niedrige Zinsen potenzielle Schuldner, die noch über Verschul-dungskapazität verfügen, dazu verleiten, schuldenfinanziert zu konsumieren oder investieren.

Die Nebenwirkungen sind erheblich. Das billige Geld führt zur In-flation der Vermögenspreise und unproduktiver Verschuldung, was dann wiederum einen Einbruch und eine noch größere Krise verur-sacht, auf die erneut mit billigerem Geld reagiert wird.

Wir sind gefangen in einer sich selbst verstärkenden Spirale der säkularen Stagnation, die wir selbst verursacht haben. Jahrzehntelange Schuldenpolitik verhindert eine Rückkehr zu höheren Wachstumsraten. Überkapazitäten und die Notenwendigkeit, Liquidität zu beschaffen, wirken deflationär. In der Folge ist das Nominalwachstum gering.

Das Szenario der Eiszeit ist real.

## Gute und schlechte Deflation

Die Wirkung eines sinkenden Preisniveaus ist umstritten. Forscher der Federal Reserve Bank von Minneapolis, also einer regionalen Zweigstelle der US-Notenbank Fed, analysieren den Zusammenhang von Deflation und Depression und kommen zu dem Schluss, dass es einen solchen nicht gibt.[81] Wobei man wissen muss, dass in einer Welt stabilen Geldwerts, zum Beispiel dann, wenn ein Goldstandard gilt, Deflation völlig normal ist. Unternehmen erreichen Produktivitätssteigerungen und geben diese im Wettbewerb an ihre Kunden weiter. Die Folge: ein konstanter Rückgang der Preise, das heißt eine Deflation. Das ist weder für Anbieter schlimm noch für die Volkswirtschaft als Ganzes. Im Gegenteil, die Wirtschaft kann sogar gut gedeihen. Genau dieses Phänomen war über mehr als 100 Jahre zu beobachten.

Anders einzuschätzen ist Deflation dann, wenn sie im Zusammenhang mit exzessiver Verschuldung eintritt. Dann ist sie ausgelöst von eben dieser Verschuldung und nicht allein dem normalen Verbesserungsprozess im Wirtschaftssystem geschuldet. Der Yale-Professor Irving Fisher beschrieb den fatalen Zusammenhang von Schulden und Deflation in den 1930er-Jahren eindrücklich in seiner *Debt Deflation Theory of Great Depressions*:[82]

- Die Liquidation von Schulden führt zu Notverkäufen, Schuldner müssen ihre Verbindlichkeiten tilgen und verkaufen dazu Vermögensgegenstände.
- Dies führt zu einem Rückgang der Geldmenge, weil Bankdarlehen getilgt werden. Außerdem verlangsamt sich die Umlaufgeschwindigkeit des Geldes. Es wird weniger gekauft und verkauft.
- Der von den Notverkäufen verursachte Rückgang der Geldmenge und der Umlaufgeschwindigkeit drückt das Preisniveau. Wenn weniger Menschen etwas kaufen wollen, sinken die Preise. Das nennt man Deflation.
- Das Angebot passt sich der sinkenden Nachfrage an.
- Geht man davon aus, dass der Rückgang des Preisniveaus nicht von Reflation (also einer künstlich herbeigeführten Umkehrung des Trends sinkender Preise) oder anderen Entwicklungen aufgefangen wird, so sinkt zwangsläufig das Reinvermögen der Unternehmen noch stärker und die Insolvenzen häufen sich.
- Die Gewinne sinken, was in einer »kapitalistischen«, also auf private Gewinne angelegten Gesellschaft Sorge vor potenziellen Verlusten auslöst, worauf mit einer Drosselung der Produktion, einer Verringerung des Warenangebots und Entlassungen reagiert wird.
- Verluste, Insolvenzen und Arbeitslosigkeit führen zu Pessimismus und Vertrauensverlusten, die ihrerseits in Hamsterkäufen und im Horten von Waren münden und die Umlaufgeschwindigkeit des Geldes noch stärker bremsen.
- Die genannten Veränderungen stürzen den Kapitalmarkt in schwerwiegende Turbulenzen. Insbesondere fallen die nominalen Zinsen oder Geldkurse, während die realen oder effektiven Zinssätze steigen. Es entsteht ein Teufelskreis.

Fisher nannte die Kombination von Überschuldung und Deflation eine Katastrophe. »Die beiden Krankheiten reagieren aufeinander«, sagte er. Überschuldung führe zu Deflation, und »umgekehrt reagiert eine von Schulden ausgelöste Deflation auf die Verschuldung. Jeder Dollar, der als Kredit aufgenommen und noch nicht zurückgezahlt wurde, wiegt schwerer, und wenn die Ausgangsverschuldung groß genug ist, kann die Rückzahlung oder Liquidation der Schulden nicht mit dem Preisverfall Schritt halten, den sie auslöst. In der Folge verpufft die Wirkung der Schuldenrückzahlung. Sie verringert die Summe der geschuldeten Dollar, aber der dadurch ausgelöste Wertverfall ist schneller.«

Genau eine solche Entwicklung konnten wir in den letzten Jahren in Europa und den USA beobachten. Nur die drastische Intervention von Staaten und Notenbanken hat diese Deflationsspirale aufgehalten.

Fisher sieht zwei Wege, die aus der Depression herausführen. Der eine ist die natürliche, langwierige Talfahrt durch Insolvenzen, Arbeitslosigkeit und Verelendung. Der andere Weg – künstlich und schnell – besteht in einer bewussten Inflationierung: die Preise also auf das Durchschnittsniveau zu »reflationieren«, zu dem die bestehenden Kreditverträge abgeschlossen wurden. Der Wert des beliehenen Eigentums würde wieder steigen, die Überschuldung wäre erledigt und neue Verschuldungskapazität geschaffen. Geld würde entsprechend an Wert verlieren.

Das und nichts anderes versuchen Regierungen und Zentralbanken heute rund um den Globus. Doch so recht will es nicht funktionieren. Wir sind gefangen in einer Welt untragbarer Schulden, die zudem mit jedem Versuch, die Wirtschaft zu stabilisieren oder anzukurbeln, weiter anwachsen. Die Schuldner spielen auf Zeit und leihen sich das Geld für Zinszahlungen. Die Gläubiger fordern weiter und scheuen die Erkenntnis, dass ein immer größer werdender Teil ihrer Forderungen nicht erfüllt werden wird, weil er nicht erfüllt werden kann.

Wir beobachten damit den gleichen Prozess wie Irving Fisher in der großen Depression der 1930er-Jahre – nur in Zeitlupe. Fishers Medizin wirkt nicht stark genug, um die Krankheit zu besiegen, sondern schafft es nur, die Schmerzen zu verringern. Der Berg an uneinbringlichen Schulden ist nach 30 Jahren Party selbst für die Notenbanken zu groß.

> Sollte es wirklich zu einer breit angelegten Deflation kommen,
> so sind die westlichen Länder endgültig in Schulden und Stag-
> nation gefangen und können sich am Beispiel Japans anschau-
> en, wohin die Reise gehen wird: immer mehr Staatsschulden,
> die nur lindern, aber nicht heilen.

## Der Ruf nach drastischen Maßnahmen

Nichts kann eine überschuldete Wirtschaft weniger gebrauchen als geringes Wachstum. Je geringer das Wachstum, desto höher die Last der Schulden und die Wahrscheinlichkeit, dass diese Schulden nicht mehr ordentlich bedient werden können. Die Wirkung auf Renten- und Sozialsysteme wäre ebenfalls verheerend. Die heute schon unerfüllbaren Versprechungen von Renten und Gesundheitsleistungen wären noch viel weniger erfüllbar.

Was also tun? Die Lösungsvorschläge liegen für Summers auf der Hand: negative Zinsen, Anreize für Unternehmen zur Förderung von Investitionen und mehr kreditfinanzierte staatliche Investitionen. Letztere wären angesichts der geringen Zinsen ein »free lunch«, erzielten sie doch auf jeden Fall Renditen, die über den Zinskosten liegen.[83] Idealerweise sollten sich die Regierungen also erheblich verschulden, um mit Investitionen die Krise zu überwinden, ähnlich wie beim »New Deal« in den 1930er-Jahren.

Angesichts der hohen Verschuldung und der erheblichen ungedeckten Verbindlichkeiten für die alternde Gesellschaft mag dies eine verwegene Idee sein. Wenig verwunderlich ist deshalb, dass der IWF auf der Basis von Zahlen der Ratingagentur Moody's vorrechnet, dass fast alle Staaten ihre Verschuldung noch erheblich steigern könnten.

Die Methodik wird nicht offengelegt, doch die Ergebnisse sind beeindruckend. Der deutsche Staat könnte demnach noch zusätzliche Schulden im Umfang von fast 170 Prozent des BIP machen, bevor es problematisch wird. Bei Frankreich, Spanien und Irland wären noch je rund 100 Prozent möglich und bei Portugal (!) fast 60 Prozent. Nur Italien, Griechenland, Japan und Zypern haben demnach wirklich schon genug Schulden.[84]

> Das Ziel solcher Studien ist offensichtlich. Sie sollen begründen, weshalb die Politik trotz bereits außer Kontrolle geratener Schulden mit noch mehr Schulden gegen die Krise ankämpfen soll.

Wie dies angesichts der effektiven Verschuldung der Staaten (inklusive Kosten der Alterung) von jenseits 400 Prozent des BIP und der bereits hohen privaten Verschuldung funktionieren soll, bleibt völlig schleierhaft.

Abgesehen davon ist die Effizienz staatlicher Ausgabenprogramme kritisch zu sehen. Wo ist denn der Ertrag der staatlichen Programme der letzten Jahrzehnte? Von Debakeln wie dem Berliner Flughafen und der Hamburger Elbphilharmonie einmal ganz abgesehen.

Laut Summers lässt sich eine Vollbeschäftigung in dieser Situation nur durch Übertreibungen an Kapitalmärkten erreichen, die auf Verschuldung basieren und zwingend irgendwann in Tränen enden.

> Summers sieht Finanzmarktblasen also als Bestandteil einer Strategie zur Lösung einer Überschuldungskrise.

Das ist, wie wir gesehen haben, eine völlig falsche Vorstellung. Jede Finanzkrise erhöht den Anteil der faulen Forderungen, das heißt solcher Forderungen, die nicht ausreichend durch Vermögenswerte und Ertragskraft gedeckt sind.

Wohl auch deshalb sieht Summers in deutlich negativen Zinsen den wahren Schlüssel zur Bewältigung der Krise. Damit ist er nicht allein. Die *Financial Times* hat schon vor einiger Zeit »zur Enteignung der Sparer« aufgerufen,[85] um die Krise zu überwinden. Negative Zinsen gehen jedoch mit einem Problem einher. Die Sparer können sie umgehen, indem sie ihr Geld von der Bank abheben und bar im Tresor lagern – eine Idee, die angesichts des maroden Bankensystems und des Risikos, bei zukünftigen Bankenkrisen beteiligt zu werden, ohnehin attraktiv ist. Man mietet ein Schrankfach bei der Bank – und schon ist man Risiken und Negativzinsen los. Der Verlust ist jedenfalls nicht größer als bei den Alternativen.

Deshalb hat Summers eine weitere Idee in die Diskussion gebracht: das Verbot von Bargeld. Dieser Vorschlag hat sofort breite Unterstützung gefunden. So auch die von Kenneth Rogoff. Für ihn sind negative Zinsen genauso wie Inflation nichts anderes als eine Art von Steuer. Papiergeld würde überwiegend genutzt, um Transaktionen vor dem Finanzamt und dem Staat zu verbergen. Immerhin bis zu 50 Prozent der Bargeldzahlungen dienten dazu, die hinter ihnen stehende Transaktion zu verheimlichen. Deshalb sei es nur konsequent, Bargeld zu verbieten.[86]

Wie nah wir einem Bargeldverbot schon sind, zeigt das Beispiel der Schweiz. Die Schweiz ist uns dank der ungebremsten Nachfrage nach Franken und im Bemühen, eine weitere Aufwertung zu verhindern, auf dem Weg in den Negativbereich schon weit voraus. So versuchten einige Schweizer Pensionskassen, die Negativzinsen zu umgehen, indem sie sich anschickten, Geld in einem Safe zu deponieren. Die Auszahlung des Geldes wurde jedoch auf Weisung der Schweizer Notenbank von dem die Einlagen verwaltenden Institut verweigert.[87]

Die Bedeutung dieses Eingriffs kann man gar nicht stark genug betonen. Die Bank verweigerte im Einklang mit der Notenbank den Zugriff auf das nur von der Zentralbank geschaffene Geld. Dabei steht hinter jedem Kontoguthaben das Versprechen, dieses jederzeit gegen Bargeld tauschen zu können. Zwar wissen wir alle, dass dies unmöglich ist und die Banken dieses Versprechen nie im vollen Umfang erfüllen könnten. Da es außer bei Bankenkrisen jedoch problemlos möglich ist, jederzeit Geld abzuheben, haben wir uns mit dem Geld zweiter Qualität zufriedengegeben.

> Eine Forderung gegen eine Bank ist immer schlechter als eine Forderung gegen die Notenbank. Geld bei der Bank ist weniger wert – weil risikobehaftet – und müsste eigentlich mit einem Abschlag zu Bargeld gehandelt werden.

Genau einen solchen Abschlag erwägt die Schweizerische Nationalbank jetzt einzuführen, allerdings mit *umgekehrten Vorzeichen!* Nicht Kontoguthaben sollen gegenüber dem Bargeld abgewertet werden, sondern das Bargeld gegenüber Kontoguthaben. Im Gespräch ist ein Umtauschkurs, wonach man bei der Einzahlung von Bargeld weniger gutgeschrieben bekommt.[88] Weitere Restriktionen für Bargeld sind im Gespräch. Barzahlungen werden nur noch bis zu einer bestimmten Größenordnung zugelassen, und wenn man größere Beiträge wieder einzahlen möchte, muss man nachweisen, dass es sich um exakt dieselben Scheine handelt, die man zuvor abgehoben hat.

Weltweit mehren sich die Stimmen, die uns vom Bargeld abbringen wollen. So sei es doch viel effizienter und praktischer, nur noch elektronisch zu bezahlen. Nur Kriminelle und Steuersünder würden noch mit Bargeld bezahlen. Das heißt im Klartext: Wer bar bezahlt, der setzt sich künftig dem Generalverdacht aus, Dreck am Stecken zu haben!

Dabei spricht viel für Bargeld: Es erlaubt ein gewisses Maß an Privatheit, denn nicht alles, was ich tue, geht den Staat, die Banken und das Internet etwas an. Es ist eine Forderung gegen die Notenbank und damit von deutlich besserer Bonität als die Forderung gegen meine Bank. Der frühere Verfassungsrichter Paul Kirchhoff sprach von der »gedruckten Freiheit«.[89]

So sieht es auch die Bundesbank, die sich im Rahmen einer Pressekonferenz ganz eindeutig gegen ein Bargeldverbot ausgesprochen hat. Die *Börsen-Zeitung* zitiert Bundesbankvorstand Carl-Ludwig Thiele: »Die Wahlfreiheit des Verbrauchers wird die Bundesbank nicht einschränken. Das müsste dann schon der Gesetzgeber tun.«[90]

Die bisherige Erfahrung mit dem Krisenmanagement der Regierenden stimmt nicht optimistisch. Angesichts der ungebremsten Schuldenentwicklung und des unzureichenden Wachstums wird die Politik immer radikalere Maßnahmen ergreifen. Das Bargeldverbot passt dabei durchaus in ihr Konzept. Wäre es doch möglich, einen Negativzins als Strafsteuer für Sparer unmittelbar durchzusetzen, und wenn dies nicht genügen sollte, gleich Vermögensabgaben umzusetzen.

Uns als Bürgern bleiben dann nur noch wenige legale Möglichkeiten des Widerstands, wie zum Beispiel Rechnungen und Steuern schon im Voraus zu bezahlen. Oder wir weichen aus: in alternative Zahlungsmittel wie Bons oder Zigaretten, in fremde Währungen oder eben in Gold. Das Verbot derselben wäre dann der konsequente nächste Schritt.

## Was zu tun wäre

Aus meiner Sicht gibt es, was die Gründe für die nur langsame Erholung von der Krise betrifft, drei mögliche Interpretationen:

- Die Wirtschaft leidet unter den Folgen hoher Verschuldung und befindet sich in einer »Bilanzrezession«. Die Bemühungen von Unternehmen, privaten Haushalten und/oder Regierungen, die Schulden abzubauen, führen zu einer Periode schwacher Nachfrage.

- Das Wachstum ist nur auf sein Normalniveau zurückgefallen. In den Jahren davor war es künstlich durch Schulden »gedopt«. Eine Rückkehr zum Wirtschaften auf Pump ist wegen der gegebenen globalen Ungleichgewichte und geringen Investitionen nicht möglich.
- Das Wachstum sinkt wegen ungünstiger Demografie, abnehmender Produktivitätszuwächse und unzureichender Investitionen. Dies hat wiederum weniger Konsum, weniger Investitionen und damit fortgesetzt schwaches Wachstum zur Folge. Bekämpfen die Notenbanken diese Entwicklung mit billigem Geld, so blasen sie nur weitere Luftballons auf.

Vermutlich liegt die Wahrheit in einer Kombination von allen drei Punkten. Die USA mögen etwas besser damit fertigwerden, weil sie eine bessere Demografie aufweisen und die Wirtschaft flexibler ist. China hat noch mehr Nachholpotenzial. Japan und die Eurozone hingegen kommen mit den bis jetzt angewandten Instrumenten nicht aus der Krise heraus. Sie brauchen noch drastischere und unkonventionellere Maßnahmen.

Folgt man dieser Analyse, so wird deutlich, dass die klassische Forderung nach einer Stimulierung der privaten und öffentlichen Investitionen längst nicht mehr ausreicht. Um die Gefahr einer jahrzehntelangen Eiszeit und der dann unweigerlich zu erwartenden offenen und verdeckten Konkurse privater und öffentlicher Schuldner wirksam abzuwenden, brauchen wir drastischere Maßnahmen.[91] Diese müssen den drei folgenden Zwecken dienen:

1. Schuldenüberhang beseitigen
2. Wachstum stärken
3. Finanzsystem nachhaltig reformieren

Die Beseitigung des Schuldenüberhangs ist der schmerzvolle, aber unvermeidbare erste Schritt zur Sanierung der westlichen Wirtschaften. Die schmerzfreien Optionen des »Aus- dem-Problem-Herauswachsens« und der langsamen Rückzahlung durch die Schuldner funktionieren im heutigen Umfeld nicht mehr. Wir werden um eine Bereinigung durch Schuldenschnitte und eine Umverteilung von Gläubigern zu Schuldnern nicht herumkommen. Da beim Nichtstun jedoch ein deutlich größerer Vermögensschaden zu erwarten wäre, spricht alles dafür, lieber heute zu handeln als morgen.

Zusätzlich müssen die westlichen Volkswirtschaften alles tun, um das Potenzialwachstum zu steigern. Wirtschaftswachstum hängt, wie wir gesehen haben, letztlich von zwei Faktoren ab: dem Wachstum der Erwerbsbevölkerung und der Produktivität, gemessen am BIP/Kopf. Angesichts der demografischen Entwicklung muss alles getan werden, um das Arbeitskräftepotenzial zu mobilisieren: Höhere Erwerbsbeteiligung von Frauen, längere Lebensarbeitszeit und gezielte Einwanderungspolitik sind die Stichworte. Auch eine Verkleinerung des öffentlichen Sektors, um Arbeitskräfte für den unmittelbar produktiven Teil der Wirtschaft freizusetzen, ist angezeigt.

Um die Produktivität zu steigern, müssen Bildung und Innovation im Zentrum gesellschaftlicher Investitionen stehen, während zugleich die Investitionen in staatliche und private Infrastruktur erhöht werden müssen.[92]

Diese Forderungen sind deckungsgleich mit den oben genannten Ideen zum Umgang mit dem Ersparnisüberhang – der, wie dargelegt, eigentlich ein Schuldenüberhang ist. Sie können aber erst nach einer Bereinigung des Schuldenüberhangs die gewünschte Wirkung entfalten.

Negative Zinsen, die eine schleichende Entwertung von Schulden und Forderungen zum Ziel haben, wirken zu langsam. Und es besteht die realistische Gefahr, dass die Wirkung der Stagnation die

Wirkung negativer Zinsen übertrifft und die Schulden relativ zum Einkommen weiter wachsen, anstatt zu sinken.

Letztlich müssen wir unser Finanzsystem reformieren, um zu verhindern, dass sich eine derartige, durch übermäßige Verschuldung beherrschte Entwicklung wiederholt. Dies kann nur gelingen, wenn Schulden zu produktiven und nicht zu konsumtiven Zwecken aufgenommen werden. Dazu muss das Kreditwachstum in den einzelnen Wirtschaftssektoren streng überwacht werden. Bei Anzeichen für einen zu schnellen Anstieg muss gegengesteuert werden, unter anderem durch eine Verschärfung der Eigenkapitalanforderungen.

Larry Summers hat einen entscheidenden Beitrag zur wirtschaftspolitischen Diskussion geleistet. Seine Beschreibung der Symptome ist zutreffend, die Analyse der Ursachen sollte auf das Schuldenproblem erweitert werden. Wir brauchen drastische Maßnahmen, um dem Szenario der Eiszeit zu entgehen. Ob die Politik sich traut?

## Basisszenario: Eiszeit

Traut die Politik sich nicht – wovon ich ausgehe –, so müssen wir uns auf eine lang andauernde Krise einstellen. Mit erheblichen Konsequenzen.

Zuerst natürlich den wirtschaftlichen: Die Wirtschaft wird stagnieren, die Arbeitslosigkeit bleibt in den Krisenländern hoch, es kommt zur Abwanderung von Firmen und Talenten. Die Innovationskraft nimmt weiter ab, weil an Investitionen in Maschinen und Anlagen und Forschung und Entwicklung weiter gespart wird. Das BIP pro Kopf stagniert oder schrumpft, eine schleichende Verarmung der westlichen Industrieländer ist die Folge. Die Last der Schulden, die Überkapazitäten, die in den Boomzeiten geschaffen wurden, die zunehmende Zahl von Zombie-Unternehmen, die erheblichen Fehlinvestitionen der letzten Jahrzehnte drücken die Inflationsraten immer mehr und wir stehen vor einer langen Phase stagnierender oder fallender Preise.

Diese wirtschaftliche Situation wird nicht ohne ernste gesellschaftliche Konsequenzen bleiben. Ohne Wachstum werden der gesellschaftliche Konsens und die Toleranz innerhalb von Ländern, aber auch zwischen Nationen leiden. Die Verteilungskonflikte werden stark zunehmen und die Gesellschaft wird auch demografisch bedingt mehr Wert auf die Umverteilung von Wohlstand legen als auf die Schaffung neuen Wohlstands. Verstärkt wird dies durch die Tendenz alternder Gesellschaften, Innovationen und Veränderungen abzulehnen. Europa läuft Gefahr, sich zu einer stagnierenden Region mit erheblichen Umverteilungsmechanismen zu entwickeln. Deutschland wird sich diesem Sog nicht entziehen können. Es kommt mehr und mehr zu einer schleichenden Sozialisierung von Schulden.

Dieses Basisszenario stellt ein erhebliches Risiko für Ersparnisse und Vermögen dar. Im besten Fall bleibt es bei »risikolosen Verlusten« durch die geringen Zinsen. Noch größere Gefahren gehen von den Alternativszenarien aus. Denn die Politik wird versuchen, die Krise mit radikalen Mitteln zu überwinden. Einige dieser Optionen schauen wir uns im Folgenden an.

# CHAOS UND DEFLATIONÄRER KOLLAPS

## Die zweite große Depression – nur verschoben

Das wahrscheinlichste Szenario ist eine Fortsetzung der derzeitigen Politik des Spiels auf Zeit, was eine lange Phase der wirtschaftlichen Stagnation zur Folge haben wird. Dabei muss man sich klar vor Augen führen, dass diese lange Phase der Stagnation, egal wie lange sie andauert, am Ende nicht das Problem löst. Im Gegenteil: Die Probleme nehmen weiter zu.

Wie in Japan werden die Schulden immer weiter steigen, während zeitgleich die (Erwerbs-)Bevölkerung zu schrumpfen beginnt. Solange es den Schuldnern möglich ist, sich weiter zu verschulden, um die Illusion der Bedienung der Schulden aufrechtzuerhalten, kann das Spiel fortgesetzt werden. Die Notenbanken stehen direkt und indirekt zur Finanzierung bereit und die Finanzmärkte werden mit Studien auf die Vorstellung vorbereitet, dass Schuldenstände, die deutlich über den heutigen liegen, keinerlei Problem darstellen.

Keiner der Akteure hat ein Interesse daran, den Schuldenturm zum Einsturz zu bringen. Die Schuldner haben weiterhin die Möglichkeit, ihren derzeitigen Lebensstandard zu halten und zusätzliche Schulden einzugehen. Die Gläubiger müssen keine Verluste realisieren und die Banken können ihr Geschäftsmodell fortsetzen. Für die Politik ist dies ebenfalls ein attraktives Szenario, können doch die Folgen von jahrzehntelanger Ponzi-Wirtschaft vor den Bürgern verheimlicht werden.

Das Problem: Je länger die Stagnation anhält, desto größer die Gefahr von »Unfällen«, die zu einem Kollaps des Schuldenturms führen. Zahlungseinstellungen und Pleiten könnten eine Kettenreaktion auslösen, die in einer schweren Wirtschaftskrise mündet.

Im Frühjahr 2015 sorgte eine Studie der Großbank HSBC für Furore.[93] Der damalige Chefvolkswirt des Instituts, Stephen King, kommt darin zu der Erkenntnis, dass es der Politik seit 2008 nur gelungen sei, eine neue → große Depression zu verschieben, nicht aber zu verhindern. Bei dem nächsten Schock droht der überschuldeten Weltwirtschaft demnach die Depression. Die Begründung für Kings These umfasst bekannte Argumente:

- Im Unterschied zu anderen Aufschwüngen war dieses Mal die Erholung sehr schwach. Und Geld- und Fiskalpolitik sind weit davon entfernt, wieder zur Normalität zurückzukehren.
- Jeder der letzten vier Aufschwünge war schwächer als der vorangegangene. Wuchs die US-Wirtschaft in den 1980er-Jahren noch mit 4,5 Prozent durchschnittlich, so liegt das Wachstum heute bei 2 Prozent.
- Der Aufschwung dauert schon sechs Jahre an und der Aktienmarkt expandierte bis Sommer 2015 seit 72 Monaten – verglichen mit dem Durchschnitt von 67 Monaten. Der Einbruch im Herbst 2015 ist folglich keine Überraschung.
- Der Wirtschaftspolitik droht die Munition auszugehen. Nach früheren Aufschwüngen war zu diesem Zeitpunkt die Wirtschaftspolitik deutlich restriktiver, die Zinsen lagen höher und das Staatsdefizit war kleiner. Heute sind wir noch immer sehr expansiv, was die Frage aufwirft, was man noch tun könne, wenn es eine neue Rezession gibt oder der Aktienmarkt einbricht.

Gepaart mit den bekannten Themen Überschuldung, Demografie und Produktivität ergibt sich für King ein explosiver Mix.

Dies sieht die globale Finanzelite ähnlich, so Larry Summers, IWF-Chefin Christine Lagarde und Ray Dalio, der Star unter den Hedgefonds-Managern, bei einer Diskussion anlässlich des Weltwirtschaftsforums in Davos im Frühjahr 2015.[94]

Larry Summers trug dort wiederum seine These der säkularen Stagnation vor. Die USA als letzte verbliebene Zugmaschine der Welt befinden sich bereits im Jahr sieben ihres Aufschwungs und deshalb sei es nur eine Frage der Zeit bis zur nächsten Rezession. Niemand, auch nicht IWF und US-Finanzministerium, hätten jemals eine Rezession vorhergesehen. Beim nächsten Mal dürfte es ähnlich sein. Damit drohe eine weltweite Deflation und Stagnation. Angesichts der weiterhin hohen Arbeitslosigkeit der 25 bis 54 Jahre alten Männer in den USA und der bevorstehenden technologischen Revolution, bei der immer mehr Maschinen den Menschen ersetzten, stehe demnach eine deflationäre Abwärtsspirale bevor.

Christine Lagarde zeigte sich angesichts von Summers' Prognosen besorgt: »Wenn die USA nicht mehr der Motor sind, haben wir keinen mehr. Ich hoffe, Sie täuschen sich.«

Mit Ray Dalio kam ein echter Fachmann zu Wort, der mit seiner Sicht der Dinge immerhin zu einem der erfolgreichsten Hedgefonds-Manager der Geschichte und mehrfachen Milliardär wurde. Für ihn ist der »Central Bank Supercycle« immer geringerer Zinsen und immer höherer Schulden am Ende. Der Transmissionsmechanismus der Geldpolitik funktioniere nicht mehr und wir befänden uns in einem deflationären Umfeld. Erschwerend komme hinzu, dass wir, wie anfangs der 1980er-Jahre, einen steigenden Dollarkurs hätten, was zu Druck bei jenen führe, die sich in Dollar verschuldet hätten. Damit meinte Dalio vor allem die Schwellenländer inklusive China. Doch im Unterschied zu damals können wir die Zinsen nicht mehr weiter senken.

Sollte es heute zu einer neuen Krise an den Finanzmärkten oder einer Rezession kommen, so haben die Notenbanken keine Munition mehr. Natürlich können die Zinsen weiter unter null gedrückt werden, wie es die Schweiz vormacht. Natürlich können die Notenbanken anfangen, alle Arten von Wertpapieren zu kaufen. Nicht nur Anleihen guter Qualität, sondern auch offiziell »Junk Bonds« oder Aktien, wie es die Bank of Japan bereits tut. Die Notenbanken können auch Immobilien kaufen oder Mindestpreise festlegen, zu denen sie alles kaufen würden.

So sieht es auch Stephen King. In seiner Studie diskutiert er verschiedene Szenarien, die er sogleich wieder verwirft, weil sie entweder ökonomisch nicht machbar (Rezession verhindern) oder politisch nicht durchsetzbar sind (Rentenalter drastisch erhöhen), um dann zu den eigentlichen Optionen zu kommen:

- eine radikale Fortsetzung der aggressiven Geldpolitik, das heißt ein weiterer Aufkauf von Wertpapieren, explizite Inflationsziele, Negativzinsen
- eine koordinierte Geld- und Fiskalpolitik. Damit ist die direkte Finanzierung der Staatshaushalte durch die Notenbanken gemeint. Die Regierungen könnten so Investitionen durchführen und die Wirtschaft aus der Krise holen.

Über diese Maßnahmen wird schon diskutiert. Sie zeigen aber vor allem eines: Die Notenbanken sind am Ende ihrer Leistungsfähigkeit angelangt. Fordern die Märkte die Gewissheit darüber ein, so werden wir Maßnahmen sehen, welche die Glaubwürdigkeit unseres Geldsystems gefährden. Schwindet diese erst einmal, so ist über Nacht auch die Gewissheit in die Allmacht der Notenbanken dahin.

Wenn die Notenbanken in diesem Szenario ihre Existenz sichern wollen, dann müssen sie die Märkte enttäuschen. Eine solche Enttäuschung zieht massive Kursverluste bei allen Vermögenswerten nach sich. Wenn sie den anderen Weg beschreiten, dann vernichten sie den Geldwert.

# China als Risikofaktor

Schauen wir nach China. In nur sieben Jahren haben sich dort die Schulden von 7 Billionen auf rund 28 Billionen US-Dollar vervierfacht. Im selben Zeitraum wuchs die Wirtschaft um 5 Billionen US-Dollar. Die Fehlinvestitionen in Anlagenkapazitäten und leer stehende Immobilien seit 2009 werden auf atemberaubende 6,8 Billionen US-Dollar geschätzt.

Unsere Aufmerksamkeit wird von der Krise des Euro absorbiert. Dabei ist die chinesische Wirtschaft 40-mal so groß wie die griechische und hat 70-mal so viele Schulden. Sollte es zu einer Schuldenkrise in China kommen, so wären die weltweiten Auswirkungen massiv. Weder die Finanzmärkte noch die Realwirtschaft kämen ohne deutliche Blessuren davon.

Von Sorge an den Finanzmärkten ist dennoch keine Spur zu erkennen. Denn es gibt auch hier eine Gewissheit: die Gewissheit, dass die chinesische Regierung über erhebliche finanzielle Reserven verfügt und zudem die Wirtschaft viel besser steuert, als wir das im Westen tun. Was für uns die Notenbank ist, ist für China der Staat. Er ist ein Garant dafür, dass es nie schiefgeht, egal wie schlimm es in Wahrheit aussieht.

In der Tat kann China denselben Weg beschreiten wie wir und tut es auch: billiges Geld und noch mehr Schulden, Änderung der Bilanzierungsregeln, damit Banken keine Abschreibungen vornehmen müssen, und staatliche Konjunkturprogramme. Außerdem kann China natürlich die eigene Währung abwerten, wie das Japan so schön vorexerziert.

Wenn der chinesischen Regierung am Ende nichts anderes übrig bleibt, als dem japanischen Vorbild zu folgen und die Rettung in einer deutlichen Abwertung des Renminbi zu suchen, dann kommt es zu einem schweren Schock für die Weltwirtschaft. Fallende Preise und intensiverer Wettbewerb aus China, gepaart mit geringerer Importnachfrage aus dem Land, würde Europa und die USA wieder in die Rezession stürzen.

> Angesichts der ungelösten Probleme der hohen Verschuldung und der fehlenden Munition der Notenbanken und Regierungen wäre dies ein realistischer Auslöser für eine Welle von Konkursen und Zusammenbrüchen.

## Beppe Grillo und Co.

Die größte Gefahr eines unkontrollierten Unfalls lauert weiterhin in Europa. Wie wir gesehen haben, ist die Währungsunion im Kern instabil, weil unvollendet. Zugleich ist die Politik außerstande, die erforderlichen Maßnahmen zu treffen, um die Währungsunion zu vollenden. Die Konfliktlinien treten immer klarer zutage. Während in Deutschland weiter darüber nachgedacht wird, wie man den Euro doch noch stabilisieren könnte, ist es in der Peripherie nur eine Frage der Zeit, bis jene politischen Kräfte an die Macht kommen, die nur in einer Beendigung des Euroexperiments einen Ausweg aus der Misere sehen.

Aus deutscher Perspektive fasst *Die Zeit* die Situation gut zusammen: »Milton Friedman hatte recht« ist das Fazit eines Beitrags vom Sommer 2015.[95] Der Euro »wird den Kontinent nicht, wie erhofft, vereinen, sondern spalten – denn durch das gemeinsame Geld werden wirtschaftliche Anpassungsprozesse, ›die durch Änderung der Wechselkurse leicht in Griff zu bekommen worden wären‹, mit einem Mal zu ›umstrittenen politischen Themen‹.« Und weiter: »Griechenland ist dabei nur das krasseste Beispiel für das Scheitern der europäischen Rettungsbemühungen. In den anderen Krisenstaaten mag die Wirtschaft nicht mehr akut von dem Zusammenbruch bedroht sein, aber das bedeutet noch lange nicht, dass dort alles in Ordnung wäre. Die Arbeitslosigkeit liegt zum Beispiel in Spanien immer noch bei über 20 Prozent. Wenn das schon als Erfolg gilt, was wäre dann eigentlich ein Misserfolg?« Spanien ist, wie wir gesehen haben, das erfolgreichste Land aus der Gruppe der Krisenländer.

Deshalb kommt *Die Zeit* auch zu einer klaren Schlussfolgerung:

»Der Euro ist eine Währung, kein sakraler Endzweck. Er mag aus politischen Gründen eingeführt worden sein, gemessen werden wird er am Ende an ökonomischen Kriterien. Wenn er die Menschen in Europa nicht reicher, sondern ärmer macht, verliert er seine Legitimation.«

Dies ist sicherlich wahr. Dennoch glaubt der *Zeit*-Autor, man könnte den Euro noch retten, wenn man eine echte Bankenunion einführt, in der die Steuerzahler aller Staaten im Konkursfall für den Schaden eintreten. Das entspricht der Sozialisierung der Schulden in Europa, wird aber nicht offen ausgesprochen. Außerdem müsste es möglich sein, dass Staaten im Euro pleitegehen können.

Wie wir wissen, genügt selbst das nicht, um den Euro zu stabilisieren. Es bleiben die ungelösten Probleme der völlig unterschiedlichen Wettbewerbsfähigkeiten der einzelnen Länder, die selbst bei Schuldensozialisierung und Staatskonkursen fortbestehen.

Deshalb ist es viel realistischer, dass es zu einer Auflösung des Euro auf Betreiben der Krisenländer kommt. Zwar wurde ein Grexit vorerst verhindert, allerdings zu einem erheblichen Preis. Die Probleme Griechenlands werden nicht gelöst, die Wirtschaftskrise wird verstärkt und zugleich werden weitere Milliarden an Hilfskrediten zur Verfügung gestellt, die ebenso wie die bereits gewährten Kredite unmöglich bedient werden können. Das griechische Theater vom Sommer 2015 hat zunächst die eurokritische Opposition in Ländern wie Spanien geschwächt, da die dortigen Bevölkerungen kein Interesse daran haben, ähnlich wie Griechenland behandelt zu werden.

Italien steht im Vergleich mit Spanien deutlich schlechter da. Die Wirtschaftsleistung liegt immer noch um 11 Prozent unter dem

Stand vor der Krise und befindet sich nun auf dem Niveau des Jahres 2000. Dies ist eine noch schlechtere Entwicklung als in Japan seit dem Jahre 1990 und sogar schlechter als die Entwicklung der italienischen Wirtschaft in den 1930er-Jahren. Ein solcher Einbruch ist ohne Vorbild für eine große Wirtschaft und die Hauptursache liegt in einem nicht korrigierbaren Verlust an Wettbewerbsfähigkeit in den Anfangsjahren des Euro.

Beppe Grillo, Gründer und Sprecher der Cinque-Stelle-Bewegung, fordert schon lange einen Austritt Italiens aus dem Euro. Unter dem Eindruck der Entwicklung in Griechenland hat er einen Plan zur Rückkehr zur Lira vorgelegt. Das Ziel: die Initiative ergreifen und in einem aktiven Kampf einen Euroaustritt zu den Konditionen Italiens zu erreichen, gegen die Interessen der Gläubiger.

In der Tat hat die Bank of America schon vor Jahren vorgerechnet, dass es sich für kein Land so sehr lohnen würde, aus der Euro-Währungsunion auszutreten, wie für Italien. Noch verfügt das Land über eine solide industrielle Basis im Norden. Durch eine Abwertung könnte es sofort auf den Weltmärkten wieder Fuß fassen.

## Volksfront gegen den Euro

Im Sommer 2015 hat sich mit Sahra Wagenknecht erstmals eine führende Vertreterin der Linken in Deutschland gegen den Euro ausgesprochen – eine Position, die sonst nur von der Alternative für Deutschland (AfD) vorgetragen wurde. Dabei steht die deutsche Linke mit ihrem beginnenden Sinneswandel nicht alleine. Auch die linken Kräfte in anderen Ländern, vor allem in Spanien, Frankreich und Italien, gehen merklich auf Distanz zum Euro. Je unwahrscheinlicher der große europäische Umverteilungsstaat wird, wie die Linke ihn sich wünscht, desto weniger lohnt es sich, am Euro festzuhalten. Zwar traue ich der deutschen Regierung zu, gerade unter dem Druck der Flüchtlingskrise, wider besseres Wissen und entgegen der Mahnung von Teilen des Sachverständigen-rats faktisch in ein System der Umverteilung ohne Gegenleistung abzudriften, doch könnte dies aus der Sicht der Linken zu lange dauern.

In Frankreich hat mit dem kommunistischen Politiker Jean-Luc Mélenchon einer der heftigsten Kritiker Deutschlands den Kurs-wechsel vollzogen. Der Front National ist schon lange für den Aus-tritt Frankreichs aus der Währungsunion. Damit bildet sich eine in-teressante Konstellation: Die radikale Linke und die radikale Rechte bekämpfen den Euro, der als europäisches Friedens- und Wohl-standsprojekt gestartet und gescheitert ist.

In Italien fordert man bereits die Abkehr vom Euro. Stefano Fas-sina, ehemaliger stellvertretender Finanzminister und Mitglied der Partei Matteo Renzis, will nicht nur eine geordnete Auflösung des Euro, sondern auch eine Allianz »nationaler Befreiungsfronten« der Linken, die mit »unabhängigen Kräften aus der demokratischen Rechten« zusammenarbeiten sollten. Eine wahre Volksfront von Links und Rechts bildet sich in Europa gegen den Euro.

Damit entwickelt sich der Euro nicht nur zum Spaltpilz für Eu-ropa, sondern auch zur wichtigsten Waffe radikaler Kräfte gegen die Demokratie. Das Problem ist dabei offensichtlich: Die etablier-ten Parteien haben in allen Ländern die Einführung des Euro gegen die lauten und begründeten Mahnungen der Ökonomen durchge-drückt. Jetzt, da die Währungsunion für jedermann offensichtlich nicht funktioniert und statt des versprochenen Wohlstands anhal-tend hohe Arbeitslosigkeit und Rezession in den Krisenländern mit sich bringt, können sie nicht zugeben, den größten ökonomischen Fehler der Nachkriegszeit begangen zu haben. Deshalb entsteht eine Art Bunkermentalität, in der man sich mit Mühe von Krise zu Krise hangelt und auf ein Wunder hofft. Dieses Wunder wird nicht kommen. Zwar mag die EZB noch den einen oder anderen Trick aus dem Hut zaubern. Schulden aus der Welt schaffen und Wett-bewerbsfähigkeit wiederherstellen kann sie jedoch nicht. Vor allem Letzteres ist unmöglich.

Damit liefern die etablierten Parteien den radikalen Kräften die beste Munition, die diese sich wünschen können. Der Euro ist ein Thema, bei dem offensichtlich und von der breiten Wissenschaft getragen die aktuelle Politik auf voller Linie gescheitert ist und die persönlichen Konsequenzen für die Bürger zunehmend deutlich spürbar negativ sind. Verstärkt werden könnten diese Tendenzen durch wachsende Schwierigkeiten, eine gemeinsame Lösung für wichtige Themen wie die Flüchtlingskrise auf europäischer Ebene zu finden. Die Europäische Union offenbart zunehmend, dass sie für viele keine Wertegemeinschaft, sondern ein Wohlfahrtsbündnis ist, welches nur dann funktioniert, wenn immer mehr Geld zu verteilen ist. Fällt der Treibstoff großzügiger Mittel weg, wird es für die Politiker auf nationaler Ebene immer schwieriger, ihren Bevölkerungen den Nutzen von Brüssel zu verkaufen.

In Deutschland dürfte es noch eine Weile dauern, bis die Linkspartei und die AfD aufgrund der Eurokrise breiten Zuspruch finden. Zu gut wirkt hier die Vernebelungsstrategie der Regierenden. Zu sehr sind wir Deutschen noch dem irrigen Glauben verhaftet, wir wären die Nutznießer des Euro.

Es genügt schon, dass ein immer größerer Teil der Bevölkerung gegen den Euro votiert, um auch bei den etablierten Parteien eine Wende herbeizuführen. Erinnert sei an Holland. Dort haben die pure Existenz radikaler Parteien und der Zuspruch, den diese erfahren, zu einer deutlich restriktiveren Zuwanderungspolitik geführt, ohne dass eine dieser Parteien jemals wirklich regiert hätte.

> Wenn eine Volkspartei auf einen Anti-Euro-Kurs umschwenkt – und mein Hauptkandidat ist und bleibt Italien –, dann lässt sich der Euro nicht mehr halten.

Der »Duft der Revolution« liegt über Europa. Sollte es zu Euro-Austritten kommen, so werden diese nicht geordnet ablaufen, sondern zu erheblicher Ansteckung in anderen Ländern führen. Es käme zu einer Kapitalflucht, wie in Griechenland zuletzt gesehen, erheblichen Forderungsausfällen und Bankenpleiten. Die Folge wäre ein Absturz in eine tiefe Rezession, aus der sich die Länder, die abwerten und sich entschulden können, schneller erholen als Deutschland, welches nicht nur erhebliche Forderungen, sondern über Nacht auch seine Wettbewerbsfähigkeit verlöre.

Das Szenario »Chaos und deflationärer Kollaps« ist deshalb durchaus realistisch. Die Wahrscheinlichkeit wächst, je länger die Krise andauert und je länger wir uns in der Eiszeit befinden. Sobald es zu Pleiten und Zahlungseinstellungen kommt, droht eine Schuldendeflation. Damit meine ich ein rasches Schrumpfen von Schulden und Forderungen als Reaktion auf die jahrzehntelange Schuldeninflation. Diese Deflation würde allerdings nicht aus der Tilgung der Schulden folgen, sondern daraus, dass die Schuldner einfach nicht mehr zahlen. Zahlungsausfälle führen zu fallenden Vermögenswerten, was wiederum andere Schuldner unter Druck setzt, Liquidität zu beschaffen. Gläubiger versuchen zur gleichen Zeit, ihre Forderungen zu sichern, und erhöhen den Druck auf die Schuldner.

> Eine Abwärtsspirale von Wertverlusten bei Vermögensobjekten und ein Rückgang der wirtschaftlichen Aktivität setzt ein. Eine Depression ist die Folge.

Es ist durchaus möglich, dass es den Notenbanken und den Regierungen noch einmal gelingt, so wie 2009, eine solche Dynamik zu verhindern. Verlassen können wir uns darauf nicht und vor allem würde es dem System nur eine Runde weiterhelfen, bei immer weiter wachsenden Schuldenständen. Wir brauchen eine andere Lösung, wollen wir die Eiszeit beenden. Der Schuldenberg muss kleiner werden. Deutlich kleiner.

# SANIERUNG DURCH SCHULDENSCHNITT

## Insolvenz oder Schuldenschnitt?

Im Frühjahr 2014 fand, angestoßen durch den IWF und die Deutsche Bundesbank, eine breite Diskussion über Ansatzpunkte zur Lösung der Schuldenkrise im Rahmen eines geordneten Schuldenschnitts statt. Gepaart wurden die Vorschläge mit der Idee, die Lasten eines solchen Schuldenschnitts mittels einer Besteuerung von Vermögen zu verteilen. Der IWF brachte dazu eine einmalige Abgabe in Höhe von 10 Prozent auf alle Vermögen im Euroraum ins Gespräch. Die Bundesbank forderte eine Besteuerung der Vermögen in den Krisenstaaten zur Lösung der dortigen Staatsschuldenprobleme.[96]

Es überrascht wohl kaum, dass diese Idee nur wenig Sympathie fand. Malte Fischer, Chefvolkswirt der *WirtschaftsWoche*, warnt in seiner Kolumne regelmäßig vor den Folgen der Schuldenkrise und der ungezügelten Geldpolitik. Den Vorschlag, die Schuldenkrise über Vermögensabgaben in Krisenstaaten zu lösen, lehnt er jedoch strikt ab.[97] Dabei sind seine Argumente zunächst einleuchtend. So können die heutigen Steuerzahler nichts für die Schuldenlast. Diese wurde ihnen von Eltern und Großeltern ungefragt hinterlassen. Nur eine Staatsinsolvenz würde die Richtigen belasten, nämlich jene, die aus eigenem Entschluss Staatsanleihen gekauft und von den Zinszahlungen profitiert haben.

Wer dem Staat Geld leiht, der wisse, dass dieser den Schuldendienst nur durch Steuern leisten kann. Steuern sind für Fischer jedoch »Diebstahl«, und weil die Käufer der Staatsanleihen wüssten, dass diese nur durch noch mehr Steuern bedient werden können, machten sie sich »zu Mittätern staatlicher Enteignungsaktionen«.

Fischer bevorzugt deshalb den Weg der Staatsinsolvenz. Diese würde jene treffen, die von der Staatsverschuldung zuvor profitiert haben, also Banken und Versicherungen als Hauptgläubiger der Regierungen und damit deren Kunden. Da diese sich aber bewusst für eine indirekte Anlage in Staatsanleihen entschieden hätten, sei es nur gerecht, wenn sie auch verlören.

Fischer kritisiert die Bundesbank dafür, dass sie Vermögensabgaben bevorzugt, und erinnert an das Wesen staatlicher Notenbanken: »Sie sind die Schutzmächte überschuldeter Banken und Staaten und handeln in deren Interesse – nicht im Interesse der Bürger.« Ein Blick auf die Notenbankpolitik der letzten Jahre widerlegt diese Einschätzung nicht.

Die Argumentation gilt insbesondere im Hinblick auf die Banken. Weshalb sollen Steuerzahler für die Sanierung einer Bank aufkommen, wenn zuvor die Aktionäre schöne Erträge erwirtschaftet und die Gläubiger gute Zinsen verdient haben? Vor der Finanzkrise waren gar jene Banken an der Börse am höchsten bewertet, die die größten Risiken eingingen. Insofern ist es nur konsequent, die Spekulation zu sanktionieren. Dies würde zudem die Banken disziplinieren und zu einem vorsichtigeren Geschäftsgebaren bewegen.

In Zypern wurden die Gläubiger bereits beteiligt. Nachdem die EU und die EZB monatelang einer Kapitalflucht aus dem überschuldeten Land zugeschaut und diese durch immer neue Notfallkredite an die eigentlich insolventen Banken erst ermöglicht hatten, wurde die Notbremse gezogen. Alle Bankguthaben oberhalb von 100 000 Euro wurden zur Deckung der Verluste der Banken herangezogen. Diese Regelung ist seit 2015 in der EU gesetzlich verankert. Österreich hat sogleich von ihr Gebrauch gemacht und die Gläubiger der Heta, der Badbank der insolventen Hypo Alpe Austria, an den Verlusten beteiligt.

Damit dürfte klar sein, dass in Europa mit Blick auf die Banken die Philosophie der Gläubigerbeteiligung statt der Steuerzahlerhaftung angestrebt wird. Forderungen gegen Banken und Einlagen von über 100 000 Euro sind deshalb immer einem Insolvenzrisiko ausgesetzt. Dabei dürfte es nur eine Frage der Zeit sein, bis auch Guthaben unterhalb von 100 000 Euro mit herangezogen werden, weil jeder vernünftige Investor sich hüten wird, auf einem einzelnen Konto mehr als 100 000 Euro zu halten. Angesichts von faulen Schulden in Billionenhöhe und eines geschätzten Kapitalbedarfs der europäischen Banken von mindestens 770 Milliarden Euro[98] ist dies eine naheliegende Vorsichtsmaßnahme.

Doch ist es wirklich besser, die Schuldenkrise über Staatsinsolvenzen und Gläubigerbeteiligung bei Banken zu beenden? Zunächst müssen wir uns in Erinnerung rufen, dass wir von bis zu 5 Billionen Euro in der Eurozone sprechen, die nicht mehr ordnungsgemäß bedient werden können. Diesen 5 Billionen Euro Schulden stehen Forderungen in gleicher Höhe gegenüber. Wenn also Schuldner nicht bezahlen, kommt es zu Verlusten bei den Gläubigern. Dies sind in erster Linie Versicherungen, Banken, Pensionskassen und Investmentfonds. Hinter allen diesen »Geldsammelstellen« stehen wir, die Bürger, die wir unser Geld direkt und überwiegend indirekt an diese und die faulen Schuldner verliehen haben.

Jetzt geht es um die Frage: Wer trägt die Verluste?

Malte Fischer folgt einem klar marktwirtschaftlichen Ansatz: Jene, die Anleihen von Staaten und Banken gekauft haben, sollen auch die Verluste tragen. Auf den ersten Blick ist das gerecht. Doch auf den zweiten kommen Zweifel auf.

Die geringere Steuerlast für Eltern und Großeltern hat dazu geführt, dass die Vermögen entsprechend angestiegen sind. Wären die Steuern höher gewesen, so wäre das Vermögen im Privatsektor heute geringer. Insofern haben die Erben durchaus einen Nutzen aus der Schuldenpolitik der früheren Regierungen gezogen. Ebenso ist richtig, dass es, wenn die Regierungen im Jahr 2009 nicht interveniert hätten, bereits damals zu erheblichen Vermögensverlusten gekommen wäre. Dank der Notenbankpolitik seit 2009 haben die Vermögenswerte zudem auf breiter Front zugenommen – ein weiteres denkbares Argument für die Beteiligung der Vermögen an der Lösung der Schuldenkrise in einem geordneten Prozess.

Für viele Sparer ist es zudem keine bewusste Entscheidung, in Staatsanleihen zu investieren. Oft wissen sie gar nicht, dass sie Staatsgläubiger sind. Sie sparen bei Banken oder Versicherungen, die über gesetzliche Regeln zur Anlage in Staatsanleihen gezwungen werden. Den wenigsten ist bewusst, dass das Guthaben bei der Bank eine Forderung gegen eben diese ist und deshalb einem merklichen Risiko unterliegt.

Die Staats- und Bankeninsolvenz würde mit ziemlich hoher Wahrscheinlichkeit eine Panik in den Märkten auslösen und wie bei einem klassischen Banken-Run auch gesunde Schuldner in Mitleidenschaft ziehen. Dadurch wäre der Vermögensverlust vermutlich größer als bei einem geordneten Verfahren.

Für die Masse der Sparer stellen Lebensversicherungen und Sparprodukte den Großteil des Vermögens dar. Sie haben nur begrenzt die Möglichkeit, ihr Geld daneben auch in Sachwerte und andere Kapitalanlagen zu investieren. Deshalb birgt die marktwirtschaftliche Lösung erheblichen sozialen Sprengstoff.

Gerade der letzte Punkt spricht aus meiner Sicht für eine Lösung über Vermögensabgaben und Steuern.

> Wenn breite Teile der Bevölkerung einen Großteil ihrer Ersparnisse verlieren, während andere dank besserer Anlageentscheidungen und -möglichkeiten ungeschoren aus der Krise hervorgehen, sind massive soziale Verwerfungen programmiert.

Diese zu verhindern ist gerade auch im Interesse jener, die über große Vermögen verfügen.

## Keine neue Idee

Meine erste Publikation zum Thema Schuldenschnitt erschien 2011 unter dem Titel *Back to Mesopotamia (Zurück nach Mesopotamien)*.[99] Mit dem Titel sollte daran erinnert werden, dass die Situation, in der wir uns heute befinden, nur für uns selbst neu ist. Schuldenkrisen gehören zum festen Bestandteil der Menschheitsgeschichte.

Das Problem der Überschuldung ganzer Volkswirtschaften gibt es seit den frühesten Kulturen der Menschheit. Auch im vorantiken Mesopotamien 3000 Jahre vor Christus trat es bereits auf. Auch dort gab es Kreditverträge und es wird vermutet, dass die Keilschrift erfunden wurde, um diese Verträge auf Tontafeln zu dokumentieren. Sobald der Kreditnehmer seine Schuld getilgt hatte, wurden die Tontafeln zerbrochen. Im Codex Hammurabi, einer zwei Meter hohen Basaltsäule aus der Zeit um 1700 vor Christus, regeln 280 Paragrafen eine Vielzahl von Gesetzesfragen, darunter die Themen Eigentum, Kredit und Besicherung.

Wie in allen Gesellschaften, die mit Kredit operieren, kam es auch in Mesopotamien zu regelmäßigen Überschuldungskrisen. Angesichts der Geschichten über das Land und die Stadt Babylon – man denke an den Turmbau zu Babel – darf davon ausgegangen werden, dass auch der Staat Schulden gemacht hat. Zur Lösung der Überschuldungssituation – und einer damit einhergehenden Konzentration von Vermögen – besann man sich auf das Instrument des Schuldenschnitts. Vermutlich wurde bereits zwischen 3000 und 2400 vor Christus von dieser »Schuldentilgung« Gebrauch gemacht. Dabei orientierte man sich am Umlauf des Planeten Saturn, der nach damaligen Berechnungen 30 Jahre benötigte, um die Sonne zu umrunden.[100]

Alle 30 Jahre war ein »Jubeljahr«.[101] Die Tontafeln wurden zerbrochen, es kam zu einem völligen »Neustart« des Systems. In der Folge verkürzte sich der Rhythmus der Schuldenschnitte erheblich. Dies dürfte an zweierlei Gründen gelegen haben. Die Schuldner nahmen mit Aussicht auf einen Erlass zügellos Kredite auf, von denen sie wussten, dass sie diese nicht würden bedienen können. Die Gläubiger erhöhten mit Blick auf die drohende Enteignung die Zinsen. Beides zusammengenommen führt naturgemäß schneller in die Überschuldung.

Die Herrscher Mesopotamiens führten Schuldenschnitte sicherlich nicht aus Nächstenliebe durch. Vielmehr ging es darum, soziale Konflikte zu entschärfen. Schließlich gibt es immer mehr Schuldner als Gläubiger.

Dies steht auch hinter den heutigen Überlegungen, die Krise durch eine »Restrukturierung« der Schulden zu lösen. Auch damit ist eine Beteiligung der Gläubiger gemeint. Wie ernst die Lage ist, erkennt man auch daran, dass auch die Beratungsfirma McKinsey in Vermögensabgaben und Schuldenschnitten einen Weg sieht, um die außer Kontrolle geratene Verschuldung in den Griff zu bekommen.

> Das Eingeständnis, dass zu hohe Kredite schlicht nicht wie geplant zurückgezahlt werden können, gilt für viele Länder der Eurozone und der Welt. Ohne Schuldenschnitte wird nicht nur die Eurozone nur schwer zu alter wirtschaftlicher Stärke zurückfinden.[102]

Der hellgraue Teil der Balken in Abbildung 7 zeigt das erwartete Wachstum, der dunkelgraue Teil das zusätzliche Wachstum, das erforderlich ist, um einen weiteren Anstieg der Schuldenquoten zu verhindern. Im rechten Teil der Abbildung ist (zur Erinnerung) die offiziell ausgewiesene Verschuldung der Staaten wiedergegeben. Wie wir wissen, ist die Verschuldung in Wahrheit noch höher, bedingt durch ungedeckte Versprechen für Renten, Pensionen und Gesundheitsleistungen.

Wie man sieht, haben offensichtlich viele Staaten ein Problem. Die Angaben zu Griechenland sind mittlerweile veraltet. Zum Zeit-

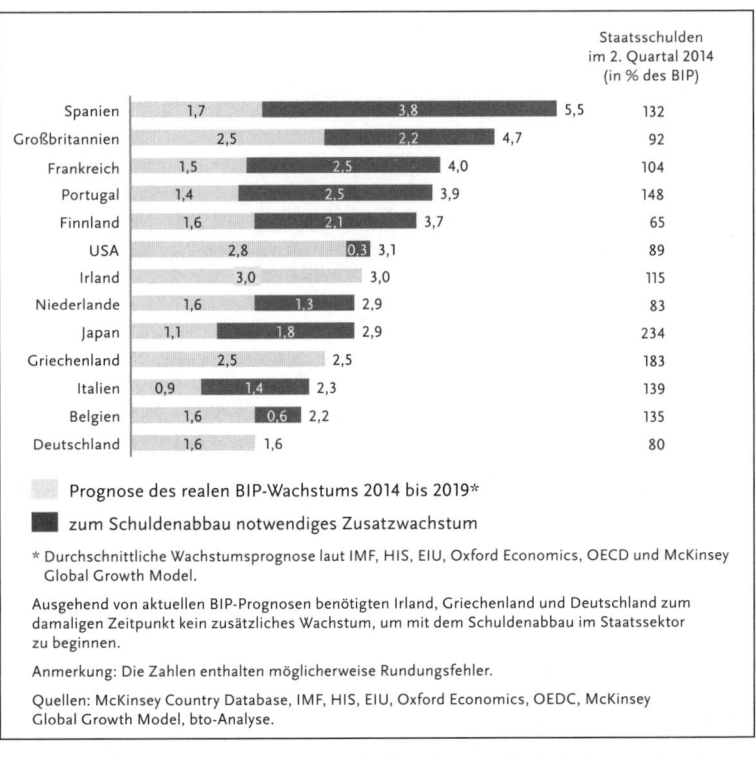

| | | Staatsschulden im 2. Quartal 2014 (in % des BIP) |
|---|---|---|
| Spanien | 1,7    3,8   5,5 | 132 |
| Großbritannien | 2,5   2,2   4,7 | 92 |
| Frankreich | 1,5   2,5   4,0 | 104 |
| Portugal | 1,4   2,5   3,9 | 148 |
| Finnland | 1,6   2,1   3,7 | 65 |
| USA | 2,8   0,3   3,1 | 89 |
| Irland | 3,0   3,0 | 115 |
| Niederlande | 1,6   1,3   2,9 | 83 |
| Japan | 1,1   1,8   2,9 | 234 |
| Griechenland | 2,5   2,5 | 183 |
| Italien | 0,9   1,4   2,3 | 139 |
| Belgien | 1,6   0,6   2,2 | 135 |
| Deutschland | 1,6   1,6 | 80 |

Prognose des realen BIP-Wachstums 2014 bis 2019*

zum Schuldenabbau notwendiges Zusatzwachstum

* Durchschnittliche Wachstumsprognose laut IMF, HIS, EIU, Oxford Economics, OECD und McKinsey Global Growth Model.

Ausgehend von aktuellen BIP-Prognosen benötigten Irland, Griechenland und Deutschland zum damaligen Zeitpunkt kein zusätzliches Wachstum, um mit dem Schuldenabbau im Staatssektor zu beginnen.

Anmerkung: Die Zahlen enthalten möglicherweise Rundungsfehler.

Quellen: McKinsey Country Database, IMF, HIS, EIU, Oxford Economics, OEDC, McKinsey Global Growth Model, bto-Analyse.

Abbildung 7: Zur Stabilisierung der Schuldenquote erforderliches Realwachstum der Wirtschaft

punkt der McKinsey-Studie, vor dem Wahlsieg von Syriza, befand sich die Wirtschaft auf Erholungskurs und die tatsächliche Belastung des Staates durch Zinszahlungen war dank bereits erfolgter erheblicher Zugeständnisse gering. Es hätte genügt, diesen Kurs fortzusetzen. Im Frühjahr stürzte die griechische Wirtschaft in eine tiefe Rezession, was die Zahlen zur Makulatur machte.

Die Wirtschaft Spaniens müsste dreimal so hohe Wachstumsraten erreichen. Diejenigen Frankreichs, Italiens, und Portugals müssten ebenfalls deutlich zulegen. Das ist jedoch unrealistisch. Ohne einen Schuldenschnitt werden die Länder ihre Schulden nicht in den Griff bekommen. Hinzu kommt eine sehr hohe Privatverschuldung als Folge des Immobilien- und Konsumbooms. Ausnahme ist Italien, denn dort sind die privaten Haushalte vergleichsweise gering verschuldet. Ohne Schuldenschnitte bleiben die Länder in der Rezession gefangen.

## So könnte man es machen

Zunächst die gute Nachricht. Es ist nicht erforderlich, alle Schulden und Forderungen auf null abzuschreiben. Unser »Jubeljahr« wäre auch dann ein solches, wenn der Anteil der Schulden abgebaut würde, der ohnehin nicht mehr einbringlich ist. Die Hürde könnte bei 180 Prozent Schulden (gemessen am BIP) von Staaten, privaten Haushalten und Nicht-Finanzunternehmen liegen, wie wir bereits abgeleitet haben.[103] Die faulen Schulden in der Eurozone lägen demnach bei rund 5 Billionen Euro. Nehmen wir an, dass ein guter Teil dieser Schulden durch (inflationär überbewertete) Vermögenswerte gedeckt ist, so gelangen wir zu einem Volumen von 3 Billionen Euro.

Einige Staaten könnte ihr Schuldenproblem in der Tat durch eine einmalige Vermögensabgabe lösen. Italien ist ein Musterbeispiel dafür. Die Verschuldung des privaten Sektors ist relativ gering und die italienischen privaten Haushalte verfügen im Vergleich mit den deutschen über ein deutlich höheres Pro-Kopf-Vermögen.

Stellt man die Erträge einer 10-prozentigen Vermögensabgabe dem jeweiligen Überhang an staatlichen und privaten Schulden gegenüber, so wird offensichtlich, dass es vielen Ländern nicht gelingen würde, ihre Schuldenprobleme innerhalb der eigenen Grenzen zu lösen. Frankreich und Italien müssten die privaten Haushalte mit rund 20 Prozent belasten, die Niederlande, wo insbesondere die Hypothekenverschuldung sehr hoch ist, gar mit 30 Prozent.

In Ländern wie Irland, Griechenland, Spanien und Portugal ist es unrealistisch, den Schuldenüberhang über Vermögensabgaben zu lösen. Hier sind die privaten Haushalte ebenfalls hoch verschuldet und es wird nicht möglich sein, die Schuldenproblematik jeweils aus eigener Kraft zu lösen. Die Gläubiger der besagten Länder sitzen vor allem im Ausland, wie die jeweilige Nettoauslandsposition zeigt, der Saldo aus Forderungen an und Verbindlichkeiten gegenüber dem Ausland. Die Zahlen sind beeindruckend: Spanien war 2014 netto mit 94,5 Prozent des BIP im Ausland verschuldet, Irland mit 106,7 Prozent, Portugal mit 111,6 Prozent und Griechenland mit 121,9 Prozent.[104] Nur eine internationale Lösung kann diese Schuldenlast mindern. Deshalb kann in diesen Fällen ein Schuldenschnitt nur auf europäischer Ebene organisiert werden. Die Staaten müssten sich, wie bereits diskutiert, zusammensetzen und die Altlasten gemeinsam bereinigen. Ähnlich wie bei einer Unternehmensinsolvenz würden Teile der Schulden umstrukturiert oder erlassen werden.

## Vernünftig, aber unpopulär

»Vergebt die Schulden oder erntet den Hass der Schuldner«, titelte die *Financial Times* im Dezember 2014 und forderte einen groß angelegten Schuldenschnitt für die Eurozone.[105] Die Gläubiger sollten im eigenen Interesse auf Forderungen verzichten. Die Argumentation gilt heute noch genauso wie damals.

Mehr als acht Jahre nach dem Ausbruch der Krise herrscht Sparpolitik, die Wirtschaft stagniert, Deflation droht und die Schuldenquoten steigen weiter. Lagen die Staatsschulden in der Eurozone 2007 noch bei 66 Prozent, so kletterten sie bis 2013 auf 95 Prozent der Wirtschaftsleistung. Die Quoten für Italien, Irland, Portugal und Griechenland liegen deutlich über 100 Prozent. Obwohl die Schulden weiter wachsen, verschließen die Politiker die Augen vor der Tatsache, dass sie nicht mehr voll bedient werden können.

Dabei ist nur die Frage offen, welcher Teil der Schulden durch Inflation entwertet wird und welcher durch formale Schuldenrestrukturierung. In einem Umfeld der Überschuldung ist es, wie wir gleich sehen werden, sehr schwer, Inflation zu erzeugen.

Die einzige logische Antwort ist für die *Financial Times* der Erlass von Schulden. Im Wege steht hier eine überzogen moralische Vorstellung von Schuldnern als »Sündern« auf der einen und ehrenhaften Gläubigern auf der anderen Seite. In der Menschheitsgeschichte lag die moralische Verpflichtung bei Kreditverhältnissen übrigens meist beim Kreditgeber. Schon Aristoteles und Plato verhöhnten die Gläubiger, Dante platzierte sie im siebten Kreis der Hölle. Die katholische Kirche verbot die Kreditvergabe gegen Zins, was zum antisemitischen Stereotyp des jüdischen Geldverleihers führte. Noch heute gibt es im Islam ein Zinsverbot. Kredit und Zinsen haben in der Menschheitsgeschichte viel Unglück gebracht, weshalb man das Heil der Menschheit in deren Abschaffung sah.

Ab dem 16. Jahrhundert kam es zu einem Wandel. Auf Betreiben des Augsburger Kaufmanns Jakob Fugger hob der Papst das Zinsverbot auf. Seither haben sich die Gewichte zwischen Gläubigern und Schuldnern verschoben. Die Gläubiger haben die Moral auf ihrer Seite und die Schuldner sind diejenigen, die sich rechtfertigen müssen, wenn sie ihren Verpflichtungen nicht nachkommen.[106]

Diese Auffassung begegnet mir in meinen Diskussionen immer wieder. Natürlich haben einige Schuldner es zu wild getrieben, doch haben die Kreditgeber – also unsere Banken! – auch nicht richtig aufgepasst. Zu jedem dreisten Schuldner gehört ein gleichermaßen dummer Gläubiger.

Moralische Positionen helfen im Zustand der Überschuldung nicht, sondern verstärken die Krise und erhöhen damit den Betrag der uneinbringlichen Schulden. Deutschland selbst hat nach dem Zweiten Weltkrieg von einem großzügigen Schuldenerlass profitiert. Er war einer der Grundpfeiler des Wirtschaftswunders. Die Alliierten hatten aus den Fehlern von Versailles gelernt. Die Folge der heutigen Verweigerung Deutschlands, Ähnliches zu tun, ist der Aufstieg der radikaleren Kräfte in Europa: vom Front National in Frankreich bis zu Syriza in Griechenland. Die politischen Folgen könnten erschütternd sein, so die *Financial Times*. Das denke ich auch. Ein Schuldenschnitt wäre in unser aller Interesse.

Ob er kommt? Ich halte es für unwahrscheinlich. Den dafür erforderlichen Mut dürften die Politiker nicht aufbringen.

> Gerade die deutsche Regierung müsste den Wählern offen gestehen, dass der Euro eben keine Erfolgsgeschichte für Deutschland ist, sondern mit erheblichen Kosten verbunden ist, die von allen Steuerzahlern getragen werden müssen.

Hinzu kommt, dass ein solcher Schuldenschnitt zunächst nur die offizielle Verschuldung betrifft. Zugleich wären die inoffiziellen Schulden anzugehen. Damit würde offensichtlich, wie sehr wir in den letzten Jahrzehnten über unsere Verhältnisse gelebt haben. Aus der wohl berechtigten Angst vor der Rache der Wähler wird jeder Politiker hier lieber weiter auf Zeit spielen – um den Schaden für sich selbst zu vermeiden – und damit den Schaden für uns alle vergrößern.

Deshalb wird die Politik weiter versuchen, das Problem über die EZB zu lösen – mit hohem Risiko (es dauert, was die politischen Gefahren vergrößert, und vielleicht geht es ja doch nicht), ohne Gegenleistung (bei einem offenen Schuldenerlass bekommt man wenigstens Reformen als Gegenleistung) und ohne Goodwill bei den Bevölkerungen der Krisenländer. Wir werden in Deutschland am Ende nicht nur mehr zahlen, sondern dafür auch noch unbeliebt sein.

Wie genau die Lösung über die EZB aussehen könnte und vor allem welche Konsequenzen zu erwarten wären, das beschäftigt uns im nächsten Kapitel.

# DIE NOTENBANKEN SOLLEN ES RICHTEN

## Mahnende Worte aus Basel

Basel ist der Sitz der Bank für Internationalen Zahlungsausgleich (BIZ), gemeinhin als »Notenbank der Notenbanken« bezeichnet. Ursprünglich gegründet, um die deutschen Reparationszahlungen nach dem Ersten Weltkrieg abzuwickeln, veränderte sich die Rolle der Institution über die Jahrzehnte.[107] Heute werden hier die Regeln für die Banken der Welt gemacht und die Notenbankpolitik diskutiert.

Die BIZ sieht die derzeitige Geldpolitik sehr kritisch. Sie befürchtet erhebliche Konsequenzen für die Stabilität des Finanzsystems und die Realwirtschaft. So äußerte sich Hervé Hannoun, General Manager der BIZ, in einer Rede im November 2014 ungewöhnlich deutlich.[108]

Die Schulden haben nach Zahlen der BIZ in vielen Ländern einen Rekordstand erreicht und wachsen auch acht Jahre nach dem Beginn der Krise weiter. In den Industrieländern nahmen die Schulden außerhalb des Finanzsektors zwischen 1999 und 2014 von 212 Prozent auf 279 Prozent des BIP zu. Seit 2008 holen die Schwellenländer die Entwicklung nach, allen voran China (229 Prozent – mittlerweile wohl eher 250 Prozent) und Korea (220 Prozent). Dabei sind die Schulden eindeutig zu hoch. Dieses Problem wird von den Finanzmärkten nicht ausreichend wahrgenommen.

Zwar wurde das Finanzsystem seit 2009 stabilisiert, die tieferen Gründe für die hohen Schulden tastete man dabei jedoch nicht an. Dies liegt an der asymmetrischen Reaktion der Notenbanken, die im Zweifel immer die Zinsen senkten und sie danach nicht wieder ausreichend erhöhten. So lag der mit der sogenannten → Taylor-Regel berechnete »natürliche Zins« seit dem Jahr 2000 ständig über dem tatsächlichen Zinsniveau. Das Geld war also immer zu billig.

Der Versuch, dies auf die globalen Ungleichgewichte und die überschüssigen Ersparnisse zu schieben, wie es Larry Summers und viele andere tun, funktioniert nach Studien der BIZ nicht. Vielmehr hat es im gesamten Wirtschaftssystem eine Präferenz für Schulden anstelle von Eigenkapital gegeben. Genau dies haben wir in den ersten Kapiteln dieses Buches gesehen und genau dies ist die Ursache der Eiszeit.

Doch Hannoun beließ es nicht bei seiner Zustandsbeschreibung. Er ging auch auf die Möglichkeiten ein, den Schuldenüberhang loszuwerden. Seine Einschätzungen lauten wie folgt:

- Höheres Wirtschaftswachstum – unrealistisch.
- Zahlungsausfall/Schuldenrestrukturierung – unpopulär.
- Vermögensteuern – unpopulär.
- Überraschende Inflation – schwer zu kontrollieren.
- Finanzielle Repression – dauert zu lang.
- Verkauf von Staatsvermögen – bringt zu wenig ein.

Die Notenbanken stabilisieren den Schuldenberg durch noch billigeres Geld. Damit geben sie einen Anreiz zu noch höheren Schulden und fördern die Ungleichheit der Vermögensverteilung. Zentralbanken verlieren ihre Unabhängigkeit und können aus der Politik des billigen Geldes nicht mehr aussteigen.

Fazit der BIZ: Nur durch einen Schuldenabbau kommt man zu einer akzeptablen Lösung. Das wird auf Dauer das Wirtschaftswachstum belasten. Aber die Alternativen würden die Gesellschaften noch mehr belasten und hätten unabsehbare Folgen.

> Das unvermeidbare Deleveraging wird nur akzeptabel sein,
> wenn die Politiker gleichzeitig Maßnahmen gegen die unglei-
> che Vermögensverteilung treffen, so die BIZ.

## Schlechter Rat aus Basel?

Natürlich muss die BIZ sich Widerspruch gefallen lassen. So schrieb
der angesehene Chefökonom der *Financial Times* Martin Wolf eine
ziemlich harsche Kritik unter dem Titel *Schlechter Rat des Basler Jeremias*. Wobei er vermutlich vergaß, dass der Untergang Jerusalems
im Jahr 586 vor Christus, vor dem Jeremias jahrelang gewarnt hatte,
tatsächlich eintrat.[109]

Ganz im Unterschied zur BIZ sieht Wolf nur die Möglichkeit der
Fortsetzung der heutigen Politik – ergänzt um mehr Staatsschulden –, um die Krise zu bewältigen. Doch schauen wir uns seine Argumentation im Detail an.

Zunächst zu den Ursachen der Krise, die uns in die Eiszeit führt.
Die BIZ stellt den Finanzzyklus in den Mittelpunkt ihrer Überle-
gungen – ein Konzept, welches auf den Arbeiten des schwedischen
Ökonomen Knut Wicksell basiert. Die Kernidee ist so simpel wie
einleuchtend: Sind die Zinsen zu niedrig, so führt das zu einem
Verschuldungsboom mit steigenden Vermögenswerten. Damit sind
Schulden und Geld nicht unabhängig von der Wirtschaft, sondern
werden durch diese erzeugt, was wir bereits gesehen haben.

»Die Finanzzyklen unterscheiden sich von den Konjunkturzyklen.
Sie bilden die Dynamik der Wechselwirkungen ab, die finanzielle Auf-
und Abschwünge auslösen – Wechselwirkungen zwischen den Bewertungen, dem geschätzten und dem tatsächlich eingegangenen Risiko
sowie den jeweiligen Finanzierungsbedingungen. Finanzzyklen sind
tendenziell deutlich länger als Konjunkturzyklen und lassen sich am

besten durch eine Kombination aus Kreditaggregaten und Immobilienpreisen messen. Produktion und die Finanzvariablen können sich lange Zeit in unterschiedliche Richtungen entwickeln, doch wenn ein Finanzboom endet, stellt sich der Zusammenhang zwischen den beiden in der Regel umso stärker wieder her. In solchen Abschwüngen kommt es oft zu Bankenkrisen, die wiederum zumeist mit viel tieferen Rezessionen – Bilanzrezessionen – zusammenfallen als in einem durchschnittlichen Konjunkturzyklus üblich.«[110]

Wenn der Boom der Verschuldung zum Ende kommt – und das muss er unweigerlich irgendwann einmal, weil Schulden trotz aller Bemühungen der Politik eben nicht dauerhaft schneller wachsen können als das Einkommen –, folgt die Krise. Die mit ihr verbundene »Bilanzrezession« zwingt die Kreditnehmer, ihre Bilanzen in Ordnung zu bringen – zu sparen, ihre Schulden zurückzuzahlen und/oder pleitezugehen. Im Durchschnitt dauern diese Zyklen – so die BIZ –15 bis 20 Jahre.

Martin Wolf teilt diese Sicht und auch ich kann sie nur unterschreiben. Dies ist der Kern des Problems.

Wo stehen wir heute? Im achten Jahr der Krise bleibt das Wachstum schwach, die Schulden steigen weiter und die Politik des billigen Geldes führt zu Exzessen an den Finanzmärkten. Die BIZ: »Eine hohe Verschuldung des privaten Sektors kann nachhaltiges Wirtschaftswachstum untergraben. In vielen Ländern, die gegenwärtig einen Finanzboom erleben, sind die privaten Haushalte und Unternehmen geschwächt und es drohen schwerwiegende finanzielle und gesamtwirtschaftliche Anspannungen. Auch in den Ländern, die von der Krise am stärksten betroffen waren, sind die Schuldenstände des privaten Sektors im Vergleich zum BIP immer noch hoch, wodurch die privaten Haushalte und Unternehmen gegenüber einem Zinsanstieg anfällig sind. Diese Länder könnten sich in einer Schuldenfalle befinden: Eine Ankurbelung der Wirtschaft durch niedrige Zinssätze schafft Anreize für eine noch stärkere Verschuldung und verschärft schließlich das Problem, anstatt es zu lösen.«[111] Ich würde auf den Konjunktiv im einleitenden Teil des

Schlusssatzes verzichten und stattdessen schreiben: Diese Länder *befinden* sich in einer Schuldenfalle.

Auch diese Sicht auf den Zustand der Wirtschaft und die Nebenwirkungen auf den Finanzmärkten teilt Martin Wolf.

Was sollte getan werden? Die BIZ fordert eine Abkehr von der kurzfristig orientierten Politik, fundamentale Reformen und letztlich eine Schuldenrestrukturierung. Martin Wolf hält diese Sicht für »alttestamentarisch«. Ihr zu folgen würde bedeuten, schwere Verwerfungen hervorzurufen und den von der BIZ aus seiner Sicht unterschätzten Deflationsdruck zu verstärken. Im Ergebnis würden die Schulden relativ zum Einkommen dann noch schneller wachsen.

Wolf ist der Ansicht, die Forderung nach einer Reduzierung der Stützungsaktionen durch die Geldpolitik und den Staat sei nichts als »dumm«. Die dadurch ausgelöste Krise mit fallenden Preisen würde die Schulden weiter anwachsen lassen. Massiv gesteigerte Staatsausgaben seien das einzige Mittel.

Ohnehin wird die Politik nicht der Forderung der BIZ folgen. Insofern braucht sich Martin Wolf keine Sorgen zu machen. Allerdings bleibt auch er die Antwort schuldig, wie es weitergehen soll. Denn immer mehr Schulden, wie in Japan, kaufen nur Zeit, lösen das Problem aber nicht.

> Die BIZ hätte ausdrücklich sagen müssen, dass es ohne Schuldenschnitte nicht geht. Und Wolf hätte dies ebenfalls tun müssen. Stattdessen hofft er auf eine Erhöhung der Dosis!

## Erhebliche Nebenwirkungen

Passend dazu warnt die andere große Institution der Weltwirtschaft, der → Internationale Währungsfonds (IWF), vor schwächerem Wirtschaftswachstum und Deflation, also vor der Eiszeit. Nur mit einer weiterhin aggressiven Geldpolitik und mehr staatlichen Infrastrukturausgaben, sofern diese gut geplant seien, lasse sich demnach die Eiszeit noch verhindern.[112]

Hier prallen zwei Argumentationslinien aufeinander. Für den IWF müssen die Notenbanken nur auf die Inflation schauen und, wenn diese gering ausfällt, eine möglichst großzügige Geldpolitik betreiben. Wirkungen auf die Märkte für Vermögenswerte sind dabei irrelevant, weil man diese ohnehin nicht beeinflussen kann. Wenn man hier etwas machen wolle, sollte man dies auf anderen Wegen versuchen, zum Beispiel durch höhere Eigenkapitalanforderungen beim Immobilienkauf. Dies nennen die Volkswirte »makroprudenzielle Steuerung«.

Für die BIZ sind die Notenbanken auch für die Finanzmarktstabilität verantwortlich und müssen das Entstehen von Blasen schon im Ansatz verhindern. Deshalb muss die Geldpolitik restriktiver werden, wenn sich Ungleichgewichte abzeichnen. Das Vertrauen der BIZ in die Wirksamkeit von Regulierungen zur Sicherung der Finanzstabilität ist seit Langem gering. »Ein Argument lautet, dass Regulierungen Ausweichreaktionen erzeugen: Wer Banken hoch reguliert, damit sie weniger Risiken übernehmen, schafft damit nicht die Risiken ab, sondern verlagert sie auf andere Finanzhäuser, die weniger stark reguliert sind (›Schattenbanken‹). Umgekehrt hält die BIZ den Leitzins für ein geeignetes Instrument gegen potenziell gefährliche Exzesse in der Kreditvergabe, da man ihm nicht ausweichen kann. Schon kleine Zinserhöhungen reichten aus, um die Kreditvergabe zu bremsen.«[113]

Studien unterstützen eindeutig die Position der BIZ, beispielsweise die der Wirtschaftswissenschaftler Oscar Jorda, Moritz Schularick und Alan Taylor, die Immobilien- und Aktienblasen in einem Betrachtungszeitraum von mehr als 140 Jahren analysiert haben. Den Autoren zufolge am gefährlichsten sind kreditfinanzierte Immobilienbooms, am harmlosesten eigenkapitalfinanzierte Aktienblasen. Zu bedenken ist bei diesem Befund, dass Aktienbesitz viel weniger verbreitet ist als Immobilienbesitz.[114]

In einer anderen Studie betrachten Markus Brunnermeier von der Universität Princeton und Isabel Schnabel von der Universität Mainz 400 Jahre Finanzblasen mit Tulpen, Land, Immobilien, Derivaten oder Aktien. Ergebnis: Immer hat hohe Verschuldung eine Rolle gespielt.[115]

Diese Studien überraschen nicht. Es macht einen Unterschied, ob bei Blasen an den Finanzmärkten auf Kredit spekuliert wird oder nicht. Wenn Kredit im Spiel ist, geht es leichter nach oben, weil die Nachfrage deutlich schneller wächst und größer wird. Danach geht es umso schneller nach unten, weil der Verkaufsdruck viel höher ist. Verfallende Vermögenspreise bringen Schuldner unter Druck: Sie müssen verkaufen und woanders Liquidität besorgen. Der Einbruch ist stärker. Nur wer mit Eigenkapital finanziert, kann Preiseinbrüche aussitzen.

> Meine diesbezügliche Regel ist einfach: Solange die Preissteigerung des auf Kredit gekauften Objekts über den Finanzierungskosten liegt, ist alles in Ordnung. Sobald sich die Relation umkehrt, droht ein Crash.

Damit liegt die Verantwortung eindeutig bei den Zentralbanken. Gehen Spekulationsblasen mit neuen Schulden einher, so müssten sie gegensteuern. In der idealen Welt würden sie Aktien auf einem vernünftigen Bewertungsniveau kaufen und bei Anzeichen der Überbewertung verkaufen. Das ist natürlich nur Theorie. Denn Notenbanken dürften nicht sonderlich kompetent sein bei der Bewertung von Märkten. Der entscheidende Punkt ist der Kredit.

Wie sehr die Notenbanken schon in die Falle getappt sind, sah man im Sommer 2015 an allen Finanzmärkten. 30 Prozent der ausstehenden Staatsanleihen in der Eurozone – immerhin ein Volumen von 2 Billionen Euro – notierten zu diesem Zeitpunkt mit einem negativen Zins. In Deutschland waren es 70 Prozent, in

Frankreich 50 und in Spanien immerhin 17 Prozent. Dabei ist es nicht die wirtschaftliche Erholung, die das Vertrauen in die Anleihen stärkt, sondern das Gegenteil. Die Welt ist abhängig wie nie zuvor von immer mehr Schulden, um ausreichend Nachfrage zu schaffen. Das kann nur gut gehen, solange die Zinsen nicht steigen. Sollten sie steigen, so würde dies erhebliche Verwerfungen nicht nur an den Vermögensmärkten nach sich ziehen. Die ohnehin schon lange insolventen Schuldner würden zum Offenbarungseid gezwungen.

Natürlich wäre das mathematisch zwangsläufig der Fall. Wenn aber die Notenbank, die bekanntlich unbegrenzt eigenes Geld herstellen und nach der Auffassung einer wachsenden Zahl von Experten nie pleitegehen kann, alles aufkauft, wie sollen dann die Zinsen steigen? Das ist die Wette, die derzeit an den Finanzmärkten läuft. Die Welt wäre gefangen in einer Situation mit niedrigen Zinsen – und der Eiszeit. Denn die Notenbanken können den Patienten Weltwirtschaft am Leben erhalten, jedoch nicht heilen. Zumindest nicht mit der bisherigen Politik.

William White, der als Chefvolkswirt der BIZ frühzeitig vor der Krise gewarnt hat, bleibt auch nach seinem Ausscheiden ein kritischer Beobachter der Geldpolitik. Wie weitsichtig er ist, zeigt sich an seinem bereits 2012 erschienenen Aufsatz zur Wirkung expansiver Geldpolitik. Laut White bewirkt sie:[116]

- *Geringere Anreize für Haushaltsdisziplin.* Die Zentralbanken haben den Schuldnern Zeit verschafft. Zumindest kurzfristig erscheinen die riesigen Defizite weniger problematisch. Dies stimmt: Kein Staat spart wirklich, wie wir gesehen haben. Zugleich können die Zentralbanken die Zinsen nicht erhöhen, ohne eine Welle an Pleiten auszulösen.
- *Vermögenspreisinflation.* Die Aktienmärkte in den westlichen Ländern werden hoch bewertet. Niedrige Zinsen in den Industrieländern führen zu Ansteckungseffekten in den Schwellenländern, weil niedrige Kreditkosten in den wichtigen Währungen der Welt

die Anleger dazu bringen, US-Dollar oder Euro aufzunehmen und in Ländern mit höheren Zinsen zu investieren. Dies kann zu neuen Vermögenspreisblasen führen. Genau dieser Effekt ist eingetreten. Die Verschuldung in den Schwellenländern ist explodiert und im Jahr 2015 zeigten sich bereits die ersten Probleme.

- *Entstehung von Zombie-Banken und -Unternehmen.* Sehr niedrige Zinsen verhindern in der Realwirtschaft eine schöpferische Zerstörung. Wie in Japan in den 1990er-Jahren ermöglicht ein Zinsniveau von null, dass Unternehmen mit geringer Rentabilität überleben und Banken potenziell notleidende Kredite unendlich verlängern. Sie haben ein starkes Interesse am Überleben der Unternehmen, um Kreditforderungen nicht abschreiben zu müssen. Auch dies hat sich bewahrheitet: In den Krisenländern Europas liegt die Zahl der Unternehmensinsolvenzen auf einem angesichts der Wirtschaftslage und verglichen mit den Zahlen in Deutschland tiefen Niveau.[117] Dies ist ein Zeichen dafür, dass die Banken lieber Kredite stehen lassen, als die Verluste zu realisieren. Die so am Leben erhaltenen Unternehmen investieren nicht und hemmen so letztlich die Erneuerung der Wirtschaft. Damit verstärkt sich die Eiszeit.

- *Aufkommen gesellschaftlicher Unzufriedenheit.* Eine ultralockere Geldpolitik zieht die Sparer in Mitleidenschaft und führt zu gesellschaftlicher Unzufriedenheit. Umsichtige Sparer müssen negative reale Renditen hinnehmen, während Spekulanten, die Fremdkapital einsetzen, vom lockeren Geld profitieren. Auch dies trifft zu, wie die Diskussion um das Buch von Thomas Piketty belegt.

Die Geldpolitik treibt damit die Realwirtschaft immer weiter in das Eiszeit-Szenario. Der Schuldenüberhang wird nicht bereinigt, die Zinsen sinken immer mehr ab, der Prozess der wirtschaftlichen Erneuerung wird verhindert. Zugleich steigert sie das Risiko eines Unfalls, weil neue Ungleichgewichte entstehen und die Bewertungen an den Finanzmärkten aus dem Ruder laufen. Wie sehr, das werden wir sehen, wenn wir uns mit den Konsequenzen für die Kapitalanlage beschäftigen.

## Kampf der Deflation

Unterstützer der Politik der Zentralbanken verweisen immer wieder auf die Gefahr einer Deflation, also fallender Preise. Die Darstellung des Eiszeit-Szenarios hat gezeigt, dass fallende Preise bei einer stagnierenden Wirtschaft in der Tat zu einer dauerhaften Stagnation und vor allem zu unkontrollierbaren Schuldenlasten führen. Es ist dann nur eine Frage der Zeit, bis es zu Pleiten und Chaos kommt, wenn die Politik den Weg der offenen Restrukturierung der Schulden weiterhin scheut.

Dabei wissen wir, dass die Überschuldung als solche, gepaart mit den im Boom geschaffenen Überkapazitäten, einen deflationären Druck ausübt. Um diesen zu mindern und idealerweise in eine Inflation umzukehren, welche die Schuldenlast deutlich senken würde, sind die Notenbanken so aktiv. Dabei ist es erstaunlich, dass sowohl Befürworter wie Gegner der Notenbankpolitik davon ausgehen, dass es die Notenbanken in der Hand haben, Inflation zu erzeugen. Bereits im Jahr 2003 hat der spätere US-Notenbankpräsident Ben Bernanke in einer Rede betont, dass die Notenbank nur genug Geld drucken müsse, um eine Deflation zu vermeiden.

Doch stimmt das wirklich? Seit sieben Jahren bekämpfen die Notenbanken der westlichen Welt die Finanz- und Wirtschaftskrise. Alle haben ihre Bilanzen massiv ausgeweitet. Doch nirgendwo ist das Preisniveau nennenswert gestiegen. In Europa nicht, in den USA nicht, in Japan nicht. Nur in England scheint das mit der Inflation zu klappen. Schaut man genauer hin, so wird klar, dass nur in England das Volumen der Kredite an die Realwirtschaft deutlich wächst.

Damit ist auch die Hauptvoraussetzung für Inflation klar: wachsende Kredite. Ohne diese ist Inflation nicht möglich. Wenn nun aber alle sparen, also versuchen, bestehende Schulden abzutragen, ist Deflation das Thema, nicht Inflation.

Billiges Geld hilft nur dann, wenn die potenziellen Schuldner noch über beleihbares Eigenkapital verfügen und auch bereit sind, dieses Eigentum zu beleihen, weil sie attraktive Investitionsmöglichkeiten sehen. In einer Rezession sehen Unternehmen keine solchen Möglichkeiten und private Haushalte werden sich ebenfalls mit Käufen auf Kredit zurückhalten, wenn Arbeitslosigkeit droht und die Preise kaum steigen. Kein Grund zur Eile. Einige Beobachter gehen gar so weit, zu sagen, dass die niedrigen Zinsen als solche deflationär wirken, signalisieren sie doch Investoren geringe zu erwartende Renditen und zwingen die Sparer dazu, mehr zu sparen, um für ihr Alter vorzusorgen.

Der Ruf nach und wie die Angst vor mehr Zentralbankintervention sind irrelevant. Die Geldpolitik ist in einem Umfeld der Überschuldung wirkungslos.

Alles, was sie erreichen kann, sind weitere Blasen in einzelnen Vermögenswerten, deren Platzen die Wirtschaft in erneute Krisen und damit in noch größere Deflationsgefahr stürzt – siehe die Schwellenländer heute. Damit würde die Geldpolitik das befördern, was sie eigentlich zu verhindern trachtet.

Folgt man dieser Argumentation, so wird klar, dass die Notenbanken alleine eben eine Deflation nicht verhindern können. Es fehlt der Kreditnehmer, der bereit ist, mehr Schulden zu machen und damit die Nachfrage anzuheizen. Der Ruf nach aggressiver

Geldpolitik – gerade in Europa – mag erhört werden. Aber er alleine wird keine Deflation verhindern.

Wer das möchte, muss zusätzlich nach aggressiver Neuverschuldung rufen. Und diese kann nur vom Staat ausgehen. Nur dieser kann sich ohne Rücksicht auf die eigentlichen Schuldner seiner Verbindlichkeiten – die Steuerzahler – in weitere Schulden stürzen, dann direkt finanziert von den Notenbanken. Aus diesem Grund wachsen auch die Forderungen nach einer direkten Finanzierung der Staaten durch die Notenbank zur Finanzierung von Infrastrukturprogrammen. Und eine Lösung für die dann noch höheren Schulden der Staaten haben die Befürworter auch gleich parat.

## Monetarisierung: Rettung oder Desaster?

Geldpolitik alleine wirkt nicht, deshalb muss man die Rezeptur ändern. Dies ist zumindest die Auffassung Adair Turners, des früheren Chefs der britischen Finanzmarktaufsicht.[118] Ausgehend von einer zutreffenden Analyse der Ausgangslage gelangt Turner zu dem Schluss, dass die Notenbanken die Staaten direkt finanzieren sollten. Dabei sieht er das Eiszeit-Szenario ganz deutlich. Die Überschuldung der westlichen Welt kann mit der Politik des billigen Geldes nicht gelöst werden. Die Nebenwirkungen sind gefährlich. Je schneller sich die Zinsen wieder normalisieren, desto besser.

Wer das will, der muss die Nachfrage stärken.

> Da die Staaten bereits hoch verschuldet sind, kann die Finanzierung zusätzlicher Nachfrage nur durch die Notenbank erfolgen, die dabei unmissverständlich erklären muss, dass sie das Geld nie zurückfordert. Die Notenbank schafft also keine zusätzlichen Schulden, sondern verteilt Geschenke.

Unter diesen Prämissen würde die Wirtschaft stärker wachsen oder das Preisniveau würde steigen. Dann könnten auch die Zinsen wieder steigen. Zusätzlich sollten die Staatsschulden, die bereits in den Bilanzen der Notenbanken stehen, annulliert werden. Damit würden vergangene Schulden beseitigt und zugleich die Konjunktur belebt. Die Ökonomen sprechen bei diesem Vorgang von »Monetarisierung«.

Aus Turners Sicht spricht dagegen nichts – außer der Sorge, dass die direkte Staatsfinanzierung dann zu sehr in Anspruch genommen wird. Nichtsdestoweniger sei die direkte Monetarisierung von Schulden in einigen Ländern wie Japan unumgänglich, auch wenn die Verantwortlichen dies noch leugneten.

Japan wird nach dieser Einschätzung niemals in der Lage sein, seine Schulden ordentlich zurückzuzahlen. Das Gleiche gilt meines Erachtens für Europa und die USA.

Eine weitere Variante direkter Finanzierung von Staatsausgaben ist das »Helikopter-Geld«. Dieses Bild stammt von dem verstorbenen Nobelpreisträger Milton Friedman, der für den Fall einer anhaltenden Nachfrageschwäche angeregt hatte, Banknoten vom Helikopter abzuwerfen, um so die Wirtschaft zu beleben. Hinter diesem Modell steht die folgende Erkenntnis: In einer Situation, in der Banken keine Kredite mehr vergeben können (weil sie schon zu viele faule Kredite in den Büchern haben) oder wollen (weil die Schuldner nicht kreditwürdig genug sind) und die potenziellen Schuldner keine Verschuldungskapazität und -bereitschaft haben, lässt sich die Wirtschaft nur durch direkte Finanzierung von Ausgaben beleben.

Genau in dieser Situation befinden wir uns heute. Erinnert sei an die faulen Schulden von mindestens 3 Billionen Euro in der Eurozone und den Kapitalbedarf europäischer Banken von mindestens 770 Milliarden Euro.

Frisches Geld nutzt jenen am meisten, die es als Erste bekommen. Diesen Effekt hat der irische Ökonom Richard Cantillon bereits im Jahr 1734 beschrieben. Zurzeit profitieren die Akteure an den Finanzmärkten und die Banken vom sogenannten Cantillon-Effekt: Sie können früher als andere Finanzvermögensobjekte nachfragen und auf diese Weise relativ risikolose Erträge erwirtschaften. Die Realwirtschaft profitiert davon jedenfalls nicht, wie wir beobachten können. Wäre es also nicht besser, stattdessen das frische Geld den Bürgern direkt zu geben?

Überschuldete Haushalte in den Krisenländern könnten das Geld zur Schuldentilgung verwenden, Haushalte ohne Schulden für mehr Konsum. Die Wirkung für die Realwirtschaft wäre in jedem Fall positiv.

Über welche Beträge sprechen wir? Bei rund 330 Millionen Einwohnern in der Eurozone und einem angenommenen Betrag an faulen Schulden von 3 Billionen Euro wären das immerhin fast 10 000 Euro pro Kopf. »Undenkbar!«, werden jetzt einige rufen, andere die fehlende »soziale Komponente« bemängeln. Doch ist es wirklich gerechter, das Geld dem Finanzsektor zu geben?

Das eigentliche Risiko ist ein anderes: Der Bevölkerung würde klar, dass in unserem Geldsystem Geld wahrlich aus dem Nichts geschaffen werden kann. Das Vertrauen könnte schwinden und es könnte eine Flucht aus dem Geld einsetzen. Dies gilt jedoch gleichermaßen für die Finanzierung der Staaten. Verliert die Bevölkerung das Vertrauen in Geld, so werden die Preise über Nacht in die Höhe schießen, weil niemand mehr Geld halten will.

Immer dann, wenn ich einen Volkswirt treffe, frage ich, welcher Meinung er zuneigt. Zu meinem Erstaunen können die meisten gar keine Einschätzung abgeben. Wir betreten wahrhaft Neuland. Da ich die Hoffnung auf eine offene Lösung der Schuldenproblematik aufgegeben habe, bin ich für das Experiment. Dann das Geld aber bitte direkt an die Bürger, nicht an die Regierungen.

## Die Notenbanken sind schon weit gegangen

In ihrem Bemühen, die Krise unter Kontrolle zu halten, sind die Notenbanken sehr weit gegangen. So hat die EZB ihre Grundsätze ordnungsmäßiger Geldpolitik schon lange über Bord geworfen.

Wie im zweiten Kapitel dieses Buches erläutert, ist der Kernaspekt unseres Wirtschaftssystems die Vergabe von Kredit und damit die Schaffung neuen Geldes gegen gute Sicherheit und ordentlichen Zins. Dies gilt in besonderem Maße für die Notenbank, die bekanntlich die Geldschöpfung der Banken nachträglich dadurch hinterlegt, dass sie von den Banken eingereichte Sicherheiten beleiht. Dies war die ursprüngliche Intention bei der Gründung der Notenbanken. Sie sollten die Refinanzierung des Bankensystems vor allem in Zeiten der Krise gewährleisten. Diese Refinanzierung sollte aber nur an solvente Banken zu einem hohen Strafzins und gegen die Hinterlegung qualitativ hochwertiger Sicherheiten erfolgen. Überschuldete Banken hingegen sollten nicht durch die Notenbank gerettet, sondern abgewickelt werden.

Das Ziel war die Verhinderung von Anstürmen auf die Banken, die das ganze Finanzsystem zum Einsturz bringen können. Als es im Frühjahr 2015 in Griechenland zu einer massiven Kapitalflucht und einem Bank-Run kam, war die EZB gefordert. Die Banken bekamen Notkredite, im Euroraum ELA (Emergency Liquidity Assistance) genannt. Die Besonderheit von ELA besteht darin, dass die Kredite gegen »nur lokal akzeptierte« Sicherheiten gewährt werden – gegen Sicherheiten also, die vor den Augen der EZB nicht bestehen würden. Nur solvente Banken, die sich in vorübergehenden Liquiditätsschwierigkeiten befinden, sollen sie erhalten, und zwar zu einem Zins von 1 bis 1,5 Prozentpunkten über dem Zins für reguläre Geldleihgeschäfte. Dies entspricht vordergründig der goldenen Regel Walter Bagehots, der schon 1873 sagte: Liquidität nur gegen gute Sicherheit und zu Strafzinsen, um einen Anreiz zu geben, Zahlungsschwierigkeiten vorzubeugen.

Das Problem heute: Die griechischen Banken waren zum Zeitpunkt der Notkredite ohne Zweifel insolvent. Eine wesentliche Eigenkapitalposition waren die Steuerguthaben beim griechischen Staat, der zweifellos pleite war und ist. Die Qualität der Sicherheiten war ebenfalls nicht gegeben. Die EZB selbst akzeptierte keine griechischen Staatsanleihen mehr, erlaubte jedoch, dass die griechische

Notenbank ELA-Kredite vergibt. Formal führt das nur zu einem Risiko für die griechische Notenbank, weil eine gesamtschuldnerische Haftung der Euro-Zentralbanken füreinander ausgeschlossen ist.

Genauso wie das Bail-out-Verbot dürfte diese Haftungsbeschränkung jedoch keinen Bestand haben. Wie schon bei der No-Bail-out-Klausel gehen die Kapitalmärkte davon aus, dass die Nichtbeistandsklausel der EZB nicht gilt. »Für sie ist klar, dass am Ende der Stärkste im Bunde haftet – nämlich die Europäische Gemeinschaft, allen voran Deutschland.«[119]

Zudem lässt sich die Nichthaftung in der Praxis nicht durchsetzen. Eine Banknote verrät durch nichts, ob ihr eine ordentliche Sicherheit zugrunde liegt. Alle 50-Euro-Scheine haben dieselbe Kaufkraft. Das Vertrauen der Bürger in das Geld kann nur gewahrt bleiben, wenn es mit werthaltigem Vermögen hinterlegt ist – also einer im Kern werthaltigen Forderung gegen einen Schuldner, der gute Sicherheiten bietet und gewillt ist, seinen Verpflichtungen dank eines Mehrprodukts nachzukommen. Genau das ist nicht mehr der Fall.

> »Die Vermögensbelastung und der Vermögenstransfer im Haftungsfall stellen in einer marktwirtschaftlichen Ökonomie die tragenden Steuerungs- und Disziplinierungsmechanismen dar. Sie treiben den Schuldner an, seinen Kredit zu tilgen, da er sonst sein verpfändetes Eigentum verliert. Schafft man diese Disziplinierungsmechanismen ab, wechselt man von einer ökonomischen in eine politische Steuerung.«[120]

Die Notenbanken sind weltweit sehr weit gegangen. Sie kaufen Wertpapiere mehr oder weniger guter Qualität. Sie finanzieren indirekt die Staatsausgaben, sie tolerieren die Vergabe von Krediten an eigentlich insolvente Schuldner. Sie tun also alles, um einen Kollaps des Finanzsystems zu verhindern. Lösen können sie die Überschuldungssituation jedoch nicht. Stattdessen heizen sie das Kreditwachstum weiter an. Damit führen sie uns weiter in die Eiszeit und erhöhen die Gefahr von Unfällen, wie bereits diskutiert. Entweder werden sich die Pleiten und Konkurse häufen oder aber die Bevölkerung verliert das Vertrauen in Geld.

Deflationäre Welle oder hyperinflationäre Geldentwertung, das also sind also die Pole, zwischen denen wir uns bewegen. Vorerst bleibt es bei unserem Kernszenario: der Eiszeit.

# GELDREFORM UND SCHULDENTILGUNG – ZWEI FLIEGEN MIT EINER KLAPPE?

## Revolution in Island?

Island hat anders auf die Finanzkrise reagiert als die Regierungen der Eurozone. Anstatt die Banken staatlicherseits zu retten, wurden die ausländischen Gläubiger von Anfang an zur Sanierung herangezogen. Das Land erholte sich in der Folge deutlich schneller von der Krise, was natürlich auch der Möglichkeit geschuldet war, die eigene Währung abzuwerten.

Doch damit nicht genug. Island ist auch im Hinblick auf die Aufbereitung der Ursachen der Krise weiter vorangeschritten. Zum einen wurden die verantwortlichen Banker vor Gericht gestellt und verurteilt, zum anderen wurde die Systemfrage gestellt. Ministerpräsident Sigmundur Davíð Gunnlaugsson beauftragte eine Kommission, einen Reformvorschlag für das isländische Geld- und Bankwesen vorzulegen. Der Vorschlag für »ein besseres Geldsystem für Island«[121] hat es in sich.

Die Grundidee ist, den Banken das Recht zur Geldschöpfung zu nehmen und allein der Notenbank zu überlassen. Ein solches Geldsystem nennt man »Sovereign Money«, auf Deutsch »Vollgeld«.

Im heutigen Geldsystem können Banken beliebig viel Geld aus dem Nichts schaffen. Wenn ein Kunde einen Kredit von seiner Bank bekommt, so leiht ihm die Bank nicht die vorhandenen Guthaben von Sparern aus, sondern schreibt ihm Geld auf dem Konto gut. Dies erfolgt gegen Sicherheiten, die der Kreditnehmer stellt. Damit wäre eine Begrenzung der Kredit- und Geldschöpfung durch das Vorhandensein ausreichender Sicherheiten gegeben.

Wie am Beginn dieses Buches gezeigt, funktioniert dies in der Praxis immer weniger. Zum einen arbeiten die Banken mit zu geringem Eigenkapital, weil sie von einer faktischen Rettungsgarantie von Staat und Zentralbank ausgehen. Zum anderen führt die zunehmende Verschuldung zum Zwecke des Kaufs vorhandener Vermögensobjekte zu immer weiter steigenden Vermögenswerten, die dann wiederum höher beliehen werden können. In der Folge kommt es zu Überschuldung, Finanzkrisen und Eiszeit.[122]

Nur ein Bruchteil des Geldes, welches im Umlauf ist, stammt von der Notenbank, also von der EZB oder der Federal Reserve in den USA. Der größte Teil des Geldes wurde von den Banken im Rahmen der Kreditgewährung geschaffen.

Seit der Aufhebung der letzten Bindung unseres Geldes an Gold in den 1970er-Jahren hat sich die Kredit- und damit Geldschöpfung immer mehr von der realwirtschaftlichen Entwicklung entfernt. Der isländische Bericht zählt in diesem Zeitraum 147 teils folgenschwere Bankenkrisen in 114 Ländern weltweit. Das Kreditwachstum lag und liegt um ein Vielfaches höher als das Wachstum der Wirtschaft.

Die Notenbanken können diesen Prozess der Geldschöpfung nur indirekt beeinflussen: durch die Bestimmung des Zinsniveaus und den Aufkauf von Wertpapieren.

Das steckt auch hinter dem heutigen Dilemma der EZB: So sehr sie sich auch bemüht, die Geldmenge (richtiger müsste man sagen »Kreditmenge«) zu steigern, es gelingt ihr nicht. Wenn die Banken nicht wollen oder wegen schwacher Bilanzen nicht können, kann die EZB wenig tun. Sie kann ihnen allenfalls die schlechten Aktiva abkaufen, damit sie wieder Raum haben für neue Kredite. Denn im bestehenden System der bankengesteuerten Geldschöpfung ist die Eigenkapitalquote – selbst wenn diese nur sehr gering sein muss – die letzte Bremse.

> Ist ein guter Teil des Eigenkapitals schon weg, weil die Kredite nicht mehr bedient werden, so kann die Bank keine weiteren Kredite mehr vergeben.

Genau deshalb werden alternative Wege der Geldpolitik so aktiv diskutiert, wie wir im letzten Kapitel gesehen haben.

## Bisherige Reformversuche greifen zu kurz

Allen Diskussionen zu einer Reform des Bankenwesens zum Trotz ist seit 2009 nichts Grundlegendes geschehen, um dieses System zu reformieren. Alle Maßnahmen dienen dazu, die Banken bei Beibehaltung des heutigen Systems weniger anfällig für Krisen zu machen. Dabei stößt die Regulierung an ihre Grenzen: Als infolge der Großen Depression in den 1930er-Jahren in den USA die Bankenregulierung durch den sogenannten Glass-Steagall-Act verschärft wurde, genügten dafür 37 Seiten. Die heutige Regulierung, der Dodd-Frank-Act, benötigt hingegen 848 Seiten für den Versuch, die Bankrisiken zu begrenzen. Inklusive Ausführungsbestimmungen wird er auf 30 000 Seiten geschätzt. Das ist ein deutlicher Beweis dafür, dass wir mit der Regulierung nicht in der Lage sind, die vielfältigen Ausweichreaktionen der Banken zu verhindern.[123]

Konsequent zu Ende gedacht, setzt eine wirkungsvolle Regulierung voraus, dass Banken bei Fehlmanagement pleitegehen können. Solange diese Voraussetzung nicht erfüllt ist, profitieren sie von der impliziten Garantie des Staates, im Zweifel doch wieder einzuspringen. Die bisherigen Bemühungen, einen geordneten Abwicklungsprozess für Banken in Europa einzuführen, gehen zwar in die richtige Richtung. Sie bleiben jedoch angesichts von 3 Billionen Euro an faulen Schulden in Europa immer nur ein Feigenblatt. Wenn es hart auf hart kommt, wird man doch die Steuerzahler zur Kasse bitten, um eine unkontrollierte Panik zu verhindern.

Es ist nicht das erste Mal in der Wirtschaftsgeschichte, dass eine Überschuldung in erheblichen wirtschaftlichen Schwierigkeiten mündet. Auf der Suche nach einem eleganten Weg entwickelten Henry Simons, Universität Chicago, und Irving Fisher, Universität Yale, im Jahr 1936 eine neue Idee: das Verbot der Geldschaffung durch die Geschäftsbanken. Die Banken dürften nur noch jenes Geld verleihen, welches als Einlagen in den Büchern steht. Diese Einlagen würden zu 100 Prozent von der Zentralbank zur Verfügung gestellt. Die beiden Professoren sahen darin eine Möglichkeit, das Geld- beziehungsweise Kreditwachstum einer Volkswirtschaft zu stabilisieren und Zyklen aus Boom und Krise zu verhindern.

## Lösung der Schuldenkrise?

Der zusätzliche Charme des Vorschlags liegt in der Möglichkeit, beim Übergang vom heutigen System zum System der völligen Zentralbankgelddeckung auch noch den lästigen Schuldenüberhang loszuwerden.

Wie das?

In einem ersten Schritt decken die Banken sämtliche Ausleihungen zu 100 Prozent mit Zentralbankgeld. Da sie das bisher nicht tun, müssen sie sich das dazu erforderliche Geld bei der Zentralbank leihen. Heute refinanziert die Zentralbank in Gestalt der Mindestreserve, welche die Banken bei ihr hinterlegen müssen, nur wenige Prozente der Ausleihungen der Banken. Im Rahmen des neuen Systems finanziert die Zentralbank stattdessen die Ausleihungen zu 100 Prozent. Die Folge ist eine erhebliche Verlängerung der Bilanzen des Bankensystems. Anschließend erfolgt eine Verrechnung mit den Forderungen der Banken gegen den Staat und damit eine Bilanzverkürzung.

Dies ist von der gleichen Logik getragen wie die Idee der Monetarisierung der Schulden, die wir im vorangegangenen Kapitel diskutiert haben. Da die Notenbank ohnehin dem Staat gehört, lassen sich Forderungen der Banken gegen den Staat und Verbindlichkeiten der Banken gegenüber der Notenbank gegeneinander verrechnen. Es kommt wieder zu einer Verkürzung der Bilanz. Darüber hinaus werden die privaten Schuldner entlastet. Der Staat ist nach der Umstellung schuldenfrei, der Privatsektor hat deutlich weniger Schulden.

Im Jahr 2012 haben zwei Forscher im Auftrag des IWF den Chicago-Plan mit den modernen Instrumenten der Ökonometrie modelliert.[124] Ihr Ergebnis lautet:

- Die Umstellung auf ein Vollgeldsystem würde funktionieren und der Nutzen sogar über den von Fisher und Kollegen erwarteten Werten liegen.
- Im Fall der USA würde eine teilweise Tilgung der privaten Schulden ermöglicht, da der Finanzsektor insgesamt Verbindlichkeiten von rund 200 Prozent des BIP hat. Gleiches gilt erst recht für Europa, da dort der Bankensektor noch stärker aufgebläht ist.
- Die Wirtschaftsleistung der USA würde um 10 Prozent zunehmen, ausgelöst durch geringere Realzinsen, eine geringere Besteuerung und geringere Kosten der Kreditüberwachung, weil weniger zweifelhafte Kredite vergeben werden würden.
- Es käme zu keinerlei Beeinträchtigung der Kernfunktion des Bankensektors: der effizienten Verteilung von Krediten.

Letztlich kann man sagen, dass es sich um eine »Monetarisierung« der bestehenden Schulden handelt. Dieser Prozess muss keineswegs inflationär wirken, da Inflation sich nur aus einer Mehrnachfrage und damit zusätzlichem Kreditwachstum ergibt.

Zwei Fliegen mit einer Klappe? Finanzsystem für die Zukunft stabilisiert und Schuldenproblem gelöst? Bekanntlich wurde der Plan der Professoren aus Chicago nicht umgesetzt. Zu groß war schon damals der Widerstand der Banken. Schließlich gibt es kein profitableres Geschäft als die Produktion von Geld. Die Kosten liegen bei fast null – wohingegen die Erträge erheblich sind.

## Zunehmende Unterstützung

Die Idee von Vollgeld und staatlichem Geldmonopol ist nicht neu. In der Vergangenheit fand sie prominente Befürworter wie Benjamin Franklin, David Ricardo, Thomas Jefferson und den Nobelpreisträger Milton Friedman. Heute sind es anerkannte Experten wie Adair Turner, der ehemalige Vorsitzende der englischen Finanzmarktaufsicht, Martin Wolf, Chefökonom der *Financial Times*, und Thomas Mayer, der ehemalige Chefvolkswirt der Deutschen Bank.

Wolf begründet seine Unterstützung folgendermaßen:[125] Das Bankwesen ist kein normales Geschäft, weil es zwei wichtige öffentliche Güter zur Verfügung stellt: Geld und Zahlungsverkehr. Die riskanten Geschäfte auf der Aktivseite der Bilanz werden mit den Einlagen/Forderungen auf der Passivseite finanziert, von denen die Öffentlichkeit denkt, sie seien sicher. Aus diesem Grund gibt es Notenbanken als Kreditgeber der letzten Instanz, staatliche Einlagensicherung und Regulierung. Dies bedeutet aber faktisch eine Subventionierung des Bankensektors und außerdem wegen der impliziten und expliziten Garantie von Staat und Zentralbank, rettend einzugreifen, eine übermäßige Risikoneigung.

Ein Mindestschritt zur Stabilisierung des Systems wären höhere Kapitalanforderungen, der Maximalschritt die Einführung von Vollgeld. Eine dritte Möglichkeit bestünde in einem Mittelweg: Der Staat alleine könnte sogenanntes Transaction Money schaffen, also Geld, das lediglich im Zahlungsverkehr genutzt wird. Dieses Geld würde bei Banken auf »Transaction Accounts« gehalten. Die Kunden würden die Banken für die Verwaltung dieser »Transaction Accounts«

bezahlen. Daneben gäbe es sogenannte Investment Accounts. Die Sparer könnten Geld von den »Transaction Accounts« auf die »Investment Accounts« übertragen. Nur die Bestände auf den »Investment Accounts« könnten die Banken zur Kreditvergabe nutzen. Die »Investment Accounts« würden verzinst, die Sparer würden dafür aber auch das Risiko von Verlusten eingehen.

Neues Geld könnte in einem solchen Modell nur von der Notenbank geschaffen werden – idealerweise völlig unbeeinflusst von der Politik. Im Kern ist dieses Modell eine Fortentwicklung der Vollgeldidee, die den Sparern klar macht, dass es einen Unterschied zwischen Geldanlage mit Risiko und Geldaufbewahrung ohne Risiko gibt.

Wolf kommt dann zu dem Schluss, dass die Idee zwar komplex wäre, aber praktikabel und wert, verfolgt zu werden. Ein solches Geldsystem wäre stabiler, es gäbe keine prozyklischen Kreditbooms mehr und keine Banken, die zu groß sind, um pleitezugehen. Auch die Gefahr einer Kreditknappheit sieht er nicht. Dienten doch nur 10 Prozent der ausstehenden Kredite produktiven Zwecken.

Thomas Mayer hat ein Buch zu dem Thema veröffentlicht: *Die neue Ordnung des Geldes. Warum wir eine Geldreform brauchen.* Darin fordert er eine Abkehr vom heutigen System und eine Beschränkung des Geldmengenwachstums, vor allem eine Einschränkung der Fähigkeit der Notenbanken, aber auch der Privatbanken, autonom Geld zu schaffen.

Die Lösung sieht Mayer im sogenannten Aktivgeld, welches dem hier vorgestellten Vollgeld entspricht. Dieses Geld basiert nicht auf einem Schuldverhältnis wie unser heutiges Geld, sondern wird von der Zentralbank direkt an die Bürger ausgegeben. »Auf den ersten Blick erzeugt hier die Zentralbank das Geld aus dem Nichts. Aber dieses ›Nichts‹ ist das Vertrauen der Bürger ins Geld. Die Aufgabe der Zentralbank ist es, das Vertrauen der Bürger in das Geld zu erhalten. Das setzt der Geldproduktion enge Grenzen. Diese Grenzen können im Wettbewerb mit anderen Geldemittenten gefunden werden. Denn der Wettbewerb diszipliniert die Geldemittenten, nicht zu viel Geld auszugeben. Sonst entwertet sich ihr Geld und die Bürger ersetzen es durch ein anderes.«[126]

»Die Geschäftsbanken machen wieder das, wofür sie ursprünglich einmal gegründet wurden: Sie bieten ihren Kunden sichere Einlagen an und vermitteln zwischen Sparern und Investoren. Dazu werden sie in Kredit- und Zahlungsabteilungen aufgespalten. (...) Die Zahlungsabteilung hat die Aufgabe, die Einlagen der Sparer sicher zu verwahren, und muss sie deshalb vollständig mit Zentralbankgeld unterlegen. Die Kreditabteilung hingegen kann Einlagen von Sparern entgegennehmen, um sie an Investoren zu verleihen. Mit dem Kreditvertrag verzichtet der Kreditgeber (und damit der Sparer) zeitweise auf die Nutzung von Aktivgeld zum Tausch gegen Güter und tritt diese an den Kreditnehmer ab. Zum Ausgleich für den Verzicht auf Nutzung und das Ausfallrisiko für den Kredit erhalten die Sparer Zinsen auf ihr Geld.

Um Geld eindeutig zu definieren und Betrug zu verhindern, muss das Geld per Gesetz als Aktivum definiert werden. Das bedeutet, dass der Gebrauch von Geld als Finanzierungsinstrument strafbar ist. Dann kann die Kreditabteilung der Bank keine Kredite mehr und auch kein Geld aus dem Nichts schöpfen. Alle Ausleihungen sind vollständig durch Ersparnisse zu decken.«

Damit fordert Mayer ebenso wie Wolf eine Revolution. »Die Finanzkrise ist eine Jahrhundertchance, unser dysfunktionales Geldsystem durch ein besseres zu ersetzen. Nutzen wir diese Chance nicht, taumeln wir von der Finanzkrise in die Geldkrise und zerstören die Grundlagen unseres Wohlstandes.« Wie real diese Gefahr ist, haben wir bereits gesehen.

## Kann man dem Staat trauen?

Es wäre ein langweiliges Thema, ließe sich nicht aus gleichem Grunde in eine ganz andere Richtung argumentieren. Dies tut der

Chefvolkswirt der Degussa Bank Thorsten Polleit in einem Beitrag für die *WirtschaftsWoche:* »Es waren die staatlichen Zentralbanken, die mit ihrem unablässigen Ausweiten von Kredit- und Geldmengen, bereitgestellt zu immer tieferen Zinsen, die Überschuldungsmisere möglich gemacht haben. Doch nun schrecken sie davor zurück, die Kredit- und Geldschwemme zu stoppen, weil sie – berechtigterweise – fürchten, dass der gesamte Schuldenturm kollabiert und mit ihnen die Volkswirtschaften.« Polleits Fazit: »Das Bekämpfen der Marktwirtschaft führt in die ökonomische Sackgasse. Deshalb ist der produktive Weg die konsequente Rückbesinnung auf den freien Markt als spontane Ordnungskraft. Der entscheidende Befreiungsschlag wäre das Beenden des staatlichen Geldmonopols, an dessen Stelle der freie Währungswettbewerb tritt. Bekanntlich ist der Wettbewerb ein bewährtes Verfahren, um die Wünsche der Nachfrager bestmöglich und zu niedrigsten Kosten zu befriedigen.«[127]

Damit sind wir im Kern des Dilemmas. Die Notenbanken haben mit ihrer Politik in der Vergangenheit die heutige Krise mit verursacht. Sollen sie jetzt die Lösung sein? Die Politiker haben immer einen Weg gefunden, Zugriff auf die Notenbank zu bekommen. Warum sollten wir ihnen gerade heute trauen? Zu groß ist die Gefahr, dass die Politik der Versuchung nicht widerstehen wird, durch großzügiges Geldmengenwachstum Scheinblüten zu erzeugen und damit Krisen noch zu vergrößern.

Diesem Argument halten die Autoren des bereits zitierten IWF-Papiers zwei Punkte entgegen. Erstens könne man in einem Vollgeldsystem die Geldpolitik nicht Kriminellen überlassen, etwa solchen wie dem Schotten John Law, der in Frankreich zwischen 1717 und 1720 überteuerte Aktien für vermeintliche Goldminen in der Kolonie Louisiana ausgab, wo sich tatsächlich nur Sümpfe und Alligatoren befanden. Zweitens könne und sollte man in einem Vollgeldsystem keine Kriege führen, geschweige denn verlieren. In beiden Fällen würde die Geldmenge viel zu stark wachsen mit der zwangsläufigen Folge einer Entwertung. Ich würde ergänzen, dass

Politiker gerade in Sozialstaaten immer mehr Wohltaten verteilen werden, als sie finanzieren können!

Mayer betont den Wettbewerb der Währungen, um auf diese Weise eine Selbstbeschränkung der Zentralbanken zu erreichen. Eine Hoffnung, die angesichts der Erfahrung der letzten Jahrzehnte täuschen könnte.

Überhaupt liegt Vollgeld die Annahme zugrunde, die Schaffung von Geld ließe sich staatlich monopolisieren. Offensichtlich ist das aber in einer auf Eigentumsrechten basierenden Wirtschaft nicht möglich. Freie Eigentümer werden immer einen Weg finden, Kreditkontrakte einzugehen und damit »Geld« zu schaffen. Dieses Geld mag dann keines in Form von Zentralbankgeld sein, sondern in Form von virtuellen Währungen oder anderen Formen der Dokumentation von Kreditkontrakten.

Island ist mit den Gedanken nicht allein. In der Schweiz wird eine Volksabstimmung zu diesem Thema vorbereitet. Die Unterstützer kommen aus allen politischen Richtungen und argumentieren ähnlich wie die Wissenschaftler des IWF und Irving Fisher mit einer einmaligen Entschuldung des Staates, mehr Finanzstabilität und der Sozialisierung der Geldschöpfungsgewinne, die heute vor allem bei den Privatbanken anfallen. Bei einem Wirtschaftswachstum von 1 Prozent läge der Geldschöpfungsgewinn in der Schweiz demnach bei 7 Milliarden Franken pro Jahr. Rechnet man diesen Betrag auf die Bundesrepublik hoch, so erhält man einen Geldschöpfungsgewinn von rund 40 Milliarden Euro.

Unabhängig von ihrem Ausgang sind die Initiativen in Island und der Schweiz ein ermutigendes Signal. Dass so fundamentale Fragen der Wirtschaftsordnung breit in der Öffentlichkeit diskutiert werden, kann gar nicht hoch genug geschätzt werden. Es wird Zeit, dass das Thema auch in die deutsche politische Diskussion Eingang findet.

Ich selbst bleibe, was die Idee betrifft, gespalten. Ich teile die Sorgen der Kritiker, die einen Missbrauch des staatlichen Monopols befürchten. Ich teile die Hoffnung der Unterstützer auf mehr Stabilität. Vor allem sehe ich die einmalige Chance, die Überschuldung der Welt elegant zu bereinigen und die Eiszeit zu verkürzen. Realisierungswahrscheinlichkeit: gering.

# JEDER GEGEN JEDEN IN DER EISZEIT

## Der globale Währungskrieg

Die Eiszeit hat uns fest im Griff. Europa, die USA, Japan und China leiden unter hohen Schulden, schwachem Wachstum und deflationären Tendenzen. Dies strahlt auf den Rest der Welt aus, vor allem auf jene Länder, die in den vergangenen Jahren vom schuldenfinanzierten Überinvestitions- und Überkonsumboom profitiert haben: die Rohstoffexporteure in allen Regionen. Zusätzlich zu den hohen ausgewiesenen Schulden haben wir es mit ungedeckten Versprechen der Regierungen für Renten und Altersversorgung zu tun. Die Erwerbsbevölkerung stagniert oder schrumpft in den Industrieländern und die Produktivitätszuwächse nehmen ab. Nun beginnt der Kampf eines jeden gegen jeden. Damit verschärfen wir die Eiszeit zusätzlich.

Japan möchte, wie wir gesehen haben, durch eine drastische Abwertung des Yen die Wirtschaft beleben und die eigene Eiszeit überwinden. Die Wirkung ist dabei eindeutig: Exporte werden billiger und erleichtert, Importe werden verteuert. Tendenziell wird Japan damit auf dem Weltmarkt Marktanteile gewinnen – zulasten anderer Länder. Japan zieht damit Kaufkraft aus der Welt ab.

Die EZB möchte gemeinsam mit den europäischen Politikern den Euro um jeden Preis retten. Ein wesentlicher Hebel ist dabei die Schwächung des Euro, um Exporte zu fördern und die Attraktivität von Importen zu mindern. Dies war sogar ganz offiziell ein Ziel des Programms zum Aufkauf von Staatsanleihen, welches die EZB im Frühjahr 2015 aufgelegt hat. Die Folge: Die Eurozone hat sich zu einem »großen Deutschland« entwickelt. Immer mehr Länder verzeichnen Außenhandelsüberschüsse und die Eurozone als Ganzes so große Überschüsse wie noch nie. Damit entzieht die Eurozone der Welt Kaufkraft in der Größenordnung des BIP Argentiniens.

China ist damit beschäftigt, die eigene Wirtschaft von Investition und Export auf Konsum auszurichten. Gleichzeitig leidet das Land unter den Folgen eines massiven Schuldenbooms mit Fehlinvestitionen in der Größenordnung von 6,8 Billionen US-Dollar. Die chinesische Währung hat durch die Abwertung des Yen und des Euro in den zwei Jahren bis zum Sommer 2015 beträchtlich aufgewertet. Obwohl die chinesische Wirtschaft zuletzt immer noch einen deutlichen Handelsüberschuss von rund 6 Prozent des BIP auswies, ist dies für die Staatsführung Grund genug, eine Abschwächung der eigenen Währung einzuleiten.

Im Kern geht es immer um das Gleiche: durch Schwächung der eigenen Währung einen relativen Vorteil in der Eiszeit zu erlangen. In einer Volkswirtschaft gibt es vier Sektoren, die Ersparnisse bilden oder auflösen beziehungsweise sich verschulden können. In der Summe ist die Ersparnis immer null. Wenn ein Land die Last seiner Schulden senken möchte, kann ihm dies nur gelingen, wenn es einen Handelsüberschuss erzielt. Dieser Überschuss bedeutet zugleich auch, dass ausländische Nachfrage die Wirtschaft antreibt – Nachfrage, die den anderen Ländern dann fehlt.

Die Politik der Exportförderung könnte man als »neo-merkantilistisch« bezeichnen.[128] Damit ist eine Politik gemeint, in der ein Staat Exporte fördert, Importe hemmt, den freien Kapitalverkehr beziehungsweise die freie Wechselkursbildung verhindert, damit zunehmend Auslandsforderungen aufbaut beziehungsweise Verbindlichkeiten reduziert und im Inland im Gegenzug eine lockere Geldpolitik verfolgt. Letztlich muss dieser Staat zusätzliches Geld drucken, um über den Ankauf anderer Währungen, zum Beispiel des US-Dollar, die eigene Währung auf einem Niveau zu halten, das niedriger liegt als unter den Bedingungen eines freien Marktes.

Vor dem Ersten Weltkrieg verfolgte Deutschland diese Politik und erzielte damit im Vergleich mit England und Frankreich einen deutlich größeren BIP-Zuwachs. Seit den 1980er-Jahren verfolgen die asiatischen Länder diese Strategie – zuerst Japan, seit 2004 China. Auch hier dieselbe Logik: Entwicklung der eigenen Wirtschaft durch Exporte.

Es gibt aber einen Nebeneffekt dieser Politik. Die Geldmenge im Inland wächst zu schnell, weiter angetrieben von einem Bankensystem, welches das billige Geld zu gesteigerter Kreditvergabe nutzt und unbegrenzt neues Geld schaffen kann. Folge: Überinvestition, Spekulationsblasen und letztlich ein Crash.

> Neo-Merkantilismus funktioniert nur, wenn es auch einen Schuldner gibt. Im Klartext heißt das: Wenn die Asiaten konstant Überschüsse erzeugen, muss jemand anders Defizite beziehungsweise Schulden machen. Dieser Jemand sind vor allem die USA.

In Europa hat dasselbe stattgefunden. Deutschland und ein paar andere Länder hatten einen Überschuss, Spanien, Portugal und die anderen heutigen Krisenländer ein erhebliches Defizit.

Auf globaler Ebene kann es keinen Überschuss geben – jedenfalls nicht, solange wir den Mars noch nicht als Markt erschließen, wie Martin Wolf von der *Financial Times* süffisant anmerkte. Damit ist aber auch klar, dass jedes Land, das in der Eiszeit steckt, peinlich darauf achten wird, die Kaufkraft im Lande zu halten beziehungsweise keine Defizite zu machen.

Im Sommer 2015 war offensichtlich, dass die USA, ungeachtet der offiziellen Verlautbarungen, vor einer Zinserhöhung zurückschrecken würden, weil diese unmittelbar zu einer weiteren Stärkung des US-Dollar geführt hätte. Damit hätte sich das Handelsdefizit der USA weiter vergrößert und der ohnehin schwächelnden amerikanischen Wirtschaft wäre noch mehr Kaufkraft entzogen worden. Der Versuch, durch eine schwache Währung Vorteile zu erzielen, ginge also in die nächste Runde.

Dabei setzten die USA auf dem Höhepunkt der Finanzkrise ganz explizit auf die Schwächung der eigenen Währung, wandten diese Strategie also ebenfalls an. Der brasilianische Finanzminister sprach ganz offen von einem Währungskrieg. Der Hebel für die USA war die extrem lockere und aggressive Geldpolitik. Vordergründig nur auf die Binnenkonjunktur gerichtet, beachtete die Fed sehr genau die Wirkung auf andere Länder, vor allem auf die exportorientierten Staaten Asiens, allen voran China. Um weiterhin eine Erstarkung der eigenen Währungen im Verhältnis zum US-Dollar zu verhindern, mussten die betroffenen Staaten umso mehr an eigener Währung schaffen und damit einen Kredit- und Vermögenspreisboom anfachen. Die Folge: steigende Preise und damit ein Verlust an Wettbewerbsfähigkeit gegenüber den USA und Europa.

Diese Strategie war, wie wir gesehen haben, aus der Sicht der USA erfolgreich. In der Tat sind die Lohnstückkosten in China und anderen Ländern gestiegen. Es lohnt sich mittlerweile sogar, Teile der Produktion wieder in die USA zurück zu verlagern. Auch die Vermögenspreise sind in den anderen Ländern gestiegen. Deutlichstes Indiz ist das Wachstum der Kreditvergabe: Die Gesamtverschuldung der Volkswirtschaften der Schwellenländer hat sich seit dem Beginn der Fed-Politik zur Krisenbekämpfung mehr als verdoppelt und liegt nunmehr mit 66 Billionen US-Dollar bei rund 250 Prozent des BIP. Das Schuldenproblem Europas und der USA wurde zum Schuldenproblem der Welt.

Das Spiel um den relativen Vorteil, so kurz er auch andauern mag, wird in den kommenden Jahren häufiger gespielt werden. Sobald eine Region dank schwacher Währung etwas bessere Wirtschaftsdaten hat, werden andere Regionen wiederum alles daransetzen, die eigene Währung zu schwächen. Dies erinnert fatal an die

Abwertungswettläufe in den 1930er-Jahren. Man könnte meinen, die Politik hätte aus der Geschichte gelernt. Anscheinend hat sie das aber nicht.

## Das Szenario für die kommenden Jahre

Politik und Notenbanken haben in den letzten Jahrzehnten ein Ponzi-Schema gigantischen Ausmaßes betrieben. Mit immer höherer Verschuldung wurden kurzfristige Konjunkturprobleme und Anpassungsprozesse im Zuge der Globalisierung kaschiert. Eine immer großzügigere Kreditvergabe führte zu einer Explosion der Vermögenswerte, weil Banken immer bereitwilliger den Kauf bereits vorhandener Vermögensobjekte finanzierten und gestiegene Vermögenswerte wiederum eine höhere Verschuldung ermöglichten. Dabei nahm der Nutzen neuer Schulden immer mehr ab, das heißt, es bedurfte einer immer stärker wachsenden Verschuldung, um die Realwirtschaft zu beflügeln.

Das System gelangt zunehmend an seine Grenzen. Neue Schulden dienen nur noch dazu, die Illusion der Bedienung vorhandener Schulden aufrechtzuerhalten. Die Folge ist ein Rückgang der Wachstumsraten in praktisch allen Regionen der Welt. Geringes Wachstum wirkt wiederum negativ auf die Schuldentragfähigkeit von Staaten und Privaten. Jeder Versuch, durch Sparen und den Verkauf von Vermögenswerten die Schuldenlast zu reduzieren, dämpft die wirtschaftliche Aktivität zusätzlich. Noch geringeres Wachstum und tendenziell fallende Preisniveaus – die gefürchtete Deflation – sind die Folge, was den Druck auf die Schuldner, sich ihrer Verbindlichkeiten zu entledigen, nochmals verstärkt. Die wirtschaftliche Eiszeit ist da. Verschärft wird sie durch die schrumpfende Erwerbsbevölkerung und abnehmende Produktivitätszuwächse.

Notenbanken und Politik treten dem mit noch aggressiverer Geldpolitik und weiteren Schulden entgegen. Den Anpassungsdruck können sie dadurch allerdings nur vorübergehend lindern, und dies zum Preis einer noch größeren Schuldenlast. Die Eiszeit beenden können sie nicht. Deshalb müssen wir uns darauf einstellen, dass die Eiszeit noch einige Jahre andauern wird. Wie das Beispiel Japans zeigt, können es sogar Jahrzehnte werden.

Für wahrscheinlich halte ich nicht, dass es uns gelingt, wie Japan eine Eiszeit über mehr als zwei Jahrzehnte durchzuhalten. Zu groß sind schon die Schulden, zu wenig homogen und leidensfähig die Gesellschaften des Westens. Deshalb wird es zu den diskutierten Versuchen kommen, die Eiszeit zu verkürzen. Keine dieser Optionen wird schmerzfrei sein. In jedem Fall droht ein erheblicher Vermögensverlust.

In meinem Basisszenario erwarte ich eine längere Eiszeit mit zunehmenden Spannungen innerhalb und zwischen Ländern. Deutschland wird dabei leider zunehmend als unsolidarisch in der Eurozone und darüber hinaus angesehen werden. Die hohen Außenhandelsüberschüsse werden von den anderen Ländern immer weniger toleriert. Ereignisse wie der VW-Skandal geben Steilvorlagen für protektionistische Maßnahmen. Im Gegenzug wird die deutsche Politik über Zugeständnisse in Richtung einer weitgehenden Sozialisierung der Schulden versuchen, den politischen Frieden zu bewahren. Da aber auch Deutschland nicht die finanziellen Möglichkeiten hat, die Eurozone zu retten, und die Probleme, wie wir gesehen haben, viel weiter gehen, ändert sich dadurch am Grundzustand der Eiszeit nichts.

Die Politik wird deshalb den letzten Trumpf ziehen und durch eine umfassende Monetarisierung der Schulden einen Befreiungsschlag versuchen. Die Folge wäre vermutlich eine deutliche Inflation aufgrund eines Verlusts an Vertrauen in das Geld.

Auf eine deflationäre Eiszeit wird eine inflationäre Vermögensvernichtung folgen.

Ebenso denkbar ist, dass die Monetarisierung nicht oder zu spät kommt und es deshalb zu einem Chaos-Szenario von Zahlungseinstellungen und Euroaustritten kommt.

In allen Szenarien gehe ich davon aus, dass der Euro in seiner heutigen Form keinen Bestand hat. Zu hoffen wäre eine geordnete Auflösung, idealerweise durch einen Austritt Deutschlands. Wahrscheinlicher ist der eher ungeordnete Austritt eines oder mehrerer Länder. Italien bleibt mein Top-Kandidat dafür.

Auf jeden Fall drohen erhebliche Vermögensverluste. Mit welchen Strategien rüsten wir uns am besten für die Eiszeit und die Nebenszenarien? Diese Frage beschäftigt uns im nächsten Teil dieses Buches.

# Teil 4:
# Überleben in der Eiszeit

# KALTE ZEITEN – KÜHLER KOPF

## Am Gipfel angelangt

Im Frühjahr 2015 verglich der legendäre Anleiheninvestor Bill Gross die Lage an den Finanzmärkten mit dem Besteigen eines hohen Berges. Er und andere Investmentlegenden hätten in den vergangen Jahrzehnten den Aufstieg der Finanzmärkte begleitet. Eine schöne Wanderung, die bis zum Gipfel geführt hat.

Begonnen hatte die Wanderung in einem tiefen Tal. Anfang der 1980er-Jahre stand der Dow-Jones-Index bei nicht einmal 1000 Punkten. Das → Kurs-Gewinn-Verhältnis lag deutlich unter 10 und das amerikanische Wirtschaftsmagazin *Business Week* beschwor in einer Titelgeschichte den Tod der Aktie. US-Staatsanleihen erbrachten derweil Renditen von über 10 Prozent pro Jahr. Kapitalmärkte und Banken waren streng reguliert. Hohe Eigenkapitalquoten waren die Norm und viele Finanzgeschäfte nicht erlaubt, oft noch nicht einmal erfunden.

Der Aufstieg, der dann begann, war nichts anderes als der Siegeszug des Finanzkapitalismus. Banken und Finanzgeschäfte wurden dereguliert. Der Markteintritt Chinas und Osteuropas nach dem Zusammenbruch des Ostblocks führte zu weltweitem Lohndruck und niedriger Inflation.

Die Generation der Babyboomer begann, für das Alter zu sparen. Anleihen setzten an zu einem Bullenmarkt, der jahrzehntelang währen sollte. Trotz gelegentlicher Korrekturen kannten die Zinsen nur eine Richtung: abwärts.

Vermögenswerte aller Art, vor allem Aktien und Immobilien, profitierten massiv von dieser Entwicklung. Unter Investoren gilt die folgende Faustregel: Je geringer der Zins, desto mehr kann man für einen Vermögenswert bezahlen. Egal wie man in der Vergangenheit sein Geld investiert hat, man verfügt heute – allen zwischenzeitlichen Blasen und Crashs zum Trotz – über ein deutlich größeres Vermögen als vor 35 Jahren.

Gerade die zwischenzeitlichen Krisen ermöglichten es den Profis, ihre Erträge noch weiter zu steigern. Der Börsenkrach von 1987? Schon 1988 vergessen. Die Schieflage des Hedgefonds LTCM? Ärgerlicher Anfängerfehler. Russland- und Asienkrise? Eine kurze Unterbrechung. Internetblase? Hätte schiefgehen können, aber die Notenbanken waren zur Stelle. Wer dann zugriff, wenn andere Angst hatten, der vervielfachte seinen Einsatz.

Jene, die wie Bill Gross den eigenen Ertrag durch die Aufnahme von Schulden steigerten (die also den sogenannten Leverage-Effekt für sich nutzten), wurden zu Milliardären. Kein Wunder, dass jeder vierte der 400 reichsten Amerikaner mit »Investments«, also der Anlage von Geld an den Kapitalmärkten, vermögend geworden ist.

Geld verdient man im Finanzsektor, nicht durch die mühsame Arbeit in der Realwirtschaft, so lautete die Erkenntnis der Jahrzehnte. Der Bestseller *Liars Poker* von Michael Lewis deckte schonungslos den Egoismus und die Skrupellosigkeit der Wall Street auf – und machte sie für eine ganze Generation junger Talente nur umso attraktiver. »Make Money« war das Gebot der Stunde.

> Doch ein Ende naht. Kurz vor dem Gipfel des Berges ist der Weg nach unten länger als nach oben. Die Absturzgefahr ist größer als die Chance auf eine noch schönere Aussicht.

Vor allem: Wer hier ausrutscht, wird viel länger als früher brauchen, um wieder denselben Punkt zu erreichen.

Bill Gross mag mit seinen 71 Jahren sentimental an die gute alte Zeit zurückdenken. Egal wie er es anstellt: Sein Vermögen dürfte ihm für den Rest seines Lebens reichen. Für den durchschnittlichen Investor geht es vor allem darum, am Gipfel des Berges zu überleben, ohne im Zuge der bevorstehenden Eiszeit massive Vermögensverluste zu erleiden. Und natürlich auch gerne den einen oder anderen Zusatzertrag mitzunehmen, wenn es denn gelingt, einen weniger ausgetretenen Pfad zu finden.

Die Geschichte kann für uns nur ein begrenzter Ratgeber für die Eiszeit sein. Wohin man auch blickt, wird »Geschichte« an den Finanzmärkten als die Zeit der letzten 30 Jahre definiert. Doch diese 30 Jahre waren nicht die Norm, sondern die Ausnahme – die Ausnahme eines Aufstiegs auf einen Gipfel der Finanzmarktpreise, angetrieben durch eine einmalige Kombination immer billigeren Geldes, steigender Verschuldung, abnehmender Regulierung, Globalisierung der Weltwirtschaft und geburtenstarker Jahrgänge. Alle diese Trends finden heute ein Ende.

Wir stehen am Gipfel und das Wetter schlägt um. Die Eiszeit ist kein Grund zur Panik, aber sie erfordert eine ganz neue Strategie der Kapitalanlage. Die einfachen Zeiten, die Bill Gross und Co. reich gemacht haben, sind ein für alle Mal vorbei.

## Der einzige Tipp: Glauben Sie nicht an Tipps!

Eine ganze Ratgeberindustrie lebt von der Angst der Sparer um ihr Geld. Das muss im Hinterkopf haben, wer ihren Ratschlägen folgt. Dabei weiß niemand, wie es wirklich weitergehen wird. Wer das behauptet, kann entweder hellsehen oder ist ein Scharlatan. Ich tippe auf Letzteres.

Die Sorge um die Ersparnisse treibt uns um. Das ungute Gefühl über die Ursachen der Krise und die bisherige Rettungspolitik schafft einen Markt für allerlei Geschäftemacher. Auch *Der Spiegel* versucht, mit der Angst um Geld seine Auflage zu steigern: *Was tun mit dem Geld?* stand in großen Lettern auf dem Cover im Februar 2015.

Nun erwartet niemand ernsthaft eine einfache Antwort. Wie es sich für ein Nachrichtenmagazin gehört, wurden altbekannte Weisheiten mit ein paar ungewöhnlichen Empfehlungen gemixt, um den Leser mit einer Mischung aus Spannung, Grauen und Nutzwert – beziehungsweise was er dafür halten soll – zu unterhalten. Anlagen in Whisky, Streuobstwiesen und ähnlich exotischen Dingen wurden dort präsentiert.

Kaum einer, der wirklich über nennenswertes Vermögen verfügt, dürfte nach der Lektüre besser als zuvor in der Lage sein, jenes sicher und ertragreich anzulegen, geschweige denn ohne Verluste durch die Krise zu manövrieren. Die einzigen Gewinner stehen allerdings auch fest: Es sind die in dem Artikel porträtierten Experten, die mit noch mehr Anfragen konfrontiert werden, wie man denn sein Geld anlegen soll, oder zumindest ihre Bücher besser verkaufen. Ich würde es ihnen gönnen, wenn sie denn wenigstens ihr Versprechen erfüllen würden. Doch leider tun es die wenigsten.

Entgegen dem Titel eines populären Buches ist der Crash eben nicht die Lösung. Er ist das Desaster. Selbst die Autoren können ihn sich nicht ernsthaft wünschen. Zwar können sie dann – wie viele andere und ich – stolz sagen, sie hätten es vorher gewusst. Doch wird das in einem Umfeld massiver sozialer Verwerfungen und zwischenstaatlicher Konflikte niemanden mehr interessieren. Solche Bücher sind das Prinzip der *Spiegel*-Geschichte auf einem Vielfachen von Seiten: Auflage statt Lösung.

Es gibt keinen Weg über den Gletscher, den man planen könnte. Spalten lauern überall. Flexibilität und Vorsicht bei der Geldanlage sind gefragt. Dies zeigen schon die makroökonomischen Szenarien, auf die wir uns einstellen müssen. Inflation, Deflation und Zahlungsausfälle, ein möglicher Zerfall des Euro. Alles erfordert eine Antwort. Und die Antworten sind wahrlich nicht immer miteinander vereinbar.

> Wer eine rettende Lösung verspricht, der tut dies auf der Basis
> einer Punktprognose. Diese Prognose kann sich bewahrheiten,
> was aber nicht sehr wahrscheinlich ist.

Auf den kommenden Seiten geht es um »Vermögenssicherung und
-mehrung«. Dabei will ich versuchen, systematisch und undogma-
tisch vorzugehen und mich nicht auf ein Szenario zu beschränken.
Wichtig ist mir, über das Thema der Finanzkrise hinauszublicken.
Gerade die demografische und technologische Entwicklung sowie
die ungebremste Globalisierung der Welt werden erheblichen Einfluss auf den Anlageerfolg in den kommenden Jahrzehnten haben.

Zugleich glaube ich an eine analytische Vorgehensweise. So habe
ich 1999 bei der The Boston Consulting Group (BCG) den *Value
Creators Report* ins Leben gerufen. Darin zeigte ich gemeinsam mit
meinen Kollegen, welche Unternehmen am meisten Wert für die
Aktionäre schufen, und erklärte, wie die Verantwortlichen das erreicht hatten. Kennt man die Werthebel, so kann man durch sie
Entwicklungen nicht nur rückblickend erklären, sondern auch vo-
rausschauend abschätzen.[129] Die *WirtschaftsWoche* berichtete von
Anbeginn in jedem Jahr fast immer als Titelgeschichte ausführlich
über die Studie. Im Jahr 2000 warnte ich, basierend auf diesen Analysen, in der *WirtschaftsWoche* vor der völligen Überbewertung der
Aktien – gerade noch rechtzeitig vor dem größten Einbruch.

Doch abseits solcher Sondersituationen kann es in der Vermögensanlage nur darum gehen, langfristig die Weichen richtig zu
stellen. Darum gebe ich nur einen Tipp: Glauben Sie nicht an Tipps.
Niemand kann Ihnen mit Bestimmtheit sagen, wie die Krise weitergeht und auf welche Art sie zu einer Lösung findet. Abgesehen
davon gibt es immer wieder Entwicklungen, mit denen niemand
gerechnet hat, wie beispielsweise die derzeitigen Migrationsströme. Über deren Auswirkungen kann man nur Mutmaßungen anstellen.

## Vermögen ist mehr als Geld

Bevor wir uns mit dem Thema der Geldanlage beschäftigen, möchte ich an einen wichtigen Punkt erinnern: Nicht nur das Wertpapierportfolio, das Bankkonto und die Immobilien sind Teile des Vermögens, um das wir uns kümmern müssen. Wir alle verfügen über erhebliches Vermögen, wenn wir unser zukünftiges Einkommen mitberücksichtigen. Abgezinst auf heute dürfte das zu erwartende Einkommen für die meisten von uns die größte Vermögensposition darstellen. Je jünger man ist und je höher das Einkommen, das man bezieht, desto größer die Position. Selbst nach Abzug von Steuern dürften junge Gutverdiener, betrachtet man ihr geschätztes Lebenseinkommen, mehrfache Millionäre sein.

Ich betone das deshalb an dieser Stelle, weil die Sicherung des Einkommens durch Weiterbildung und Qualifikation ein entscheidender Schlüssel ist, um in jedem Szenario Vermögen zu erhalten. Dies gilt umso mehr, je mobiler man als Person ist. Eine hohe Mobilität ermöglicht es, an jedem Ort der Welt neu anzufangen, sollte dies erforderlich oder attraktiv sein.

Bevor Sie sich also Sorgen um Ihr Erspartes machen, denken Sie darüber nach, ob und wie Sie die beruflichen Chancen für sich und Ihre Kinder verbessern können. Investieren Sie zuerst in die eigene Bildung und die Ihrer Kinder, bevor Sie an Geldanlage denken.

## Selber denken

»Lieber eine Stunde über Geld nachdenken als eine Stunde für Geld arbeiten«, lautet ein Bonmot des amerikanischen Ölmagnaten John D. Rockefeller. Ein Ratschlag, den man gerade im heutigen Umfeld nicht ernst genug nehmen kann. Dabei ist es entscheidend, selber darüber nachzudenken. Von den Beratern bei Banken und Finanzinstituten sollten Sie nicht ernsthaft erwarten, dass sie fähig sind, Ihnen diese Gedankenübung abzunehmen.

Zum einen sind sie realistischerweise nicht in der Lage, so über Geld nachzudenken, wie man es als Anleger können muss, denn sonst hätten sie einen anderen Job oder würden in einem warmen Steuerparadies und von ihren Kapitalerträgen leben. Zum anderen sind gerade die Berater bei den Finanzinstituten, aber auch viele unabhängige Berater nicht so unabhängig, wie sie vorgeben. Zu sehr wird die Anlagestrategie von den Ertragserwartungen der jeweiligen Arbeitgeber bestimmt und zu wenig von jenen des Kunden.

Dennoch sollte man annehmen, dass die Profis wissen, was sie tun. Wie falsch diese Annahme ist, will ich an einigen Beispielen zeigen.

Werfen wir zunächst einen Blick nach Österreich. Im Frühjahr 2015 zog die Republik Österreich die Notbremse und verabschiedete sich aus der Rettung der Abwicklungsbank Heta. Die Bank – hervorgegangen aus dem Skandalinstitut Hypo Alpe Adria – wird die Erste sein, die nach den neuen Regeln der EU abgewickelt wird und die die Gläubiger der Bank über ein sogenanntes Bail-in an den Kosten beteiligen wird.

Nun könnte man meinen, nach den Ereignissen in Zypern wäre jedem Investor klar, dass eine Investition in Schuldtitel einer Bank riskant ist – umso mehr, wenn es sich um eine Bank handelt, die offensichtlich in großen Schwierigkeiten steckt.

Des Weiteren musste damit gerechnet werden, dass es zu erneuten Verlusten bei der Heta kommt. Weder haben sich die Rahmenbedingungen verbessert noch rechtfertigten die bisherigen Erfahrungen mit der Rechnungslegung des Instituts ein besonderes Vertrauen in das Zahlenwerk.

Zugleich musste jeder Investor erkennen, dass angesichts der Größenordnung, um die es geht, das Land Kärnten zwar viele Bürgschaften geben mag, diese aber im Ernstfall gar nicht erfüllen kann, weil das Volumen der Verluste – im Frühjahr 2015 auf 7,6 Milliarden Euro geschätzt – ein Mehrfaches des Jahreshaushaltes von 2,2 Milliarden Euro ausmacht. Die Bürgschaft war offensichtlich wertlos, weil der Bürgende gar nicht in der Lage war, seine Versprechen zu erfüllen. So sah es auch der Landeshauptmann (Ministerpräsident) Peter Kaiser: »Das kann sich jeder ausrechnen – das Land Kärnten kann das nicht bedienen.«

Die Hoffnung der Investoren war, dass die Republik Österreich im Zweifelsfall einspringen würde. Angesichts der bereits geleisteten Hilfen von 5,5 Milliarden Euro, einer sehr hohen Staatsverschuldung und der politischen Konsequenzen einer derartigen Umverteilung von Lasten zwischen den Bundesländern war auch dies eine – wie sich nun zeigte – unberechtigte Annahme.

Jeder Beobachter konnte sehen, dass die Papiere der Heta höchst risikoreich waren. Nur wenn der Staat unter allen Umständen eingesprungen wäre, wäre das Risiko vertretbar gewesen. Doch angesichts der neuen Abwicklungsregeln und der Tatsache, dass Österreich bereits im Sommer 2014 mit einem Hypo-Sondergesetz die Gläubiger belastet hatte, musste jedem klar sein: Heta-Anleihen sind Spekulation, nicht Anlage. Alles musste gut gehen, damit es sich lohnt.

Nun sollte man annehmen können, dass angesichts der hier dargelegten Fakten jene Leute, die als Profis das Geld ihrer Kunden treuhänderisch anlegen, um das Kapital zu erhalten und darüber hinaus eine vernünftige Rendite zu erzielen, die Finger von diesen Papieren lassen. Doch weit gefehlt. Die *Frankfurter Allgemeine Zeitung* berichtet: »Nach einer Statistik der Nachrichtenagentur Bloomberg rangiert bei den Schuldtiteln der Hypo Alpe Adria der Münchner Versicherungskonzern Allianz an erster Stelle. Ihre Fondsgesellschaft Pimco soll mit 292 Millionen Euro investiert sein, die Allianz Invest hält weitere 34 Millionen Euro. Auf dem zweiten Platz listet Bloomberg die DWS, die Fondsgesellschaft der Deutschen Bank, auf. Bei ihr stehen 276 Millionen Euro im Feuer. Auf den nächsten Plätzen folgen die Vermögensverwalter Kepler (67 Millionen), Blackrock (42 Millionen) und Pictet (37 Millionen).« Und weiter: »Allerdings tauchen in den Medien auch Namen auf, die in der Bloomberg-Statistik nicht zu finden sind. Das prominenteste Beispiel ist die Weltbank, die in einer Nachranganleihe der Hypo Alpe Adria mit 150 Millionen Euro investiert sein soll. Auch die Förderbank Nordrhein-Westfalens, die NRW-Bank, bangt um einen hohen Betrag.«[130]

Alle hier genannten Institutionen verloren nicht das eigene Geld, sondern das ihrer Anleger. Nun kann man einwenden, dass es sich angesichts der Investitionsvolumina dieser Adressen um »Rundungsfehler« handelt. Dennoch: Offensichtlich hochriskante, mit derart deutlichem Ausfallrisiko versehene Papiere haben in den Portefeuilles dieser als risikoscheu bekannten Anbieter nichts zu suchen. Es darf getrost davon ausgegangen werden, dass die Kunden selber in Kenntnis der Lage nicht in diese Papiere investiert hätten.

Dabei sind solche Anlagepraktiken nicht die Ausnahme, sondern die Regel. Banken und Investoren versuchen, Risiko und Ertrag mit ausgeklügelten Modellen zu steuern. Ein wichtiges Konzept dabei ist das sogenannte → Value at Risk. Dabei wird unter der Annahme einer bestimmten Wahrscheinlichkeitsverteilung ausgerechnet, wie hoch der potenzielle Verlust eines Investments innerhalb eines bestimmten Zeitraums im schlimmsten Fall sein wird. Als Input dienen dabei vor allem die Daten der Vergangenheit.

> Übersetzt bedeutet dies: Die Investoren gehen davon aus, dass die Zukunft sich analog zur Vergangenheit entwickelt.

Strukturbrüche werden so nicht vorhergesehen. Lange Phasen der Stabilität und Ruhe an den Finanzmärkten, gemessen an der → Volatilität, führen zu einem geringeren erwarteten Risiko und damit geringeren Verlustwahrscheinlichkeiten. Die Investoren können höhere Risiken als zuvor eingehen, weil diese ja nicht mehr so heftig zu Buche schlagen, zumindest nach dem Modell.

Wenn es zu einem Bruch der Entwicklung kommt, weichen die Daten gleich deutlich von denen ab, die nach den Modellen zu erwarten sind. Schnell wird von »schwarzen Schwänen« gesprochen, also Erscheinungen, die außerhalb dessen liegen, was erwartet werden kann. Dieser Begriff wurde von Nassim Taleb eingeführt und beschreibt Ereignisse, »die extrem unwahrscheinlich sind, völlig überraschend eintreffen und sich im Nachhinein einfach erklären lassen«.[131]

Goldman Sachs ist sicherlich eine der professionellsten Adressen in der Finanzwelt. Wie die *Financial Times* berichtet, ist jedoch auch sie nicht frei von den Tücken der Modelle. Im Jahre 2007, bei Ausbruch der Finanzkrise, vermeldete die Firma 25 »Verletzungen der → Standardabweichung mehrere Tage in Folge« (ein sogenanntes 25-Sigma-Ereignis). Dies bedeutet, dass die Verluste größer waren, als sie nach den Annahmen des Modells hätten sein dürfen. Und dies mehrere Tage in Folge, was noch unwahrscheinlicher ist.

Um es greifbarer zu machen, haben Kevin Dowd, John Cotter, Chris Humphrey und Margaret Woods von der Nottingham Business School nachgerechnet: *How Unlucky is 25-Sigma?*[132]

- Ein 3-Sigma-Ereignis kommt alle 741 Tage vor, also ungefähr einmal in drei Jahren.
- Ein 4-Sigma-Ereignis kommt alle 31 560 Tage vor, also einmal in 126 Jahren.
- Ein 5-Sigma-Ereignis kommt alle 2 483 046 Tage vor, das heißt alle 13 932 Jahre. So lange ist die Eiszeit her.
- Ein 6-Sigma-Ereignis kommt alle 1 009 976 678 Tage vor – also einmal in 4 039 906 Jahren. So lange gibt es den heutigen Menschen.
- Ein 7-Sigma-Ereignis einmal in 3 105 395 365 Tagen – fünfmal länger, als es Leben auf der Erde gibt. Wow!

Die Wahrscheinlichkeit einer Abweichung vom Erwartungswert um 25 Sigma ist so hoch wie die des Gewinns beim Lotto 21 bis 22 Mal in Folge! Dies aber erlebte Goldman nicht nur einmal, sondern mehrfach hintereinander. Fazit der Forscher: »Oscar Wilde hätte es wohl so umschrieben: Einmal ein 25-Sigma Ereignis zu erleben kann man als Pech ansehen. Es mehr als einmal zu erleben, sieht nach Schlamperei aus.«

Ich würde es folgendermaßen ausdrücken: Die Fortschreibung der Vergangenheit ist keine Garantie für eine risikofreie Zukunft. Man muss halt selber denken. Dazu haben die Banken Risikomanager. Diese betrachten und steuern das Risiko der Bank so, dass Erträge erwirtschaftet werden, aber gleichzeitig das Haus nicht untergeht. Zumindest in der Theorie dürfte man erwarten, dass auch über den Tellerrand der Modelle geschaut wird.

Nun ließe sich einwenden, dass ich bezüglich der US-Immobilienkrise übermäßig kritisch sei. Schließlich wären bis dato die Preise von Immobilien in den USA nicht nennenswert gefallen, was für ein geringes Risiko spräche. Zwar gab es mahnende Stimmen wie den späteren Nobelpreisträger Robert Shiller, der auch vor der Entwicklung an der US-Börse im Jahr 2000 gewarnt hatte. Andere wie der amerikanische Hedgefonds-Manager John Paulson verdienten mit einer Spekulation gegen den Markt Milliarden. Aber da kann man vielleicht von einer wirklichen Ausnahme sprechen.

Doch dann dies: Als die Schweiz im Januar 2015 die Bindung des Franken an den Euro auflöste, meldete Goldman erneut eine derart starke Abweichung. Diesmal um »mehr als 20 Sigma«. Da bin ich dann doch sprachlos. Die Loslösung des Schweizer Franken vom Euro war also so unwahrscheinlich, dass die Anzahl Jahre, die es dauert, bis ein solches Ereignis eintritt, zehn Mal größer ist als die geschätzte Anzahl an Partikeln im gesamten Universum!

Goldman war nicht alleine. Global sollen Banken und Spekulanten Milliarden verloren haben, die Deutsche Bank alleine 120 Millionen Euro.

War die Loslösung des Schweizer Franken wirklich ein derart unwahrscheinliches Ereignis? Wenn man die Umstände genau betrachtet, eigentlich nicht:

- Die Schweizerische Nationalbank (SNB) hatte 2011 den Mindestkurs eingeführt, um ein weiteres Überschießen des Franken zu verhindern und um der Exportwirtschaft zu helfen, sich auf einen starken Franken einzustellen. Die Schweizer Industrie konnte handeln und in der Tat ist die Abweichung des Mindestkurses vom Kurs nach → Kaufkraftparität geringer geworden.

- Die Bilanz der SNB ist so schnell gewachsen wie keine andere Notenbankbilanz der Welt. Die SNB hat Milliarden Euro gegen Franken gekauft. Und diese anzulegen wurde immer schwieriger.

- Es gab zunehmend Unruhe in der Schweizer Bevölkerung, wie sich zuletzt an dem (gleichwohl gescheiterten) Goldreferendum zeigte. Darin wurde gefordert, dass die SNB einen Mindestteil der Bilanz in Gold halten müsse und diesen Schatz zudem nicht verkaufen dürfe. Das war ein klares Misstrauensvotum der Schweizer Bevölkerung gegen die SNB-Politik.

- Es war bereits zur Jahreswende 2014/15 klar absehbar, dass die EZB ihre Geldpolitik lockern würde, womit der Druck auf die SNB unerträglich geworden wäre.

- Es gab schon lange mahnende Stimmen, die darauf hinwiesen, dass die Eurobindung des Franken eine temporäre Maßnahme sein musste, keine ewige.

Im Licht dieser Umstände war die Loslösung des Franken weitaus wahrscheinlicher als ein 20-Sigma Ereignis. Die *Financial Times* berichtete,[133] dass einige Banken bei ihren Risikoberechnungen die historische Volatilität des Schweizer Franken verwendet hätten, einige sogar die Schwankungen während der Geltung des Mindestkurses, die per se gering waren. »Der Ersatz des normalen Menschenverstandes durch quantitative Risikomodelle war eine Ursache der Finanzkrise und es sieht so aus, als hätte sich nichts geändert«, resümiert die Zeitung, Und weiter: »In 2007 war der Zusammenbruch des Interbankenmarktes ein Ereignis, welches das Modell nicht abbilden konnte und demzufolge vielleicht entschuldbar. Im Falle der Aufwertung des Franken ist es Stümperei, sich das nicht vorzustellen.«

Natürlich ist es theoretisch denkbar, dass solche Unfälle passieren. Aber wenn Goldman und die anderen Firmen wirklich so viel Pech haben, stellt sich die Frage, ob man ihnen sein Geld anvertrauen sollte. Denn die Alternative zu Pech ist Inkompetenz. Was natürlich für Investoren ein Dilemma darstellt: Möchte man Pechvögel oder Inkompetente als Manager für das eigene Geld haben? Der amerikanische Naturwissenschaftler Benjamin Franklin hat einmal festgestellt, »dass Sorgfalt die Mutter allen Glückes ist«. Inkompetenz und Pech dürften ähnlich verbunden sein.

> Banken und viele Berater denken nicht, denken nicht an ihre Kunden. Und vor allem denken sie nicht im Szenario der Eiszeit, sondern schreiben ihre eigene Welt in die Zukunft fort. Da bleibt nur eines: Selber denken!

## Kosten senken

Eines dürfte in der Eiszeit sicher sein: Die Erträge von Kapitalanlagen werden mager sein. Gemäß der volkswirtschaftlichen Theorie konvergieren die Zinsen und damit die Kapitalerträge gegen das nominale Wirtschaftswachstum. Die Inflation wird gering bleiben, solange die Notenbanken das Vertrauen in den Geldwert nicht erschüttern. Reales Wachstum ist angesichts der hohen Verschuldung, der demografischen Entwicklung und der abnehmenden Produktivitätszuwächse ebenfalls nicht zu erwarten. Die Zinsen liegen bei null, und wie wir gesehen haben, müssen wir eher noch mit Bemühungen rechnen, die Zinsen in den negativen Bereich zu drücken. Aktien, Immobilien und alle anderen Arten von Vermögenswerten sind bereits so hoch bewertet, dass vom heutigen Niveau ausgehend ebenfalls nur geringe künftige Renditen zu erwarten sind. Wahrscheinlicher sind Verluste.

Bei einem Zinsniveau von 5 Prozent lassen sich Depot-, Fonds- und Transaktionsgebühren von mehreren Prozentpunkten vielleicht noch ertragen – im Nullzinsumfeld gilt dies sicherlich nicht. Machen Sie sich die Mühe und rechnen Sie einmal die Kosten Ihrer Geldanlage durch. Berücksichtigen Sie dabei

- Grundgebühren für Konto und Depot,
- Handelsgebühren für An- und Verkauf von Wertpapieren,
- Ausgabeaufschläge für Investmentfonds von bis zu 5 Prozent,
- laufende Verwaltungskosten in den Investmentfonds,
- eventuell Kosten für die Vermögensverwaltung durch die Bank oder einen externen Betreuer.

Schneller als Sie denken, erreichen Sie damit jährliche Kosten von 3 Prozent und mehr. Besonders ärgerlich sind die Vermögensverwaltungsangebote der Banken, die nicht nur die Transaktionskosten regelmäßig nach oben treiben, sondern die auch durch den systematischen Kauf eigener Fonds für das Portfolio bewusst mehrstufig kassieren.

Einem meiner Kunden mit einem Wertpapierdepot von 2 Millionen Euro wurde im Sommer 2015 von einer Großbank vorgeschlagen, einen frei werdenden Betrag von 100 000 Euro auf fünf verschiedene Positionen aufzuteilen. Vier davon waren hauseigene Fonds. Unter Kostengesichtspunkten führt dieser Vorschlag in ein Desaster und auch unter Anlagegesichtspunkten ist er unsinnig. Selbst wenn sich eine der Investitionsideen als brillant erweist, wäre die Wirkung auf das Gesamtportfolio nicht spürbar. Es empfiehlt sich, diszipliniert zu diversifizieren, jedoch immer in relevanter Größenordnung.

> Der erste Schritt bei der Geldanlage in der Eiszeit lautet deshalb: Kosten senken.

Wählen Sie eine Direktbank anstelle einer teuren Universalbank. Meiden Sie Fonds mit Ausgabeaufschlag. Kümmern Sie sich idealerweise selber um Ihr Geld, anstatt Gebühren für eine schlechte Leistung zu zahlen. Zieht man einen externen Experten dazu, so kostet auch dies natürlich etwas, es kann aber sinnvoll sein. Doch auch hier gilt: auf die Kosten achten.

Scheuen Sie sich nicht, zu verhandeln. Meiner Erfahrung nach sind alle Gebühren verhandelbar.

## Hin und her macht Taschen leer

Ein weiterer wichtiger Aspekt ist das Verhalten. Die meisten Anleger handeln zu viel. Theoretisch sollten man den Kapitalmarkt schlagen, wenn man sich darauf konzentriert, unterbewertete Aktien zu kaufen und an diesen lange genug festzuhalten. In der Tat haben Aktienfonds, die sich auf diese Strategie konzentrieren, in der Zeit von 1991 bis 2013 mit 9,4 Prozent Rendite pro Jahr vor Gebühren den Aktienindex S&P 500 geschlagen.

Der typische Investor in diesen Fonds erwirtschaftete dagegen nur 8,1 Prozent Rendite. Warum? Weil er nicht konsequent dabei blieb. Investoren müssen die Geduld haben, zuzuschauen, wenn andere, die mit ihren Anlagen der jeweiligen Mode folgen, vorübergehend bessere Ergebnisse erzielen.

Doch anscheinend gelingt dies nur den wenigsten. Anleger neigen dazu, das zu kaufen, was sich, gemessen am Preis, gut entwickelt hat, und jenes zu verkaufen, was gelitten hat. Folglich kaufen sie eine Aktie oder einen Fonds erst, wenn der Preis des Papiers bereits einige Zeit lang gestiegen ist. Umgekehrt verkaufen sie nach einigen schlechten Jahren, oftmals kurz bevor der Trend sich umkehrt.

Das Problem ist bekannt: egal ob bei Aktienfonds, einzelnen Aktien oder gar Hedgefonds: Die Anleger handeln zu viel. Warren Buffett hat dieses Phänomen folgendermaßen beschrieben[134]:

»Vor langer Zeit hat der geniale Sir Isaac Newton die drei Grund-gesetze der Bewegung entwickelt. Bei seiner Geldanlage war er nicht so talentiert. Er verlor viel Geld in der Südseeblase und klagte später, er könne die Bewegung der Sterne berechnen, aber nicht die Dummheit der Menschen. Hätte ihn das nicht so traumatisiert, so hätte er vielleicht das vierte Gesetz der Bewegung entdeckt: Die Er-träge aller Investoren sinken, wenn die Bewegung zunimmt.«

Oder, um es mit den Worten eines guten Bekannten zu sagen: »Hin und her macht Taschen leer.«

Irving Kahn, eine Wall-Street-Legende, brachte es so auf den Punkt: »Ich würde Privatanlegern raten, nicht auf die Meinungen, die sie im Radio, im Fernsehen oder im Internet finden, zu hören. Diese sind nicht hilfreich. Die Leute sagen »billig kaufen, teuer ver-kaufen«, aber das kann man nicht machen, wenn man der Herde folgt. Man muss die Disziplin und das Temperament haben, den momentanen Strömungen zu widerstehen. Menschen haben, was die Kapitalmärkte betrifft, die falschen Instinkte. Wenn man dies er-kennt, kann man dem Drängen widerstehen, in der Rally zu kaufen und im Abschwung zu verkaufen.«

Wie sehr der Grundsatz der langfristigen Perspektive sich aus-zahlt, zeigt das Beispiel des *Corporate Leaders Trust Fund* in den USA.[135] Der 1935 gegründete Fonds kaufte Aktien von 30 US-Un-ternehmen. Die Gründer verfügten, dass der Fonds diese Aktien niemals verkaufen durfte und dass auch keine weiteren Werte hin-zukommen durften. Diese Strategie wurde über 80 Jahre hinweg verfolgt. Obwohl einige der Unternehmen in der Zwischenzeit plei-tegegangen sind und andere durch mehrere Fusionen und Über-nahmen den Charakter ihrer Geschäftätigkeit geändert haben, fin-den sich immer noch einige der Unternehmen aus dem Jahr 1935 im Portfolio, so das Chemieunternehmen Du Pont, der Mischkonzern General Electric und der Konsumgüterhersteller Procter & Gamble. Insgesamt hielt der Fonds Anfang 2015 noch 21 Positionen.

Das Ergebnis dieser Strategie kann sich sehen lassen. Von allen im Jahr 1935 gegründeten Fonds wies der beschriebene in den letzten 41 Jahren die beste Wertentwicklung auf. Seit Februar 2001 hat der Fonds den S&P-500 geschlagen. Während er auf ein Plus von 239 Prozent kommt, muss sich der Index mit 125 Prozent bescheiden. Seit 1970 hat der Fonds im Durchschnitt jährlich 11 Prozent gewonnen. Dabei ist er sogar attraktiver als → Indexfonds, weil Letztere immer wieder Änderungen des Index nachvollziehen müssen. Dabei sind die Geschäfte der Unternehmen, die im Zuge solcher Änderungen in den Index aufgenommen werden, zuvor schon sehr gut gelaufen, was meist zu einer schwächeren Entwicklung in der Folgezeit führt.

Vielleicht hilft der Gedanke, dass jene, die es schaffen, den Markt zu schlagen, das nur können, weil sie länger durchhalten als alle anderen.

## Nicht auf ein Pferd setzen

Nicht alles, was in dem bereits zitierten *Spiegel*-Artikel stand, ist falsch. Einer der befragten Investoren empfahl, man solle möglichst diversifiziert anlegen, in einem breiten Portfolio mit entsprechender Anlagedisziplin. Alles andere ist in Wahrheit keine Geldanlage, sondern Spekulation. Und diese sollte man den Profis überlassen – oder aber nur mit dem Teil des Vermögens anstellen, den man als »Spielgeld« definiert und dessen Verlust im schlimmsten Fall man auch verkraften kann. Denn – so die Erfahrung über Jahrzehnte – den wenigsten gelingt es, den Markt zu schlagen.

Dies gilt vor allem für exotische → Anlageklassen wie Oldtimer, Kunst, Wein und die im Artikel genannten guten Whiskys und Streuobstwiesen. Hier gilt es, die Frage zu stellen: Was ist das Objekt noch wert, wenn es allein darum geht, Liquidität zu beschaffen? Sowohl im Szenario einer Deflation wie auch nach einer heftigen Inflation, selbst nach einer Vermögensabgabe, wird Geld das knappe Gut sein.

> Demzufolge werden alle Vermögenswerte im Vergleich mit den heutigen Verhältnissen an Kaufkraft einbüßen und jene von ihnen am attraktivsten sein, die entweder einen direkten praktischen Nutzen haben oder aber unmittelbar beleihungsfähiges Eigenkapital darstellen, um einen Neustart zu ermöglichen.

Wein und Whisky haben den Vorteil, dass man sie bei guter Lagerung wenigstens selber trinken kann, vielleicht als Trost, sonst nichts vom Vermögen gerettet zu haben. Ohnehin basiert die Empfehlung, in Whisky zu »investieren«, auf der Analogie zur Entwicklung der Preise von Spitzenweinen in den letzten Jahren. Deren Preise sind aber vor allem wegen der Nachfrage aus China stark gestiegen. Wer auf Whisky setzt, muss demzufolge glauben, dass a) chinesische Konsumenten ähnlich wild auf Whisky werden wie auf Wein und b) die chinesische Wirtschaft sich weiterhin gut entwickelt. Ersteres ist fraglich, Letzteres höchst unwahrscheinlich.

Ein Weinkeller dürfte nur bei außergewöhnlicher Größe und Qualität bei einem Neustart ein adäquates beleihungsfähiges Kapital darstellen. Er ist finanziell gesehen weitaus eher mit Kunst vergleichbar als mit produktiven Vermögensgegenständen. Letzteren kommt die Streuobstwiese vermutlich am nächsten, aber auch hier geht es um einen langfristigen Vermögenserhalt über einen Zeithorizont von 25 Jahren oder mehr.

Damit wird deutlich, woran ich bei dem Thema Geldanlage denke: an Risiko, an Ertrag, an Werthaltigkeit im Umfeld einer Krisensituation und an den langfristigen Kapitalerhalt. Die logische Folge ist eine Diversifikation in einem breiten Portfolio, das die folgenden Komponenten enthalten sollte:

- Liquidität,
- eine Krisenwährung,
- langfristig produktives Vermögen und

- potenziell beleihungsfähiges Eigenkapital.

Zusätzlich sollte das Portfolio eine überregionale Streuung aufweisen. Auf keinen Fall sollten Sie nur im Umfeld des eigenen Heimatortes investieren. Wenig spricht dafür, dass Deutschland die attraktivste Wirtschaftsregion der nächsten Jahrzehnte sein wird. Stichworte: Demografie, Bildung, Infrastruktur, Energiewende und Kosten der Eurorettung (oder -auflösung).

Die Antwort auf die Eiszeit sind keine exotischen Investitionsstrategien, sondern Disziplin und ein kühler Kopf. Vor allem geht es darum, Verluste zu vermeiden.

# WER VERLIERT, ERFRIERT

## Verluste vermeiden

Das Ziel der Zentralbanken und Politiker in den letzten Jahren war eindeutig: die Schuldenlast durch immer niedrigere Zinsen bedienbar zu halten. Dafür nahmen sie einen deutlichen Anstieg der Vermögenspreise in Kauf oder erklärten diesen gar zum eigentlichen Ziel. Höhere Vermögenswerte sollten den Konsum über den sogenannten → Vermögenseffekt anregen und damit die Rezession überwinden.

Investoren und Spekulanten blieb damit keine andere Wahl, als in immer riskantere Bereiche zu investieren, sollte ihr Kapital wenigstens bescheidene Zinsen abwerfen. Dabei akzeptierten sie immer geringere »Risikoprämien«, ließen sich das Risiko also nicht mehr adäquat bezahlen. Ein solches Verhalten steigert das Verlustrisiko überproportional.

Verluste schmerzen immer. Doch viel mehr schmerzen sie in einem Umfeld von Nullzinsen, in dem die zu erwartende Rendite aller Vermögenswerte gegen null konvergiert. Beispiel gefällig? Wer am 17. April 2015 die Bundesanleihe mit zehn Jahren Laufzeit und einer Rendite von 0,05 Prozent erworben hatte, der erlitt innerhalb von drei Wochen einen so großen Kursverlust, dass es rund 200 Jahre dauern würde, diesen Verlust durch die jährlichen Zinserträge (vor Steuern!) wieder wettzumachen.

Ein wichtiges Kriterium bei Investitionen ist der Preis, den man für ein bestimmtes Objekt bezahlen muss. Ist man beispielsweise bereit, für ein Mietshaus das 25-Fache der Nettokaltmiete zu bezahlen, so bedeutet dies angesichts der weiteren Kosten, die mit einer Immobilie verbunden sind, realistischerweise eine Rendite von 2 bis 3 Prozent vor Zinsen. Kann man sich günstig refinanzieren, so mag die Eigenkapitalrendite 4 bis 5 Prozent betragen. Höhere Renditen sollten Sie nicht erwarten, es sei denn, Sie rechnen mit weiteren Wertzuwächsen, weil die Mieten steigen oder die Kaufpreise noch weiter anziehen.

Damit liegt die erzielbare Rendite zwar über dem Zins für Bankeinlagen, berücksichtigt man aber das mit einer Immobilie verbundene Risiko, so ist der Unterschied nicht sonderlich groß. Wobei damit nicht gesagt sein soll, dass Geld auf dem Konto risikofrei wäre. Im Gegenteil. Der Fall Zypern hat gezeigt, dass Kontoguthaben kein Geld sind, sondern Forderungen gegen die Bank mit allen damit verbundenen Risiken.

Das beste Konzept für eine erfolgreiche Geldanlage ist einfach: Billig kaufen und teuer verkaufen. Es gibt also Zeitpunkte, in denen es günstig ist, zu kaufen – wie rückblickend im März 2009. Allerdings notierten die Aktien damals nur geringfügig unter ihren fundamentalen Werten, längst nicht so weit darunter wie Anfang der 1980er-Jahre, in einer Zeit eklatanter Unterbewertung. Umgekehrt gibt es Zeitpunkte, in denen es sich weniger lohnt, zu kaufen, und vielmehr die Gefahr herrscht, nur unterdurchschnittliche Erträge zu realisieren.

Welche Wirkung die Bewertung, also der Preis, beim Einstieg auf die Rendite hat, zeigt die folgende Tabelle mit Daten des US-Aktienmarkts.

Die Kenngröße CAPE *(cyclical adjusted price-to-earnings ratio* – rollierendes Kurs-Gewinn-Verhältnis) misst die Bewertung des Aktienmarktes nicht anhand der aktuellen Gewinne, sondern anhand eines gleitenden Durchschnitts der Gewinne der Vergangenheit. Damit wird versucht, eine relative Über- oder Unterbewertung zu identifizieren. Zu Jahresbeginn 2015 lag das CAPE über 25. Dies war in der Vergangenheit nur 12 Mal der Fall. Der höchste CAPE-Wert wurde Anfang 2000 mit 43,77 (!) verzeichnet.

Tabelle 1: Rendite des S&P-500-Index nach einem Kurs-Gewinn-Verhältnis von über 25

| S&P 500 Rendite nach CAPE über 25 | | | |
| --- | --- | --- | --- |
| | 1 Jahr | 2 Jahre | 5 Jahre | 10 Jahre |
| Durchschnitt | 6,23 % | 0,17 % | 0,27 % | 3,39 % |
| Median | 5,49 % | − 1,03 % | − 0,25 % | 2,92 % |
| Hoch | 33,36 % | 27,56 % | 10,70 % | 8,42 % |
| Niedrig | − 22,10 % | − 26,96 % | − 11,24 % | − 1,38 % |

Es gab 12 Perioden, in denen das CAPE am Jahresanfang über 25 lag, das letzte Mal im Jahr 2015. Der höchste CAPE-Wert von 43,77 wurde im Jahr 2000 erreicht. Die Höchstwerte der nachfolgenden Renditen beziehen sich alle auf das Jahr 1997 und sind deshalb als Ausnahmen anzusehen.

Quellen: Novel Investor, 20. Februar, 2015, bto-Analyse.

Die Tabelle weist die Rendite aus, die Kapitalanleger erzielten, wenn sie auf einem solchen Bewertungsniveau gekauft hatten. Im Durchschnitt ergaben sich im Folgejahr noch 6,23 Prozent, über zehn Jahre hinweg jedoch nur 3,39 Prozent. Im Median, der nicht so stark vom besten Jahr 1997 verzerrt ist (2007 war der nächste Höhepunkt), lag die Rendite bei 2,92 Prozent und im schlechtesten Jahr bei –1,38 Prozent. Wer teuer kauft, riskiert einen starken Einbruch und erzielt selbst über einen Zeitraum von zehn Jahren keine Rendite – schon gar nicht dann, wenn man die gleichzeitig fortschreitende Inflation berücksichtigt. Dies sollten alle jene im Hinterkopf haben, die angesichts der ungebremsten Liquiditätsflut der Notenbanken davon ausgehen, dass die Aktienkurse nicht mehr weiter sinken. Dies mag sein – auch wenn ich es für unwahrscheinlich halte –, bedeutet im Umkehrschluss jedoch nicht, dass die Investition sich gut verzinst.

Da es zu lang andauernden Phasen der Fehlbewertung kommen kann, ist bei der Geldanlage Disziplin gefragt. Man muss die Nerven haben, zu kaufen, wenn sonst kaum jemand es wagt, und es umgekehrt ertragen zuzusehen, wie andere Gewinne machen und man selber wie ein Trottel dasteht, der die große Party verpasst.

Die Notenbankpolitik seit 2009 hat nicht nur bei Aktien zu sehr hohen Kursen und damit voraussichtlich geringen Renditen geführt, sondern auch in allen anderen Anlageklassen. In Deutschland steigen die Immobilienpreise, Kunst feiert neue Auktionsrekorde und auch die Anleihenmärkte boomen. All das ist die Folge einer Politik, die versucht, mit einem Vermögenseffekt eine Konjunkturbelebung zu erzielen.

Unmittelbare Folge ist, dass die zu erwartenden Renditen von Kapitalanlagen deutlich geringer sind als die in den vergangenen Jahren realisierten – und dank des Schuldenbooms verzerrten. Der angesehene Bostoner Vermögensmanager GMO trifft jedes Jahr Vorhersagen bezüglich der zu erwartenden Rendite verschiedener Vermögenswerte, basierend auf einer Analyse des fundamentalen Werts und der aktuellen Preise. Zurzeit sieht die Zukunft so aus wie in Abbildung 8 dargestellt.

Offensichtlich sind aufgrund der schon stark gestiegenen Bewertungen keine großartigen Renditen für die kommenden Jahre zu erwarten, egal in welche Anlageklasse man investiert.

Zum einen ist das der Geldpolitik der letzten Jahre geschuldet, zum anderen passt es auch zum Szenario »Eiszeit«. In einem Umfeld mit langfristig geringem Wachstum, deflationären Tendenzen und Druck zum Schuldenabbau kann man keine Kapitalrenditen in Größenordnungen wie in den Jahrzehnten zuvor erwarten. Zum Vermögenserhalt wird man im Hinblick auf die gegebenen Risiken einer alternativen Entwicklung (Inflation, Pleiten, Besteuerung) nicht umhinkommen, trotz der hohen Bewertung in den Märkten aktiv zu bleiben. Zudem sollte man sich daran erinnern, dass Cash beziehungsweise liquides Vermögen ebenfalls eine Anlageklasse ist. Vordergründig mag der garantierte Verlust durch Inflation oder gar Negativzinsen abschreckend wirken. Doch verglichen mit den Verlusten bei einer deutlichen Korrektur im Aktienmarkt sind diese Kosten gering.

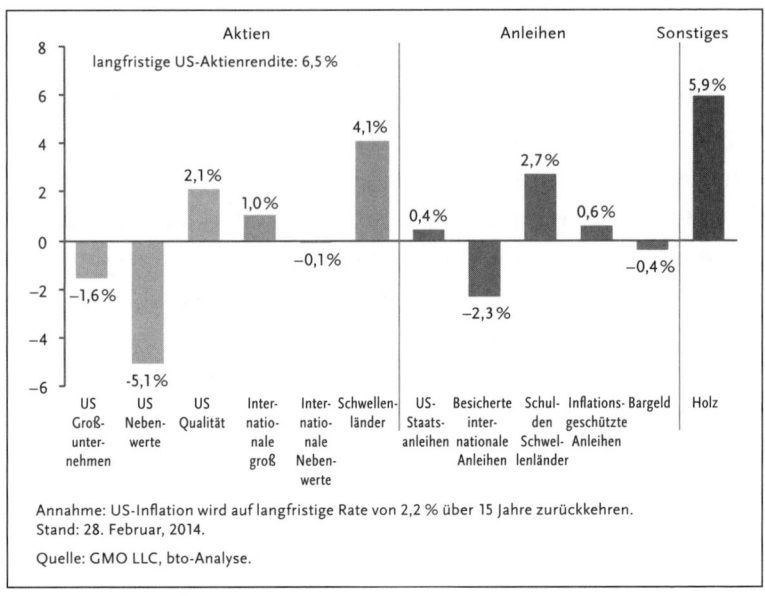

Annahme: US-Inflation wird auf langfristige Rate von 2,2 % über 15 Jahre zurückkehren.
Stand: 28. Februar, 2014.
Quelle: GMO LLC, bto-Analyse.

Abbildung 8: Erwartete jährliche Renditen von Vermögenswerten über die kommenden sieben Jahre

Fazit: Diejenigen Anleger, die bereits investiert haben, sollten angesichts der Bewertungsniveaus und der Unsicherheit bezüglich des weiteren Verlaufs ihr Liquiditätspolster vergrößern. Diejenigen, die bisher nur auf Cash gesetzt haben, sollten jetzt nicht hinterherrennen, aber durchaus mit einem Zeithorizont von Jahrzehnten auf ausgewählte Qualitätswerte setzen – in dem vollen Bewusstsein, dass es nur selten den optimalen Einstiegspunkt gibt.

## Im Einkauf liegt der Gewinn

Im Februar 2015 starb der bereits erwähnte Irving Kahn, der wohl älteste professionelle Investor der Welt, im Alter von 109 Jahren. Bis zuletzt verbrachte Kahn drei Tage pro Woche im Büro der von ihm mitgegründeten Investmentboutique Kahn Brothers Group Inc., in der auch sein Sohn und sein Enkel arbeiten. In seinen 86 aktiven Jahren an der Wall Street erlebte Kahn viele spektakuläre Entwicklungen: den Börsenkrach von 1929 – bei dem er sein Anfangskapital verdoppelte –, die Große Depression, den Zweiten Weltkrieg, den Kalten Krieg, die boomenden 1960er-Jahre mit den »Nifty-fifty« (den »50 Aktien, die jeder haben muss«), den Crash von 1987 und natürlich auch die letzte Finanzkrise. Hier die Essenz aus 89 Jahren Investmenterfahrung.[136]

Es begann mit Kahns erster Spekulation. Er verkaufte Aktien einer Bergbaufirma leer (das heißt Aktien, die er gar nicht besaß), und lieh sich das Geld für die erforderliche Sicherheit bei einem Verwandten, der sicher war, die Spekulation würde schiefgehen. Schließlich sei es unmöglich, gegen einen Bullenmarkt zu wetten. Wenig später, im Crash von 1929, verdoppelte Kahn seinen Einsatz und kam zur ersten wichtigen Schlussfolgerung: »Großer Enthusiasmus mit Blick auf eine Industrie oder ein spezielles Unternehmen ist typischerweise ein Zeichen für große Risiken.« Sicherlich würde er das heute angesichts der Verfassung des allgemeinen Aktienmarkts auch so sehen.

Danach wandelte Kahn jedoch seinen Anlagestil. Statt auf fallende Kurse zu setzen, suchte er systematisch nach unterbewerteten Unternehmen. Zugleich vermied er es, mit geliehenem Geld zu arbeiten. Auslöser für diesen Strategiewandel war seine Bekanntschaft mit Benjamin Graham, Professor an der Columbia University und Begründer des als »Value Investing« bekannten Ansatzes zur Kapitalanlage.

»Value Investing war der Blueprint für analytisches Investieren im Gegensatz zur Spekulation«, fasst Kahn den Ansatz zusammen. Dabei wird der fundamentale Wert einer Aktie durch die Analyse von Finanzkennziffern wie Kurs-Gewinn-Verhältnis (KGV oder PE), → Kurs-Buchwert-Verhältnis (KBV), Dividendenrendite, Verschuldungsgrad oder Gewinnwachstum ermittelt. Nur wenn der fundamentale Wert der Aktie deutlich über dem Preis liegt, den

man an der Börse für sie bezahlen muss, ist eine Investition angezeigt. → Value-Investoren würden demzufolge nur dann am Aktienmarkt kaufen, wenn die Kurse unterhalb der fundamentalen Werte
liegen.

Kahn erinnert sich an die vielen guten Gelegenheiten in der
schwersten Börsenkrise des letzten Jahrhunderts: »Während der
Großen Depression konnte ich Aktien finden, die mit enormen Ab-
schlägen gehandelt wurden. Von Ben Graham habe ich gelernt, dass
man durch das Studium der Finanzkennziffern Aktien identifizieren konnte, die nur 50 Cent pro Dollar kosteten. Er nannte das die
›Sicherheitsmarge‹ und das ist immer noch das beste Mittel zum
Risikomanagement.«

Graham fasste seine Erkenntnisse in dem Buch *Security Analysis*
zusammen, welches heute noch die Bibel für Value-Investoren ist.
Der berühmteste und wohl auch erfolgreichste Schüler Grahams ist
übrigens Warren Buffett, der durch die konsequente Befolgung von
Grahams Prinzipien immerhin zum zweitreichsten Menschen der
Welt nach Bill Gates wurde.

Kahn hielt bis zuletzt an dieser Strategie fest. Nach jedem Einbruch kaufte er gezielt Aktien von Qualitätsunternehmen, die unter
Wert gehandelt wurden. »Diese findet man immer, so man geduldig
ist und wartet. Umgekehrt gibt es immer auch hervorragende Unternehmen, die zu teuer sind. Ein Value-Investor kauft diese nicht,
obwohl sie sehr gut sind. Sie sind einfach zu teuer.«

Nun könnte man glauben, dass die Befolgung der Value-Strate-
gie durch viele Marktteilnehmer dazu führt, dass es keine Abweichungen vom fundamentalen Wert mehr gibt. Dem ist aber nicht
so. Geholfen hat dabei sicherlich die Hypothese effizienter Märkte,
also die Annahme, dass Kapitalmärkte zu jedem Zeitpunkt alle verfügbaren Informationen rational verarbeiten, weshalb sich letztlich
keine falschen Preise bilden können. Warren Buffett soll in diesem
Zusammenhang einmal gesagt haben, er würde liebend gern Lehr-
stühle finanzieren, die diese Hypothese verbreiten, weil so mehr
Chancen für Value-Investoren entstünden.

Ein weiterer Grund dürfte darin liegen, dass Indexfonds enorm an Popularität gewonnen haben. Die Gebühren, die aufgrund einer Investition in solche Fonds anfallen, liegen deutlich unter den Kosten aktiv verwalteter Fonds und den Managern Letzterer gelingt es nur selten, den Aktienmarkt zu schlagen. Die Folge dieser zunehmend an Marktindizes orientierten Investitionsstrategie ist naturgemäß ein Herdenverhalten. Kapital fließt in die allgemein als positiv eingeschätzten Segmente und auch die aktiv verwalteten Fonds können sich diesen Trends nicht entziehen. Die meisten Manager versuchen, durch eine gezielte, aber nicht zu große Abweichung vom Index bessere Ergebnisse zu erzielen. Nach Berücksichtigung der Kosten gelingt dies nur den wenigsten. Das darf auch nicht überraschen, denn letztlich können alle aktiven Fonds in der Summe nur so gut sein wie der gesamte Markt. Zieht man dann die Kosten ab, so bleibt zwangsläufig eine unterdurchschnittliche Wertentwicklung.

Indexfonds verteilen Kapital mechanistisch nach dem Anteil einer Aktie am Gesamtindex. Es erfolgt also keine Analyse der fundamentalen Wertveränderungen. Stattdessen richten die Fondsmanager ihr Handeln nach der Wertentwicklung der Vergangenheit aus: Steigt der Kurs der Aktie relativ zum Index, so sind sie gezwungen, den Bestand an dieser Aktie aufzustocken. Folglich werden jene Werte gekauft, die bereits gut gelaufen sind, und umgekehrt. Da der Index auch für die aktiven Fondsmanager der Vergleichsmaßstab ist, orientieren sich diese am Index und weichen immer weniger davon ab – was dann wiederum erklärt, weshalb die Wertentwicklung nach Kosten so unbefriedigend ist.

Betrachten wir ein Beispiel: Im Jahr 2014 legte der breit gefächerte Russell-1000-Index der großen US-Aktien um 11 Prozent zu. Die Kurse der besten 200 der in diesem Index vertretenen Aktien stiegen im Durchschnitt um 44,3 Prozent, während die der schlechtesten 200 Aktien 16 Prozent verloren. Offensichtlich besteht hier einiges an Spielraum für aktive Manager, den Markt zu schlagen, indem sie die richtige Auswahl treffen. Je näher sie jedoch am Index bleiben, desto geringer ist die Wahrscheinlichkeit, dies zu schaffen. Dabei war 2014 die Bandbreite der Entwicklung der einzelnen Werte im historischen Vergleich noch gering – dank der Politik der Notenbanken, die alle Boote steigen ließ.

Gute Geldanlage erfordert im Unterschied zur Nachahmung eines Index eine fundamentale Analyse, bei der die zukünftige Wertentwicklung, basierend auf der Veränderung der Ertragskraft, zum heute zu zahlenden Preis in Relation gesetzt wird. Nur dann, wenn eine positive Entwicklung zu erwarten ist, die vom Markt noch nicht »eingepreist« wurde, ist mit einer überlegenen Wertentwicklung zu rechnen.

Investitionen auf fundamentaler Basis wirken marktstabilisierend. Ist eine Aktie zu teuer, so wird sie verkauft; ist ihr Preis übermäßig gefallen, so wird sie gekauft. Wer sich am Index orientiert, handelt genau gegenteilig: Er kauft, wenn der Kurs steigt, und verkauft, wenn er fällt. Als das Indexinvestment eingeführt wurde, war dies noch kein Problem, weil die Bewegungen der Aktie von den fundamentalen Faktoren ausgelöst wurden.

Wenn nur auf → Marktkapitalisierung und die Veränderung derselben geschaut wird, ist das Herdenverhalten und damit die Gefahr von überschießenden Kursbewegungen in beide Richtungen die zwangsläufige Folge. In dieser Hinsicht ist die abnehmende Streuung der Ergebnisse der Geldmanager ein Warnsignal für den Markt – wie auch die geringe Volatilität. Die Gefahr eines deutlichen Einbruchs wächst. Dem einzelnen Geldverwalter mag dies egal sein, ist doch sein Karriererisiko geringer, wenn er mit allen mitschwimmt, anstatt gegen den Strom zu schwimmen.

Bei Rentenfonds ist das Ganze noch problematischer. Gerade die Anleihen schlechter und damit risikoreicher Schuldner haben tendenziell einen höheren Anteil am Index. Man denke nur an die Staatsanleihenmärkte Europas, auf denen Italien dominiert. Ist es wirklich klug, vor allem denjenigen sein Geld zu geben, die am meisten Schulden haben? Wohl kaum. Steigen die Zinsen, gehen die Indexfonds in die Knie. Kein Manager versucht, die Kursverluste durch Absicherung oder geschickte Auswahl der Papiere und Laufzeiten zu begrenzen.

Wer heute in Indexfonds investiert, entscheidet sich für den sicheren Verlust – bei Renten- wie auch Aktienfonds. Aktive Manager haben nicht zuletzt auch deswegen in letzter Zeit besonders schlecht abgeschnitten, weil sie die liquiden Mittel nicht in vollem Umfang investiert, sondern ihren Anteil mit Blick auf die Bewertungen erhöht haben. In den kommenden Jahren dürfte sich eine solche Strategie jedoch auszahlen. Die Auswahl der Aktien wird merklich an Bedeutung gewinnen.

Im Hinblick auf die denkbaren Szenarien der weiteren wirtschaftlichen Entwicklung bin ich von der Investition in Indexfonds nicht überzeugt. Unter Kostengesichtspunkten sind diese bis zu einer bestimmten Vermögensgröße der effizienteste Weg, um einen Teil des Vermögens anzulegen. Allerdings hält man als Anleger dann auch Werte, die man vor dem Hintergrund der weiteren Entwicklung der Krise nicht haben möchte. Aus meiner Sicht sind das unter anderem

- bestimmte Branchen wie Banken, Versicherungen und Luxuskonsumgüter, aber auch Fluggesellschaften (diese Branche verdient strukturell kein Geld);
- bestimmte Länder – Krisenländer, in denen mit Veränderungen der Kapitalverkehrsfreiheit und der Besteuerung gerechnet werden muss;
- Unternehmen mit schwachem Geschäftsmodell, stark schwankenden Cashflows und hoher Verschuldung.

Ist das Vermögen groß genug, so bietet sich eine Investition in einen aktiv verwalteten Fonds an, der einen globalen, kaufkraftbereinigten Vermögenserhalt anstrebt. Steht ein solches Instrument nicht zur Verfügung, so sollte der Anleger ernsthaft erwägen, sein eigenes Portfolio zusammenzustellen. Das Management dieses Portfolios sollte sich an den Grundsätzen Grahams orientieren, den

Schwerpunkt auf robuste Branchen in sicheren Ländern setzen und langfristig ausgerichtet sein.

## Recht haben ist etwas anderes als recht bekommen

Wer die Kernthese der Eiszeit mit erheblichen Vermögensrisiken teilt, der läuft Gefahr, zu früh auf bestimmte Trends zu setzen. Dabei lehrt die Erfahrung, dass es (zu) lange dauern kann, bis sich die erwartete Entwicklung einstellt.

So erging es dem Hedgefonds-Manager John Taylor. Der Amerikaner spekulierte mit seinem auf Währungen spezialisierten Fonds FX Concepts 32 Jahre lang mit Devisen und verwaltete auf dem Höhepunkt seiner Karriere bis zu 14 Milliarden US-Dollar. Taylor, auch »Mister FX« (FX = Devisen) genannt, war eine Legende an der Wall Street. 2014 ging sein Fonds pleite und nun muss Taylor, wie *Die Zeit* durchaus schadenfroh berichtete, aus seinem 400 Quadratmeter großen Apartment am Central Park ausziehen.[137]

Wie es dazu kam? Nun, Taylor hatte richtig, aber unvollständig analysiert. Gleich zu Beginn der Eurokrise begann er, massiv gegen den Euro zu spekulieren. Dabei ging er von der ökonomisch sehr wohl zutreffenden Feststellung aus, dass die Eurozone ein falsches Konstrukt ist, die meisten Krisenländer überschuldet sind und die Bevölkerungen der Länder den eingeschlagenen Sparkurs nicht lange akzeptieren werden. Das machte ihn zu einem der »meistgehassten Männer in Europa«, vor allem weil er mit Milliarden auf einen raschen Kursverfall des Euro wettete.

Wenige Freunde brachte ihm die Feststellung, der Euro sei wie ein Huhn, dem man den Kopf abgeschlagen habe und das nur noch ein paar Runden über den Hof drehe, bevor es tot umfallen werde. Die *Bild*-Zeitung prangerte ihn an, die Politiker schäumten und er erhielt sogar Morddrohungen.

Wie beschrieben, sind die Probleme der Eurozone auch nach acht Jahren Krise nicht gelöst. Taylors fundamentale Analyse ist demzufolge immer noch richtig. Das Huhn – um in Taylors Bild zu bleiben – rennt immer noch kopflos herum, aber es rennt eben noch. Immer dann, wenn es umzufallen drohte, haben die Politik und die EZB gehandelt.

Taylor hielt dennoch an seiner Spekulation fest, und als 2012 Griechenland ein weiteres Rettungspaket brauchte und Spanien an den Kapitalmärkten deutlich unter Druck geriet, schien seine Wette aufzugehen. Doch dann äußerte EZB-Präsident Mario Draghi sein mittlerweile berühmtes Versprechen, »alles Erdenkliche« zu tun, um den Euro zu erhalten. Damit war klar, dass jeder, der gegen den Euro und die Krisenländer spekuliert, gegen die EZB handelt, die wiederum über unbegrenzte Munition verfügt. Der Euro gewann erneut an Wert, die Anleihen der Krisenländer setzten zu einer Aufwärtsbewegung an, die Jahre anhalten sollte. Im Vertrauen auf das Versprechen der EZB deckten sich Investoren mit diesen Papieren ein und stützten so Kurse und Euro.

Heute wissen wir, dass die EZB ihr Versprechen gehalten hat. Obwohl die Zinsen bereits auf historischen Tiefständen angekommen sind, wurde das Aufkaufprogramm für Staatsanleihen beschlossen – und zwar unbefristet! Dies hat keinerlei Wirkung auf die Realwirtschaft, signalisiert aber den Investoren, dass sie sich unter allen Umständen auf die EZB verlassen können. Ein garantierter Gewinn.

Fundamental wurden die Probleme der Eurozone damit nicht gelöst, weshalb Taylors Analyse nach wie vor zutrifft. Nur die Spekulation gegen den Euro und die Krisenländer ging nicht auf. Immer mehr Kunden sprangen ab, der Wert des von Taylor verwalteten Fonds entwickelte sich angesichts der laufenden Wette gegen den Euro einfach zu schlecht. Am Ende stand die Pleite – mit großen Vermögensverlusten auch für Taylor selbst.

Mark Blyth, Professor für internationale Wirtschaftspolitik an der Brown University und ein prominenter Kritiker der Europolitik, stimmt Taylors Analyse der wirtschaftlichen Situation zu. Jedoch habe Taylor nicht verstanden, wie unbeugsam der Wille der europäischen Politiker und Notenbanker sei, den Euro zu verteidigen, obwohl dies ökonomisch sinnlos sei.

Für mich ist dies ein gutes Beispiel für eine wichtige Maxime der Geldanlage.

> Die fundamentale Analyse mag noch so richtig sein, sie muss sich dennoch nicht in entsprechenden Entwicklungen am Kapitalmarkt niederschlagen.

Obwohl Taylor bereits 70 Jahre alt ist, stehen seine Chancen nicht schlecht, die von ihm erwarteten Entwicklungen zumindest teilweise noch zu erleben. Die Politik kann ökonomische Gesetze nur zeitweilig aushebeln, nicht jedoch dauerhaft.

Nun wird der eine oder andere Leser darauf pochen, dass Taylors Analyse eben unvollständig war, weil er den politischen Willen, am Euro festzuhalten, unterschätzte. Dennoch können sich auch ohne politische Einflussnahme die Kapitalmärkte länger irrational verhalten.

So war es auch vor dem Platzen der Internetblase im Jahr 2000. Bereits im Dezember 1996 sprach der damalige amerikanische Notenbankpräsident Alan Greenspan unter Bezugnahme auf das Bewertungsniveau der US-Börse von »irrationalem Überschwang«. Diesen Begriff wählte übrigens der Yale-Professor und spätere Nobelpreisträger Robert Shiller zum Titel seines Buches, das im Jahr 2000 erschien. Shiller lag mit seiner Botschaft zeitlich gesehen richtig – sicherlich mehr zufällig als geplant. Die Aktienmärkte erreichten im Frühjahr 2000 ihren Höhepunkt und fielen danach stark zurück.

War Greenspans Analyse also falsch? Keineswegs. Bereits im Jahr 1996 notierten die Aktienkurse um rund 20 Prozent über ihrem langfristig gerechtfertigten Niveau. Ein Jahr später war die Bewertung der amerikanischen Börse so hoch wie seit 1929 nicht mehr. Wer also auf die fundamentalen Faktoren wie Unternehmensgewinne und Umsatzwachstum achtete, konnte nur zu dem Schluss kommen, dass die an der Börse gehandelten Papiere viel zu teuer waren. Für einen Spekulanten sah es wie eine sichere Wette aus. Noch immer haben die Aktienmärkte zu ihrem fundamental gerechtfertigten Niveau zurückgefunden.

Doch die Party dauerte an. Die »Bären« – also diejenigen, die auf fallende Kurse setzten – verloren immer mehr Geld und mussten aufgeben. Die Crash-Propheten wurden verlacht. Es galt die Überzeugung: *This time is different* – diesmal ist es anders. Der Internetboom würde die Wirtschaft fundamental verändern und einen neuen inflationsfreien Boom auslösen. Dies würde die Aktienkurse mehr als rechtfertigen.

In der Spitze notierte der US-Markt bei dem 2,7-Fachen des fundamental gerechtfertigten Wertes. 1929 war »nur« das 1,8-Fache erreicht worden. Beide Male war die Überbewertung der Märkte offensichtlich und eine Spekulation auf fallende Kurse naheliegend. Beide Male dauerte die Überbewertung lange an. Auch heute liegen die Bewertungen der Börsen weit über dem fundamental gerechtfertigten Niveau (Abbildung 9). Auch heute gibt es die Stimmen, die unter Verweis auf die Politik der Notenbanken feststellen, dass es diesmal ganz anders sei. Auch heute gibt es Crash-Propheten, über die man sich in den Medien lustig macht.

Wie der Vergleich von Markt- und Fundamentalwerten in dieser Langfristanalyse zeigt, notieren Aktien seit Beginn der Aufschuldungsphase in den 1980er-Jahren fast durchwegs auf hohem Niveau. Auch im Sommer 2015 lagen die Kurse im Durchschnitt weit über ihrem langfristig gerechtfertigten Wert. Lange Phasen der Fehlbewertung sind also durchaus mehr als graue Theorie, vor allem wenn die Geldpolitik solche Phasen unterstützt.

Ein Markt erreicht die Crashzone, sobald die Finanzierungskosten den Wertzuwachs des auf Kredit gekauften Vermögensobjekts

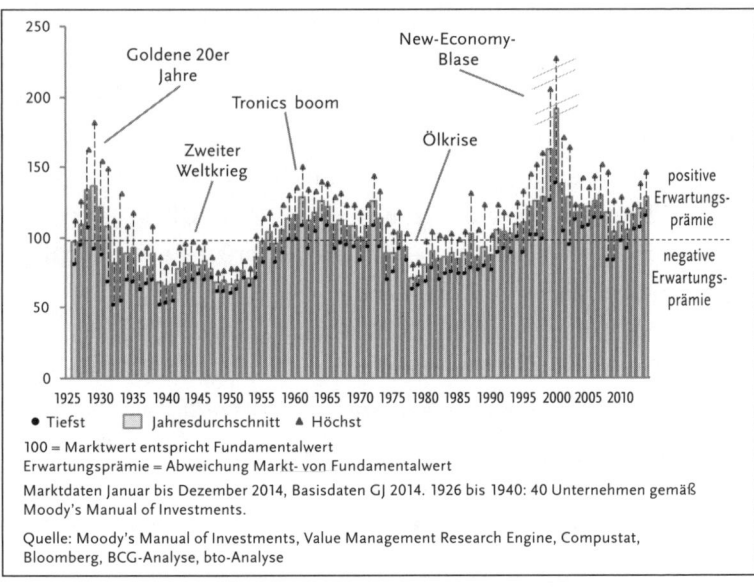

250

200

150

100

50

0

Goldene 20er
Jahre

Tronics boom

Zweiter
Weltkrieg

New-Economy-
Blase

Ölkrise

positive
Erwartungs-
prämie

negative
Erwartungs-
prämie

1925 1930 1935 1940 1945 1950 1955 1960 1965 1970 1975 1980 1985 1990 1995 2000 2005 2010

● Tiefst    ☐ Jahresdurchschnitt    ▲ Höchst

100 = Marktwert entspricht Fundamentalwert
Erwartungsprämie = Abweichung Markt- von Fundamentalwert

Marktdaten Januar bis Dezember 2014, Basisdaten GJ 2014. 1926 bis 1940: 40 Unternehmen gemäß
Moody's Manual of Investments.

Quelle: Moody's Manual of Investments, Value Management Research Engine, Compustat,
Bloomberg, BCG-Analyse, bto-Analyse

Abbildung 9: Bewertung der US-Aktienbörse (S&P Industrial) relativ zum fundamental gerechtfertigten Wert

übersteigen. Der Wertzuwachs besteht neben dem laufenden Ertrag wie etwa der Dividende vor allem im Kursgewinn. Zu den Finanzierungskosten gehören neben den fälligen Zinsen auch die Veränderungen von Wechselkursen. Wer sich in Yen verschuldet hat, um deutsche Aktien zu kaufen, der gerät unter Druck, sobald die Aktienkurse fallen oder aber die Zinsen steigen und der Yen im Verhältnis zum Euro aufgewertet wird. Ohne Kauf auf Kredit wären Blasen an den Finanzmärkten unmöglich. Erst das zu billige Geld erlaubt die Spekulation und bildet damit die Grundlage für Exzesse und nachfolgenden Katzenjammer.

Dabei kommt es zu einem verheerenden Verstärkungseffekt. Zunächst erkennen nur wenige die lohnende Spekulation. Kredite werden vorsichtig nachgefragt, die Finanzpreise beginnen, langsam zu steigen. Dann merken auch andere Investoren auf und werden von der positiven Kursentwicklung (dem »Momentum«) angelockt. Die Überzeugung wächst, dass es sich um eine risikoarme Spekulation handelt, und die Bereitschaft, mit Schulden zu arbeiten, nimmt weiter zu. Zugleich werden Versuche angestellt, die Entwicklung rational zu begründen. Neue Technologien untermauern den Anstieg oder, so wie heute, die »Alternativlosigkeit« der Anlage in Aktien. Immer mehr springen auf den fahrenden Zug, die Kurse steigen und zu guter Letzt wird auch die breite Öffentlichkeit angelockt. Die Spätphase der Aufwärtsbewegung beginnt. Und diese kann, wie in den Jahren 1999/2000 gut zu beobachten war, in einer letzten rasanten Beschleunigung münden. Ihr Ende findet sie, wenn all diejenigen, die kaufen wollen, auch gekauft haben. Die Preise steigen nicht mehr weiter, erste Kursrückgänge treten ein. Die Investoren werden nervös, die ersten Kredite werden fällig. Das ist der Moment, in dem die Entwicklung abbricht.

Der Abstieg erfolgt nicht langsam und geordnet, sondern abrupt, chaotisch und brutal. Die Investoren haben sich in eine Sackgasse manövriert und wollen und müssen nun alle durch denselben Ausgang wieder hinaus. Je weiter sie in die Sackgasse gegangen sind und je enger der Ausgang ist, desto brutaler und chaotischer wird der Einbruch an den Märkten.

Wie weit sind wir schon in die Sackgasse gegangen? Das Jahr 2015 ist immerhin bereits das sechste Jahr des maßgeblich von der Politik des billigen Geldes geförderten Kursaufschwungs. Der Treibstoff für eine Börsenhausse ist da und wird uns wohl noch nicht so bald ausgehen.

In ihrem *Global Asset Price Monitor* hat die Ratingagentur Moody's die globalen Märkte im Sommer 2015 auf Indizien einer Überhitzung untersucht. Dazu verglich sie die Bewertung an den Märkten mit dem zehnjährigen Durchschnitt. Während die Experten für den globalen Aktienmarkt Entwarnung geben – dieser notiert ziemlich genau auf dem Durchschnittswert –, sehen sie bei den Staatsanleihen auf globaler Ebene deutliche Überhitzungstendenzen.

Die Analyse der Finanzmärkte in den Industrieländern im Sommer 2015 ergibt ein besorgniserregendes Bild: Rund 50 Prozent der untersuchten Vermögensklassen sind laut Moody's mindestens eine Standardabweichung vom historischen Mittel entfernt. In Deutschland, Japan, den USA, Dänemark und Schweden sind sie mindestens 1,5 Standardabweichungen vom zehnjährigen Durchschnitt entfernt. Der DAX lag gar 2,5 Standardabweichungen über dem historischen Mittel.

Der Treibstoff für diese Entwicklung war die Liquiditätsschwemme der Notenbanken. Und Banken und Medien werden nicht müde, die Alternativlosigkeit der Anlage in riskanteren Assets wie Unternehmensanleihen, Staatsanleihen schwacher Staaten und Aktien zu predigen. Nur in einem solchem Umfeld ist es denkbar, dass Mexiko eine Anleihe mit 100 Jahren Laufzeit ausgibt und Spanien, trotz ungleich höherer Schulden und schlechterer Demografie als die USA, immerhin 50 Jahre Geld zu niedrigsten Zinsen bekommt.

Wir haben die Sackgasse schon recht weit abgeschritten. Doch die Historie lehrt, dass das nicht heißen muss, dass wir daran denken, umzukehren. Sicher ist nur eines: Die Renditen von Anleihen und Aktien, erworben zu heutigen Preisen, werden minimal sein.

Auch dieses Mal kann die Überbewertung – wie in den Jahren 2000 und 1929 gesehen – lange anhalten. Schon Keynes soll gesagt haben: »Markets can remain irrational a lot longer than you and I can remain solvent.« Damit hob er auf die Tatsache ab, dass Finanzmärkte weitaus länger von einem gerechtfertigten Preisniveau abweichen können – nach oben wie nach unten.

Nichts entscheidet so sehr über den Anlageerfolg wie das Timing. Und nichts ist so schwer wie die Bestimmung des richtigen Zeitpunkts. Im Jahr 2014 nahm der S&P 500 um 13,69 Prozent zu, der Durchschnittsinvestor in einem Aktienfonds machte dagegen nur 5,5 Prozent Gewinn. Bei Anleihen sah es nicht besser aus: Der Barclays Aggregate Index stieg um 5,97, der Durchschnittsertrag eines Anlegers in Anleihefonds lag bei 1,16 Prozent.[138] Dies lag nur zu einem geringen Teil an den Kosten der Fonds. Der Hauptgrund war, dass die Investoren nicht über den gesamten Zeitraum investiert blieben, sondern versuchten, den Markt zu »timen«, um die Rendite zu steigern. Erreicht haben sie damit das Gegenteil.

Was ist die Lösung? Einseitige Wetten auf den Einbruch von Aktienmärkten und die Veränderung von Währungsrelationen sicherlich nicht – mögen sie auf einer noch so guten fundamentalen Analyse beruhen. Die bessere Antwort auf eine Verzerrung im Kapitalmarkt bleibt das ausgewogene Portfolio. Es schützt vor allzu großen Rückschlägen. Und das ist es, was zählt. Denn in einem Umfeld von Nullzinsen und dauerhaft mageren Kapitalmarktrenditen kann es Jahre dauern, die Verluste aus fehlgeschlagenen Spekulationen wieder aufzuholen.

## Vorsicht mit Schulden

Bekanntlich sind die Szenarien der weiteren wirtschaftlichen Entwicklung mehr als unsicher. Angesichts der ungelösten Schuldenproblematik, der anhaltenden und zunehmenden Spannungen im Euroraum, der mittelfristig schlechten Wachstumsaussichten aufgrund von ungünstiger Demografie und unzureichenden Produktivitätsfortschritten bleiben folgende Szenarien denkbar:

- *Eiszeit.* Eine lange Phase wirtschaftlicher Stagnation, geringer Inflation/Deflation, geringer/negativer Zinsen, hoher und zunehmender Volatilität der Vermögenspreise, die tendenziell jedoch fallen.
- *Schuldenschnitt.* Es kommt zu einer geordneten Schuldenrestrukturierung mit Beteiligung der Vermögenden (entweder der direkten Gläubiger wie in Zypern oder über Besteuerung). Nach einem solchem Schnitt dürften sich die Wirtschaft, die Preise von Vermögenswerten und das Zinsniveau erholen.
- *Monetarisierung.* Die Notenbanken kaufen in großem Umfang Staatsanleihen auf und stellen diese zins- und tilgungsfrei. Optimisten sehen darin den schmerzfreien Weg zur Beendigung der Krise. Skeptiker verweisen auf die erhebliche inflationäre Gefahr.

- *Crash.* Es kommt zu ungesteuerten Pleiten von Schuldnern und damit verbundenen Verlusten für Gläubiger.

Hinzu kommt in allen Varianten die Frage nach der Zukunft der Eurozone: Fortbestand des Status quo, Ausscheiden einzelner Mitgliedsländer oder völliger Verfall?

In welchem der genannten Szenarien wäre es eine gute Idee, sich zu verschulden? Schulden sind gut, wenn man sie in der festen Absicht aufnimmt, sie zu tilgen und die Zinsen durch ein »Mehrprodukt« zu erwirtschaften. Fraglich sind sie, wenn man sie in der Hoffnung auf eine Wertsteigerung des gekauften Objekts eingeht, die ausreicht, um Zins- und Tilgungszahlungen zu decken. Dies funktioniert nur dann, wenn es einen weiteren Käufer gibt, der den entsprechend höheren Preis für das Objekt zahlt.

Schulden sind in den hier dargelegten Szenarien nur dann sinnvoll, wenn man an nominal steigende Vermögenspreise glaubt. Dies ist nach einem Schuldenschnitt in einigen Ländern denkbar, aber nicht in Deutschland, wo ein großer Teil der Gläubiger und Steuerzahler sitzt, welche die mit diesem Schritt verbundenen Kosten zu tragen haben. Wer sich verschuldet, geht folglich davon aus, dass es in absehbarer Zeit zu Inflation kommt. Kommt es hingegen zunächst zu einer langen Periode der Eiszeit, so stellen sich vermeintlich geringe Kreditzinsen als real sehr teuer heraus. Verfallen die Vermögenspreise nämlich, so werden selbst Kredite zu einem Zinssatz von null sehr rasch ziemlich teuer.

Nachdenklich stimmt, dass nach einem jahrzehntelangen Verschuldungsboom und damit verbunden einer immer höheren Bewertung von Vermögensgegenständen, zuletzt auch vom niedrigen Zinsniveau angetrieben, selbst in seriösen Medien für die Spekulation auf Kredit als sichere und intelligente Anlagestrategie geworben wird.

Die *Frankfurter Allgemeine Zeitung* vom 9. Februar 2015 empfiehlt unter dem Titel *Neue Anlagestrategien: »Lieber Aktien auf Pump kaufen als fürs Eigenheim sparen.«* Das ist eine Strategie, die bekanntlich nur funktionieren kann, solange die Wertsteigerung der auf Kredit gekauften Objekte (hier also Aktien und Eigenheim) die Zinskosten übertrifft. Die Logik der Autoren klingt auf den ersten Blick bestechend: »Wer langfristig in Aktien anlegt, kann deutlich mehr Rendite erzielen, als er für den Baukredit Zinsen bezahlt. Warum also die Aktien verkaufen und das Geld in das Haus stecken? Es könnte sich vielmehr anbieten, die Aktien zu behalten und beim Kauf des Hauses eine höhere Kreditsumme zu vereinbaren. Die meisten Banken ermöglichen das. Später können dann größere Geldbeträge nicht für Sondertilgungen genutzt werden, sondern auch für Aktienkäufe.«

Die *FAZ* schlägt also vor, beim Kauf eines Hauses weniger Eigenkapital einzusetzen und später auch nicht rasch zu tilgen, sondern stattdessen etwaige Mittelzuflüsse ebenfalls in Aktienkäufe zu investieren. Im Ergebnis geht der betreffende Haushalt also mehr Schulden ein und wird auch nach Ablauf von beispielsweise zehn Jahren mehr Schulden haben, als wenn er von Anfang an mehr Eigenkapital eingesetzt und so viel wie möglich getilgt hätte.

Die Begründung lautet folgendermaßen: »Seit den Siebzigerjahren erzielten die deutschen Aktien im Dax im Durchschnitt eine Rendite vor Steuern von 8,3 Prozent im Jahr. In diesem Zeitraum haben die Anleger trotz aller zwischenzeitlichen Aktiencrashs nie Verluste gemacht, sondern im schlechtesten Fall 2 Prozent, im besten aber 15,7 Prozent Gewinn im Jahr.«

Man muss sich allerdings immer in Erinnerung rufen, dass der Zeitraum seit den 1970er-Jahren den längsten Börsenboom aller Zeiten beinhaltet, basierend auf einer enormen Verschuldungsausweitung und bei einer im Trend immer höheren Aktienbewertung. Wurden Aktien Anfang der 1980er-Jahre mit einem Kurs-Gewinn-Verhältnis (KGV) von unter 10 gehandelt, so liegt das Niveau im Frühjahr 2015 deutlich darüber. Dabei muss man im Hinterkopf haben, dass nicht nur das aktuelle KGV mit über 15 deutlich höher liegt, sondern auch die Gewinne dank geänderter Vorschriften zur Rechnungslegung deutlich größer ausfallen. Würde man mit gleichen Gewinndefinitionen arbeiten, so wäre der Anstieg der Bewertung noch beeindruckender. Die Autoren der Studie machen hier denselben Fehler wie die Banken in ihren Risikomodellen: Sie arbeiten mit historischen Daten und schreiben diese in die Zukunft fort. Dabei kann eben diese Zukunft ganz anders aussehen.

»Schafften die Aktien 7 Prozent, lohnt es sich immer, in Aktien zu sparen, statt die Kreditlast zu reduzieren. Die Strategie brachte mehrere Zehntausend Euro Einsparungen.«

Wer jetzt noch nicht von der Strategie der Spekulation auf Kredit überzeugt ist, dem wird auch noch mit steuerlichen Vorteilen Appetit gemacht: »Bei vermieteten Wohnungen lohnt es sich tendenziell stärker, die Aktien zu behalten. Denn die Mieteinnahmen können mit den Kreditraten verrechnet werden, die Steuerlast sinkt im besten Fall auf null. Vorzeitiges Tilgen führt nur dazu, dass die Mieterlöse stärker versteuert werden müssen.«

Fassen wir zusammen: Die seriöse *Frankfurter Allgemeine Zeitung* rät ihren Lesern, sich so hoch wie möglich zu verschulden, wenn sie ein Eigenheim erwerben, und zusätzlich Geld in Aktien anzulegen, um dann über die zu erwartenden »sicheren« Kursgewinne das Darlehen leichter zu tilgen. Damit das funktioniert:

- müssen die Finanzierungskosten gering sein. Davon ist bis auf Weiteres auszugehen
- müssen die Aktien eine Mindestrendite von 4 Prozent pro Jahr abwerfen. In der Vergangenheit mag es leicht gewesen sein, solche Werte zu erzielen. Im Szenario »Eiszeit« sind sie unrealistisch. Strukturell geringes Wirtschaftswachstum, Schuldenabbau und Deflation sind kein gutes Umfeld für Aktien, wie sich in Japan seit 1989 gut beobachten lässt. Die Projektion des renommierten Bostoner Vermögensverwalters GMO für die kommenden Jahre geht übrigens von Aktienrenditen deutlich unter 4 Prozent für die kommenden sieben Jahre aus, weil die Aktien sich bereits auf einem sehr hohen Kursniveau befinden.

- dürfen zum Zeitpunkt der Fälligkeit die Börsen nicht gerade auf einem Tiefpunkt stehen
- müssen die Hauspreise zumindest stabil bleiben

Nun mag man bezüglich der Bewertung deutscher Immobilien der Meinung sein, dass Immobilien in Deutschland, gemessen an den Preisen in anderen Ländern, noch günstig sind. Doch zum einen sagen derartige Vergleiche gar nichts aus, kann es doch sein, dass die Preise in anderen Ländern einfach zu hoch sind. Für diese These spricht unter anderem ein Blick auf die Verschuldung. Zum anderen dürfte die absehbare demografische Entwicklung die Immobilienpreise in weiten Teilen Deutschlands unter Druck bringen. Eine Wertsteigerung, aber auch ein Werterhalt ist keineswegs garantiert.

> Dieses Beispiel macht deutlich, dass es sich bei jeder Art der Verschuldung zum Zweck des Kaufs von Vermögensgegenständen um reine Spekulation handelt.

Doch wie ist es im Szenario der (Hyper-)Inflation? Natürlich würden in diesem Fall die Preise für Sachwerte explodieren und die Schulden real entwertet. Allerdings kann mit Sicherheit davon ausgegangen werden, dass nach einer derart massiven Geldentwertung von staatlicher Seite Steuern erhoben werden. Nach der Hyperinflation in den 1920er-Jahren wurde eine spezielle Hauszinssteuer eingeführt, welche beispielsweise in Berlin zu einer Halbierung der Immobilienpreise führte. Bei der Währungsreform 1948 wurden die Schulden umgestellt und Lastenausgleichsabgaben eingeführt.

Fazit: Verschuldung eignet sich nicht als Strategie zum Vermögenserhalt. Wer Kredite aufnimmt, sollte dies nur in einem Umfang tun, der so bemessen ist, dass sie auch bei heftigsten Turbulenzen bedient werden können.

> Unter keinen Umständen sollte ein Kreditnehmer in die Situation geraten, verkaufen zu müssen, um seinen Schuldendienst leisten zu können. Das wäre der GAU für das Vermögen.

Spekulation war etwas für die letzten 30 Jahre. Heute geht es um Vermögenserhalt. Dies bedeutet, Risiken zu verringern. Hohe Bewertungen führen bestenfalls zu geringen Erträgen, wahrscheinlicher zu Verlusten. Schulden wirken gut auf dem Weg nach oben, sind auf dem Weg nach unten aber potenziell tödlich. Und auf den Crash zu spekulieren ist in der Theorie schön – aber ob das Timing passt?

Besser ist ein disziplinierter Ansatz zur Geldanlage. Folgende Fragen müssen geklärt werden:

- Wie sieht vor dem Hintergrund der weltweiten Überschuldung und der ungelösten Eurokrise eine vernünftige Verteilung des Geldes auf verschiedene Anlageformen aus?
- Wie setzen wir diese Struktur am besten um – angesichts der durch die bisherige Geldpolitik bereits enorm verzerrten Vermögenspreise?
- Wie stellen wir sicher, dass die geplante Geldanlage möglichst kostengünstig erfolgt?
- Wie stellen wir sicher, dass wir an der Soll-Struktur auch dann festhalten, wenn andere Märkte (weiter) boomen oder aber ein Vermögenswert stark verfällt?

# MIT DISZIPLIN DURCH DIE EISZEIT

## Vermögenserhalt hat Priorität

Wie bereits gezeigt, bedarf es bei dem aktuellen Bewertungsniveau gar keines Einbruchs an den Kapitalmärkten. Schon bei einer gemächlichen Annäherung an langfristige Bewertungsmaßstäbe sind nur noch magere Erträge zu erwarten. Natürlich können die Werte noch eine Zeit lang zunehmen, doch damit wächst zugleich das Risiko einer deutlichen Korrektur.

In einem Nullzins-Umfeld mit geringen zu erwartenden Renditen für alle Anlageklassen muss deshalb der Vermögenserhalt im Vordergrund stehen. Dies ist heute noch wichtiger als in den Jahren des Aufschwungs seit 1980. Steigen die Aktienkurse mit Raten von 6 bis 8 Prozent pro Jahr und werfen Zehn-Jahres-Staatsanleihen eine Rendite von 5 Prozent ab, so sind Verluste ärgerlich, aber in überschaubarer Zeit wieder aufgeholt. Dauert es in einem normalen Kapitalmarktumfeld sechs Jahre, um einen Verlust von 30 Prozent wieder aufzuholen, so dauert es in einem Umfeld mit 3 Prozent jährlichem Ertrag deren zwölf! Da wir aus verschiedenen Gründen davon ausgehen müssen, dass die derzeitige Phase geringer struktureller Kapitalerträge noch lange anhält, ist eine wesentliche Zielvorgabe der Geldanlage: Verluste beschränken!

Dies bedeutet nicht, dass man aus Angst vor dem Tod Selbstmord begeht, seine Ersparnisse auf dem Konto liegen lässt, sie unter die Matratze steckt oder auf den Kopf haut. Im Gegenteil, es erfordert eine aktive Geldanlage, welche die bisher dargelegten Grundsätze verinnerlicht:

- keinen Tipps glauben
- Schulden nur mit großer Vorsicht eingehen
- sich nicht zeitlich begrenzen. Die Märkte können lange Zeit falschliegen.
- bei Käufen auf den Preis achten
- selber denken
- wenig handeln und Kosten senken

> Ziel der Geldanlage ist dabei ein globaler, kaufkraftbereinigter Vermögenserhalt plus X. Dabei muss X größer als null sein.

*Global.* Es geht um die Sicherung des relativen Anteils am globalen Wohlstand. Während Europa, Japan und China vor einem Rückgang der Erwerbsbevölkerung stehen, wächst diese in den USA noch leicht und in Asien, Südamerika und Afrika beträchtlich. Ein deutlicher Rückgang der Bevölkerung führt zu weniger Nachfrage, was bei Unternehmen, die auf den Binnenmarkt ausgerichtet sind, zu Umsatz- und Ertragseinbußen führt. Zugleich sinkt die Nachfrage nach Immobilien, solcher für gewerbliche Zwecke ebenso wie für private. Empirisch lässt sich zeigen, dass Vermögenspreise zeitgleich mit der Erwerbsbevölkerung den Zenit erreichen, um danach zu fallen. Aus der Sicht eines Europäers spricht vieles für globale Diversifikation.

*Kaufkraftbereinigt.* Die Entwertung durch Inflation muss verhindert werden. Dabei geht es auch hier um einen Erhalt an globaler Kaufkraft.

*Vermögenserhalt.* Er muss Vorrang vor Rendite haben, weil ein etwaiger Verlust in dem Umfeld, in dem wir uns bewegen, auf Jahre hinaus nicht bereinigt werden kann.

*Plus X* soll angestrebt werden, allerdings erst nachdem die anderen Ziele der Geldanlage erreicht wurden.

Diese Ziele lassen sich durch eine kostengünstige, diversifizierte Anlage des Geldes erreichen, wobei mein Zielportfolio aus den fünf folgenden Anlageklassen besteht:

- *Qualitätsaktien.* Unternehmen, die sich durch stabile Cashflows, moderate Verschuldung, stabile Geschäftsmodelle und Kontinuität im Management auszeichnen.
- *Anleihen.* Anleihen solider Schuldner. Hier spielt der Regionalmix eine erhebliche Rolle.
- *Liquidität.* Cash ist eine eigene Anlageklasse. Um flexibel reagieren zu können, ist eine Mindestreserve an Barmitteln und Anlagen, die sich rasch und ohne Abschlag in Barmittel umwandeln lassen, unerlässlich. Dabei sind absehbare Beschränkungen für die Geldhaltung (Negativzins, Bargeldverbot, Kapitalverkehrskontrollen) in Europa und den USA zu berücksichtigen, ebenso die Gefahr von Bail-ins bei Bankenrestrukturierungen.
- *Gold.* Über Jahrtausende war Gold eine solide Möglichkeit zur Aufbewahrung von Vermögen. Es behält unter starken Schwankungen langfristig seinen Wert, erbringt aber keinen Zins. Gold ist eine Versicherung gegen Unfälle im Finanzsystem. Deshalb ist Gold auch nur in seiner unmittelbaren Gestalt eine sinnvolle Anlage. Gold*zertifikate* sind kein Gold – vielmehr verkörpern sie Schulden!
- *Immobilien.* Sie gehören ebenfalls in ein Portfolio zum globalen Vermögenserhalt.

Diese fünf Anlageklassen sind auf die drei folgenden Regionen aufzuteilen:

- Nordamerika
- Europa
- Asien/restliche Welt

Somit ergeben sich theoretisch 15 Investitionsfelder, wobei dieses Kompositum weniger komplex ist, als es auf den ersten Blick aussieht.

## Wir investieren zu viel in Europa

Mit Sicherheit ist der größte Teil Ihres Vermögens in Europa investiert, womöglich sogar in Deutschland. Ihre selbstgenutzte Immobilie? In Deutschland. Die vermietete Wohnung? Ebenfalls in Deutschland. Ihre Ferienwohnung – so Sie eine haben – mit ziemlicher Sicherheit in Europa. Die Aktienfonds? Orientieren sich am DAX oder Euro-STOXX. Ihre Lebensversicherung: investiert überwiegend in europäische Staatsanleihen. Ihre Rente? Wird von künftigen Generationen in Deutschland verdient werden müssen. Und Ihre vermutlich größte Vermögensposition, der Gegenwartswert Ihrer künftigen Einkommen? Ebenfalls in Deutschland verdient. 90 Prozent oder ein noch größerer Anteil Ihres Vermögens dürften damit in einer Region liegen.

Deutschland ist eines der Länder mit der weltweit ungünstigsten demografischen Entwicklung. Je nach Schätzung schrumpft die deutsche Bevölkerung bis zum Jahr 2060 um bis zu 15 Millionen Menschen. Weitaus dramatischer ist dabei die Entwicklung der Erwerbsbevölkerung. Allen gegenteiligen Behauptungen zum Trotz ändert der Flüchtlingsstrom daran wahrscheinlich nichts.[139]

Im Rest Europas sieht es nur wenig besser aus. Frankreich und Großbritannien dürften die einzigen Länder sein, in denen die Bevölkerungszahlen noch zunehmen. Diese Projektionen sind angesichts der Flüchtlingsströme zwar veraltet. Dennoch müssen wir hier mit vorsichtigen Annahmen arbeiten, weil die Qualifikation der Zuwanderer nicht ausreichen wird, die Lücken zu schließen.

Zwei grundlegende demografische Tendenzen kommen hier zusammen. Da ist zum einen die Wirkung auf die Vermögenspreise.

Vieles spricht dafür, dass eine alternde Gesellschaft ihre Ersparnisse verbraucht und Vermögenswerte verkauft, um laufende Ausgaben zu decken. Dies trifft vor allem lokal gebundene Vermögensobjekte wie Immobilien.

Andererseits kommt eine Studie der Bank für Internationalen Zahlungsausgleich zu dem Schluss, dass eine Gesellschaft mit vielen Abhängigen relativ zur Erwerbstätigenzahl eher inflationär ist.[140]

> Für uns bedeutet dies, dass wir eingeklemmt werden zwischen fallenden Vermögenspreisen und steigenden Lebenshaltungskosten.

Die *Financial Times* spricht gar von einer »Sandwich-Position«.[141] Höhere Abgaben und mehr Umverteilung dürften diese Situation noch verschärfen.

Andere Regionen der Welt bieten dagegen weitaus bessere Aussichten. Die aufstrebenden asiatischen Staaten stehen vor einer zweifachen demografischen Dividende: wachsende Bevölkerungen und steigende Bildungsstandards. Selbst die USA bleiben unter demografischen Gesichtspunkten attraktiver. Zudem gelingt es den USA nach wie vor, die Talente der Welt anzulocken und so die Innovationsfähigkeit der Wirtschaft zu erhalten; man blicke nur nach Silicon Valley.

Diversifikation ist die beste Strategie zur Vermögenssicherung. Dies gilt nicht nur für die verschiedenen Anlageklassen, sondern auch für die regionale Ausrichtung. Je ein Drittel für Europa, die USA und den Rest der Welt – das ist eine vernünftige Formel. Werfen Sie einen Blick auf Ihr Vermögen und Sie werden eine erhebliche Unwucht feststellen. Auf jeden Fall liegt die Zukunft für Ihr Vermögen nicht nur in Europa oder Deutschland. Im Gegenteil.

## Das diversifizierte Portfolio in der Praxis

Bei *Aktien* gibt es bereits Vorschläge für eine Auswahl an Qualitätsaktien aus dem globalen Angebot. Eine solche Auswahl kann über Fonds, bei denen auf Qualität des Managements und Kosteneffizienz geachtet werden sollte, abgebildet werden. In der Praxis dürfte dieser Bereich bereits mit zwei bis drei Fonds abgebildet sein. Ähnliches gilt für den Bereich der Anleihen.

Die *Cash-Position* ist faktisch eine Zusammensetzung aus verschiedenen Währungen. Es ist eine sehr realistische Annahme, dass es im Zuge der weiteren »Rettungsversuche« des Euroraums nicht nur zu einem Bargeldverbot kommt, sondern auch zu Kapitalverkehrsbeschränkungen. Deshalb sind Kontobeziehungen außerhalb des Euroraums und Europas eine wichtige Bedingung für den globalen Vermögenserhalt. Die Schweiz, die USA und Singapur sind mögliche Adressen für eine Bankverbindung außerhalb des Euroraums und für eine entsprechende währungsbezogene Streuung.

*Gold* ist per Definition ein globales Anlagegut. Angesichts potenzieller Beschränkungen des privaten Goldbesitzes gelten hier ähnliche Regeln wie für die Cash-Position. Das Gold muss an verschiedenen Orten physisch gelagert werden. Auch hierfür gibt es im Markt eingeführte professionelle Produkte.

*Immobilien* sind bei ordentlicher Bewertung schon heute ein wesentlicher und oftmals unterschätzter Vermögensbestandteil. Allerdings überwiegen Investitionen in der Region, in der man ansässig ist. Die Folge dessen ist ein erhebliches → Klumpenrisiko hinsichtlich der fundamentalen Wertentwicklung (Demografie) und der Besteuerung. Deshalb sind eine Beschränkung des Anteils an Immobilien und eine regionale Streuung unerlässlich. Da nicht jeder Investor über ausreichende finanzielle Mittel und die Expertise verfügt, bietet sich eine Investition in Immobilienfonds und Real Estate Investment Trusts (sogenannte REITs) an. Solche Instrumente existieren auch für die Schwellenländer.

> Es empfiehlt sich, das Vermögen *gleichmäßig* auf die Anlage-
> klassen und die Regionen zu verteilen. Dabei ist Gold als eine
> überregionale Klasse anzusehen. Überdies sollten Sie einmal
> im Jahr eine *Anpassung* vornehmen, indem Sie den Teil des Ver-
> mögens, der sich besser entwickelt hat, reduzieren und die an-
> deren Teile entsprechend aufstocken.

Eine solche systematische Anlagepolitik hat bereits in der Vergangenheit stabile Erträge erbracht, bei gleichzeitiger Verringerung der
Wertschwankungen des Portfolios. Letzteres ist wichtig, weil man
als Investor per Definition einen beschränkten Zeithorizont hat.
Wenn man Geld braucht, so muss es auch verfügbar sein.

Eine Analyse des Finanzmanagers Mebane Faber[142] zeigt, dass
diese Streuung über verschiedene Anlageklassen tatsächlich den gewünschten Erfolg hat. In seiner Studie hat Faber die Entwicklung
verschiedener Standardportfolios für die Zeit von 1973 bis 2013 verglichen. Diese Phase brachte den Investoren so einiges: hohe Inflation, Disinflation, Börsencrashs, mehrere Blasen, letztlich die Finanzkrise. Das Ergebnis:

- Das Standardportfolio mit einem Anteil an Aktien von 60 und
  an Anleihen von 40 Prozent hätte im besagten Zeitraum einen
  realen Ertrag von 5,15 Prozent pro Jahr erbracht, mit einem ma-
  ximalen Verlust von 39,4 Prozent. Hätte man anstelle von US-
  Aktien einen globalen Aktienindex gewählt, so wäre der Ertrag
  leicht höher gewesen (5,54 Prozent), der maximale Verlust etwas
  geringer.
- Das »permanente Portfolio« des Investors Harry Browne mit einem Anteil von jeweils 25 Prozent Aktien, Anleihen, Treasury
  Bills (das sind dreimonatige US-Staatsanleihen, also faktisch
  Cash) und Gold erbrachte 4,12 Prozent pro Jahr, bei einem geringeren Maximalverlust von 23,6 Prozent.

- Das »Allwetter-Portfolio« von Bridgewater soll bei steigender und sinkender Inflation und bei wachsender und schrumpfender Wirtschaft gleichermaßen funktionieren. Dieses Portfolio besteht zu 30 Prozent aus Aktien, zu 15 Prozent aus US-Staatsanleihen mit zehnjähriger Laufzeit und zu 40 Prozent aus solchen mit 30-jähriger Laufzeit, zu 16 Prozent aus Rohstoffen, davon die Hälfte Gold. (Dies ergibt in Summe mehr als 100 Prozent, weil Bridgewater auch mit einem Fremdkapitalhebel arbeitet.) Ertrag: 5,04 Prozent pro Jahr, maximaler Verlust: 28,7 Prozent.
- Das »Dr.-Doom-Portfolio« von Marc Faber mit jeweils 25 Prozent Aktien, Anleihen, Gold und Immobilien warf jahresdurchschnittlich 5,26 Prozent ab, der maximale Verlust belief sich ebenfalls auf 28,7 Prozent.

Damit haben alle diese Portfolios über den Zeitraum von 40 Jahren nicht nur sehr ähnliche Erträge erbracht, sondern auch fast so viel wie der S&P 500, der es auf 5,71 Prozent brachte, allerdings bei deutlich höheren Schwankungen (maximaler Verlust: 54 Prozent).

Dabei weist Faber auch darauf hin, dass die Kosten der Geldanlage entscheidend für das Endergebnis sind. Selbst das beste Portfolio schneidet schon bei Kosten von 2 Prozent pro Jahr deutlich schlechter ab.

Vor dem Hintergrund der gegenwärtigen Situation der Überschuldung und der damit verbundenen erheblichen Risiken für Vermögen kann dies nur eine Indikation sein. Es gibt gute Gründe dafür, von der hier analysierten Gleichverteilung abzuweichen. Von 1973 bis heute hatten wir eine für die Kapitalmärkte einmalige Konstellation: fallende Inflationsraten, kontinuierlich sinkende Zinsen und steigende Aktienbewertungen. Bei Null- und Negativzinsen ist eine Fortsetzung dieser Entwicklung nicht zu erwarten. Im Gegenteil, die Unsicherheit des Eiszeit-Szenarios und der möglichen Lösungen für die Schuldenkrise macht es wahrscheinlich, dass die Zinsen wieder deutlich steigen. Auch bei den anderen Vermögenswerten müssen wir angesichts der fundamentalen Wirtschaftslage und der Rekordbewertung von Unternehmen mit einer Wertkorrektur rechnen. Beides wird nicht von Dauer sein.

Dies sollte zu einer entsprechenden → Diversifizierung der Anlageklassen führen. Ich würde heute

- regional diversifiziert Qualitätsaktien kaufen – nicht den Index, wie von Faber modelliert, da dieser zu viele Werte enthält, die ich angesichts der wirtschaftlichen Lage für zu teuer und riskant halte;
- den Schwerpunkt bei Anleihen in Währungen und Regionen legen, die solide Schuldner haben und in denen die Verschuldung geringer ist;
- Cash als Ansatz zum Management des Wechselkursrisikos halten: Schweizer Franken, Norwegische Krone, Singapur-Dollar, US-Dollar;
- Gold wie dargelegt;
- bei Immobilien Akzente auf Regionen mit guter demografischer Entwicklung setzen. Dabei würde ich allerdings Kanada und Australien wegen der Überbewertung in diesen Märkten und der anstehenden Probleme durch den Verfall der Rohstoffpreise meiden.

Eine breite Streuung sollte vor allen denkbaren Szenarien schützen, allerdings bietet auch sie keine Garantie, die Bereinigung der durch Überschuldung gekennzeichneten Situation verlustfrei zu überstehen. Das Risiko von Vermögenseinbußen durch Zahlungseinstellungen und Schuldenschnitte lässt sich durch sorgfältige Auswahl der Anlagen reduzieren. Kommt es zu chaotischen Abläufen durch Vertrauensverluste auf den Finanzmärkten, zum Beispiel infolge von Pleiten, so sind ebenfalls Verluste zu erwarten.

Selbst wenn es gelingen sollte, alle Untiefen zu umschiffen, müssen Anleger mit der großen Koalition jener rechnen, die verloren haben. Eine höhere Besteuerung wird sich für diejenigen, die in den am stärksten betroffenen Regionen verharren, nicht verhindern lassen.

Dennoch stehen die Chancen nicht schlecht, durch eine solche Strategie der Diversifikation einen guten Teil des Vermögens und damit die Grundlage für einen Neustart zu sichern.

> Dieses Portfolio erfüllt meine wichtigste Bedingung: Es sichert potenziell beleihungsfähiges Eigenkapital.

## Diversifikation wirkt bei Deflation und Inflation

Das Ziel lautet, sowohl im Szenario einer Deflation als auch in jenem einer Inflation Vermögen zu erhalten und beleihungsfähiges Eigenkapital für einen etwaigen Neubeginn nach der Bereinigungskrise zu haben. Doch funktioniert das?

Zunächst sollten wir sauber definieren, was unter Deflation und Inflation zu verstehen ist.

- *Inflation* ist eine rasche Entwertung der Kaufkraft des Geldes. Die Preise für Waren, aber auch für Sachwerte gehen nach oben, weil der Wert des Geldes relativ abnimmt. Schon geringe Inflationsraten von 2 Prozent pro Jahr führen zu einem Kaufkraftverlust von fast 60 Prozent in 50 Jahren. Deutlich höhere Inflationsraten sind keine Seltenheit, schon gar nicht dann, wenn Regierungen versuchen, das Problem eines Übermaßes an Schulden durch Geldentwertung zu lösen.
- *Deflation* dagegen ist eine Entwicklung, bei der Geld an Kaufkraft gewinnt. Dies geschieht entweder aufgrund von Produktivitätsgewinnen in der Industrie, die es ermöglichen, Preise zu senken (die sogenannte gute Deflation). Oder es geschieht infolge von

Liquiditätsknappheit bei Schuldnern, die Geld um »jeden Preis« beschaffen müssen, um ihren Verpflichtungen nachkommen zu können, und deshalb im Zuge des Verkaufs von Vermögenswerten ihre Angebotspreise senken. Dies ist die von Ökonomen befürchtete »schlechte« Deflation und zugleich auch die Grundannahme unseres Eiszeit-Szenarios.

Angesichts der Überschuldung müssen wir uns auf beide Szenarien einstellen. Entweder es kommt zu einer offenen Monetarisierung der Schulden mit einem Verlust an Vertrauen in Geld und damit hoher Inflation oder zu einer Welle an Zahlungsausfällen mit Pleiten und tendenziell deflationärer Entwicklung. Am gefährlichsten für die Vermögen wäre eine lange Eiszeit, gefolgt von Hyperinflation.

Nicht ausschließen sollten wir ferner das Szenario eines weiteren halbwegs erfolgreichen »Durchwurstelns«, gekennzeichnet durch eine Kombination aus mäßiger Inflation, der Neuordnung von Schulden und höherer Besteuerung. Auch in diesem – letztlich wünschenswerten – Szenario muss das Portfolio summa summarum gut abschneiden.

Wie wirken nun die drei Szenarien auf die einzelnen Komponenten unseres Portfolios?

*Cash*

Wie dargelegt, ist es unerlässlich, liquide Mittel in verschiedenen Währungen in verschiedenen Regionen vorzuhalten. Dabei denke ich unter anderem an den Schweizer Franken, den Singapur Dollar und den US-Dollar.

Im Szenario einer Inflation ist Liquidität offensichtlich keine gute Anlage. In den 1970er-Jahren war es sinnvoll, Liquidität vorzuhalten, weil die Zinsen auf Bankeinlagen deutlich stiegen. Damit konnte man den Wert des Geldes ungefähr erhalten. Für die Zukunft darf man angesichts der erklärten Absicht, den realen Wert der Schulden und damit der Forderungen zu entwerten, nicht davon ausgehen, dass die Kaufkraft von Geld gewahrt bleibt. Eine Entwertung ist unvermeidlich.

Dies gilt auch im Fall der Deflation, da hier die Politik der Negativzinsen noch radikaler fortgesetzt wird. Hinzu kommt die erhebliche Gefahr, bei Schuldenrestrukturierungen zur Kasse gebeten zu werden. Bankguthaben sind somit in einigen Ländern – auch in Deutschland – nicht sicher. Bargeld bietet sich noch als Alternative an. Dabei werden die Bemühungen zunehmen, die Nutzung von Bargeld in Zukunft einzuschränken. Heute mag man Bargeld noch unbegrenzt abheben und verwenden können. In Zukunft könnte diese Freiheit erheblich beschränkt werden.

> Auch wenn es bei Liquidität nach einem »garantierten Verlust« aussieht, kommt man um eine gewisse Portion davon nicht herum. Durch internationale Bankverbindungen und eine Streuung auf verschiedene Banken kann man das Risiko von Verlusten begrenzen.

### Anleihen

Um Anleihen ist es in der heutigen Zeit nicht viel besser bestellt als um Liquidität. Der Zinsertrag ist geringfügig höher, dafür aber müssen Anleger mit Kursverlusten im Fall einer deutlichen Inflation und eines damit einhergehenden Zinsanstiegs rechnen. Bleibt Letzterer aufgrund der Politik der Notenbanken aus, so kommt es dennoch zu einem deutlichen Verlust an Kaufkraft.

Im deflationären Szenario hingegen können Anleihen ein sehr attraktives Investment sein, vorausgesetzt, der Schuldner ist solide und auch in einem Umfeld fallender Preise in der Lage, seinen Verbindlichkeiten nachzukommen. Dies dürfte nur bei den besten Unternehmens- und Staatsschuldnern der Fall sein. Neben der Gefahr von Zahlungsausfällen ist hier immer auch zu bedenken, dass eine Deflation die Wahrscheinlichkeit einer hohen Inflation steigert, da die Notenbanken dann mit immer radikaleren und damit die Glaubwürdigkeit von Geld zerstörenden Maßnahmen intervenieren dürften.

Im Szenario einer ruhigen weiteren Entwicklung auf dem Weg in die Eiszeit wären Anleihen ein relativ gutes Investment. Die Rendite würde den Erhalt der Kaufkraft sichern – mehr allerdings nicht.

Noch ein kurzes Wort zu den inflationsgeschützten Anleihen, wie sie von einigen Staaten ausgegeben werden. Diese knüpfen den Rückzahlungsbetrag an die Entwicklung eines Inflationsindex. Ich persönlich bleibe hier misstrauisch. In einem Szenario, in dem es darum geht, die Schuldenlast zu reduzieren, würde ich mich nicht darauf verlassen, dass die ausgewiesene Inflationsrate der tatsächlichen entspricht. Damit sind für mich diese Anleihen nur so sicher wie die Versprechen von Politikern.

> Anleihen sollten nur ins Portfolio aufgenommen werden, wenn sie von soliden Schuldnern in sicheren Währungsräumen stammen. In den meisten Fällen dienen sie der Aufbewahrung von Liquidität in anderer Form als auf dem Bankkonto. Ich selber sehe sie dort als Liquiditätsersatz, wo ich der Bank als Schuldner nicht traue. Angesichts der erheblichen Risiken denke ich zudem nur an Anleihen mit kurzer Restlaufzeit. Auf die Idee, 100-jährige Anleihen von Mexiko zu kaufen, käme ich jedenfalls nicht.

## Gold

Gold ist eine Versicherung gegen die Kernschmelze des Systems. Doch selbst dann muss sich der Goldinvestor darüber im Klaren sein, dass

- nur physisches Gold einen echten Wert hat;

- der Staat mit ziemlicher Sicherheit Gesetze erlassen wird, die den privaten Goldbesitz beschränken;
- Gold bestenfalls einen Kaufkrafterhalt auf lange Sicht verspricht;
- Gold relativ zu produktiven Vermögensobjekten nach einer Schuldenbereinigung an Wert verlieren wird.

> Konnte man sich im alten Rom für eine Unze Gold eine gute Toga kaufen, so erhält man heute dafür einen guten Anzug. Langfristig kann man Gold also als Mittel zur Aufbewahrung von Wert verstehen, nicht jedoch als eine produktive Anlage, die am Wohlstandszuwachs partizipiert. Denn trotz der erheblichen Probleme, vor denen wir stehen, dürfen wir nicht vergessen, dass alles dafür spricht, dass der weltweite Wohlstand weiter wächst.

## Immobilien

Wie dargelegt, gehören für mich auch Immobilien in ein gut diversifiziertes »Allwetter«-Portfolio. Dabei ist es besonders wichtig, nicht nur in Deutschland zu investieren. Denn sonst droht ein Klumpenrisiko aus demografischer Entwicklung und politischen Rahmenbedingungen. Die Bevölkerung Deutschlands wird in den kommenden Jahrzehnten schrumpfen und altern. Dies wird auf dem Land zu tendenziell spürbar fallenden Immobilienpreisen führen, während es in einigen Städten zu einer wachsenden Konzentration und damit Nachfrage nach Immobilien kommen wird.

Ob sich eine Immobilienanlage rechnet, lässt sich nur anhand eines konkreten Objekts bestimmen und hängt von vielen Faktoren ab.

Der wichtigste Faktor ist die erzielbare Miete in Relation zum Kaufpreis. Diese sogenannte Bruttoanfangsrendite sollte mindestens 5 Prozent betragen, da Vermieter erhebliche Kosten und Risiken tragen. Zu den Kosten zählen vor allem der Unterhalts- und

Verwaltungsaufwand sowie Rücklagen für Sanierungen. Insgesamt sollten hierfür mindestens 1 bis 1,5 Prozent des Kaufpreises veranschlagt werden.

Wenn man derzeit eine Rendite erzielt, die über den genannten 5 Prozent liegt, ist Vorsicht geboten. Weicht diese nämlich zu stark von den marktüblichen Konditionen für eine vergleichbare Wohnung ab, so droht ein Leerstand oder zumindest ein häufiger Mieterwechsel. Dies hätte einen Mietausfall oder einen erhöhten Aufwand zur Folge.

Eine zu geringe Miete lässt sich nicht rasch erhöhen. Gerade wenn eine Miete deutlich unterhalb des Marktüblichen liegt, werden die Mieter möglichst lange von diesem Umstand profitieren wollen. Der Gesetzgeber und die mieterfreundliche Rechtsprechung erschweren Mieterhöhungen erheblich und dämpfen auf vielfältige Weise die Rentabilität. Eine Mietpreisbremse gibt es bereits, ebenso einen weitgehenden Mieterschutz. Ein Szenario, in dem die Politik Mieten begrenzt und bei langjährigen und alten Mietern gar eine Sozialklausel erfindet, die eine Mietzahlung »nach finanziellen Möglichkeiten« vorsieht, kann ich mir sehr gut vorstellen. Schließlich werden die Alten die weitaus größte und aktivste Wählergruppe darstellen.

Von großer Bedeutung für die Wertentwicklung einer Liegenschaft sind ihre Lage und die Mieternachfrage. Letztere wird beispielsweise erheblich durch die Anbindung an öffentliche Verkehrsmittel beeinflusst. Der Zustand des Gebäudes spielt ebenfalls eine Rolle. Stehen umfangreiche Renovierungsarbeiten an, so sind die nötigen Investitionen bei der Renditeberechnung zu berücksichtigen.

Je niedriger die Zinsen auf das aufgenommene Fremdkapital, umso größer fällt die Rendite auf das eingesetzte Eigenkapital aus. Wer sich überwiegend kurzfristig finanziert, läuft Gefahr, dass die Eigenkapitalrendite bei steigenden Zinsen weiter schrumpft oder sogar negativ wird. Zwar führen steigende Zinsen perspektivisch zu höheren Mieten, dies jedoch mit erheblicher Verzögerung.

Ein deutlicher Preisrückgang für Wohnimmobilien lässt sich nicht ausschließen, womit die Gefahr besteht, dass die Bank den Wert eines Objekts tiefer ansetzt und vom Eigentümer zusätzliches Eigenkapital verlangt. Genau Derartiges konnten wir in Spanien und den anderen Ländern nach dem Platzen der Immobilienblase beobachten. Dementsprechend empfiehlt es sich, einen ausreichenden Liquiditätspuffer vorzuhalten. Ein Verkauf unter Zeitdruck führt immer zu erheblichen Verlusten.

Bevor man Immobilien als Kapitalanlage erwirbt, sollte eine Gesamtanalyse des Vermögens vorliegen. Wer bereits eine selbst genutzte Immobilie besitzt, die gemeinsam mit dem ins Auge gefassten Renditeobjekt den überwiegenden Teil des Vermögens ausmacht, der geht ein beträchtliches Klumpenrisiko ein.

Das bedeutet nicht, dass es grundlegend falsch ist, in Immobilien zu investieren. Immobilien können aber immer nur *ein* Bestandteil des Portfolios unter mehreren sein.

Was die selbst genutzte Immobilie und das Ferienobjekt betrifft: Auch hier gilt es, ehrlich zu sich selbst sein. Eine derartige Immobilie ist zuallererst ein (wenn auch langlebiges) Konsumgut. Es stimmt zwar, dass Eigenheimbesitzer im Alter über mehr Eigenkapital verfügen als Mieter. Dies liegt aber nicht so sehr an der Immobilie, sondern an der durch den Kauf geförderten Sparneigung der Immobilienbesitzer.

Immobilien stehen in dem Ruf, einen sehr guten Inflationsschutz zu bieten. Grund für die relativ stabile Entwicklung der Preise dürfte zum einen sein, dass die Opportunitätskosten eines Neubaus (das heißt die Kosten, die mit einem Neubau verbunden wären, würde er denn durchgeführt) stets mit der Inflationsrate steigen. Zum anderen ist festzuhalten, dass zumindest dann, wenn der Markt nur wenig reguliert wird, die Mieten eng mit dem allgemeinen Preisniveau gekoppelt sind.

Im Szenario einer Deflation geraten auch die Preise für Immobilien tendenziell unter Druck. Mieten müssen gesenkt werden oder fallen komplett aus. Verschuldete Hausbesitzer müssen ihre Immobilie verkaufen, um ihren Verbindlichkeiten nachkommen zu können. Deshalb ist es wichtig, sich nicht übermäßig zu verschulden.

Es gibt noch viele weitere Aspekte, die bei der Anlage in Immobilien zu beachten sind. Ohne dabei ins Detail gehen zu wollen, sei an die folgenden erinnert:

- Die Verwaltung der Immobilie ist zeitaufwendig und oftmals unerfreulich: Mieterwechsel, Renovierungsarbeiten und Rechtsstreitigkeiten mindern die Rendite.
- Immobilien bedürfen der »harten Hand« des Eigentümers. Dieser muss die Entwicklung der Kosten beobachten, regelmäßig Mieten erhöhen und das Objekt effizient erhalten.
- Gekauft werden muss, was im Markt zukünftig gebraucht wird, nicht unbedingt, was persönlich gefällt. Dies dürfte vor allem bezahlbarer, barrierefreier Wohnraum in den Innenstadtlagen sein.
- Wie überall gibt es auch bei Immobilien Größeneffekte. Eine Wohnung ist immer weniger rentabel als ein ganzes Mietshaus. Die Gründe: ein höherer relativer Kaufpreis, Probleme mit den anderen Wohnungseigentümern, nur mäßig geringere Verwaltungskosten als im Fall eines ganzen Hauses und schließlich beim Verkauf, der wiederum nur an einen Privatinvestor erfolgen kann, weniger Interessenten als im Fall eines Mietshauses. Zudem bietet ein Mietshaus im Hinblick auf mögliche Mietausfälle und Beschädigungen eine gewisse Risikostreuung.
- Schließlich muss man sich als Vermieter von Stockwerkeigentum bewusst sein, dass man unter Umständen andere Interessen verfolgt als Eigentümer, die ihre Wohnung selbst nutzen. Selbstnutzer richten ihr Handeln nicht an einer gewünschten finanziellen Rendite aus und dürften tendenziell Renovierungsarbeiten und weitere Investitionen eher zu früh und zu teuer durchführen. Diese Aufwendungen lassen sich nicht in höhere Miete übersetzen und schmälern die Rendite für den Kapitalanleger zusätzlich.

Immobilien bieten einen weitgehenden Schutz vor Inflation und eine Garantie für den Vermögenserhalt auch in deflationären Zeiten, sofern sie nicht im Übermaß mit Krediten finanziert werden. Wichtig ist die regionale Diversifikation aufgrund der erheblichen direkten und indirekten Folgen der demografischen Entwicklung. Und schließlich: Wie bei allen anderen Anlagen auch kommt es darauf an, zu welchem Preis Sie einsteigen.

2007 war in den USA sicherlich ein schlechter Zeitpunkt, ebenso in Spanien und Irland oder im Japan des Jahres 1989. In Deutschland sind die Immobilien nach dem deutlichen Anstieg der letzten Jahre im internationalen Vergleich immer noch billig. Offen ist dabei allerdings die Frage, wie die Angleichung abläuft – durch steigende Preise hier oder fallende dort. Vermutlich wird beides eintreten. Deshalb ist Diversifikation so wichtig.

*Aktien*

Kurz- und mittelfristig wirkt eine hohe Inflationsrate auf verschiedenen Wegen negativ auf den Wert von Unternehmen:

- Die Kosten steigen erst mit Verzögerung und je nach Preissetzungsmacht können die Kostensteigerungen an die Kunden weitergegeben werden.
- Das Umlaufvermögen bindet relativ mehr Kapital.
- Reinvestitionen werden teurer.
- Die Kapitalkosten steigen. Fremdkapital wird teurer, die Verschuldungskapazität im Verhältnis zur Bilanzsumme und zum Cashflow nimmt ab.
- Die künftigen Erträge werden mit einem höheren Zinssatz abgezinst, was den Ertragswert entsprechend senkt.

In der Tat boten Aktien in der Inflation der 1970er-Jahre keinen Schutz. Die Kurse gerieten real deutlich unter Druck.

Das sind allerdings vorübergehende Entwicklungen. Unternehmen sind produktive Vermögensobjekte, die auf Änderungen der Umfeldbedingungen reagieren können. Gerade diejenigen Unternehmen, die bei der Festlegung ihrer Preise einen Spielraum nach oben haben, können Kostensteigerungen mit der Zeit an die eigenen Kunden weitergeben und so ihre Erträge stabilisieren. Auch die Zinsen verharren nicht endlos lang auf ihrem hohen Niveau und normalisieren sich wieder.

Auf lange Sicht sollte Inflation Unternehmen also nicht schaden. Dies bestätigt auch die Empirie. Auf Dauer gab es nie eine Kapitalvernichtung durch Inflation, nicht einmal in Italien oder Deutschland, in Ländern also, in denen immerhin im Betrachtungszeitraum eine Hyperinflation und eine Währungsreform stattfanden. Dies zeigt wiederum, dass man sich nicht übermäßig verschulden sollte, da Schulden zu einer Liquidation zum ungünstigsten Zeitpunkt zwingen können (Abbildung 10).

Deflation stellt ein Risiko für Unternehmen dar. Für gewöhnlich haben Manager keine Erfahrung mit einem allgemein rückläufigen Preisniveau. Doch auch hier gilt, dass Unternehmen mit geringer Verschuldung und ausreichender Flexibilität die Herausforderung gut meistern können. Effiziente Kostenstrukturen, geringe Mittelbindung und moderate Verschuldung ermöglichen es Unternehmen, in einem Umfeld fallender Preise und allgemeiner Kaufzurückhaltung zu »überwintern«.

Aktien gehören in jedes Portfolio. Zwar werden Anleger die vor uns liegende Phase auch mit Aktien nicht ohne Turbulenzen bewältigen können. Fest steht jedoch, dass Diversifikation die richtige Antwort für jedes der zu erwartenden Szenarien ist. Auch weil wir nicht wissen, welches Szenario wann eintritt.

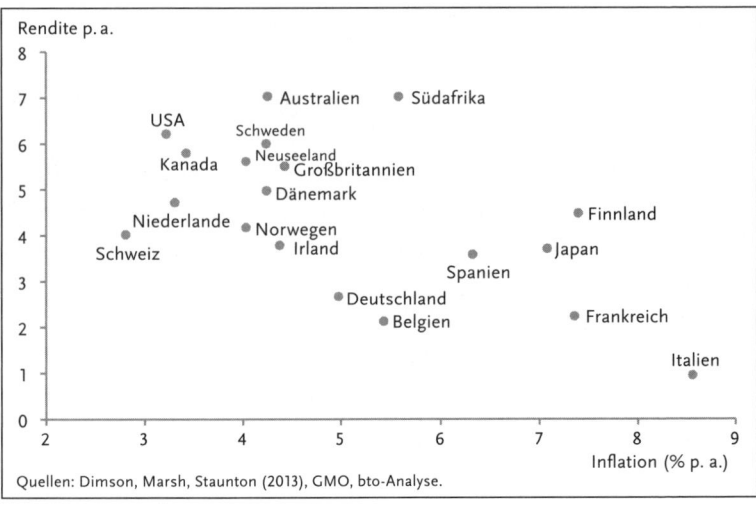

Rendite p. a.

Quellen: Dimson, Marsh, Staunton (2013), GMO, bto-Analyse.

Abbildung 10: Reale Renditen von Aktienanlagen und Inflationsraten, 1900 bis 2013 ( in v. H.)

## Was, wenn der Euro scheitert?

Diversifikation ist auch im Hinblick auf die ungewisse Zukunft des Euro die richtige Antwort. Die Vorstellung, dass die Eurozone zerfällt, ist keineswegs abwegig.

Es ist nur eine Frage der Zeit, bis in Spanien, Italien oder Frankreich eine politische Kraft an die Macht kommt, die dem Euro den Rücken kehren will. Am schnellsten und stärksten dürfte Italien von einer Rückkehr zur Lira profitieren.

### Szenario 1: Deutschland tritt aus

Dieser Fall ist unwahrscheinlich, aber nicht undenkbar. Für mich steht der Austritt Deutschlands für das Muster der geordneten Auflösung der Eurozone. Italien, Frankreich, Spanien und Portugal können eine gemeinsame Wirtschaftspolitik ohne Deutschland viel leichter betreiben. Doch welche Wirkung hätte die Einführung der D-Mark über Nacht?

Naheliegend ist, dass in den Peripherieländern vor allem die Kurse der Aktien von Unternehmen mit Exportanteil in die Höhe schießen würden. Vermutlich würde dies auch Konsumwerte und Banken und Versicherungen mitziehen, denn zum einen würde der Außenwert des Euro deutlich sinken und zum anderen würde die Binnenwirtschaft an Fahrt gewinnen. Zugleich würden die Inflationserwartungen geschürt. Für in Euro rechnende Investoren wären deshalb die Aktienmärkte der Krisenländer die erste Wahl.

Aus der Sicht eines deutschen Investors würde sich die Lage anders darstellen. Seine Forderungen und Vermögenswerte würden bei einer Umstellung auf die D-Mark nicht an Wert verlieren. Angesichts der zu erwartenden weiteren Abschwächung des Euro gegenüber der neuen D-Mark müsste er erwägen, die aufgewerteten Papiere der Peripherie zu verkaufen beziehungsweise sich gegen die Wechselkursrisiken abzusichern.

Deutsche Aktien würden auch in Euro gerechnet stark unter Druck geraten. Aufgrund der zu erwartenden Aufwertung der neuen D-Mark würden die Märkte einen Verlust an Wettbewerbsfähigkeit und globalen Marktanteilen erwarten. Dieser Einbruch dürfte eine hervorragende Möglichkeit sein, sich mit deutschen Qualitätswerten einzudecken.

Wer am 15. Januar 2015, als die Schweizer Notenbank die Eurobindung aufgab, diesem Kalkül folgte und an der Schweizer Börse einkaufte, der konnte sich schon wenige Wochen später über schöne Gewinne freuen.

Die deutsche Wirtschaft würde zwar in eine Rezession verfallen, die Erfahrung der Vergangenheit lehrt jedoch, dass eine starke Währung die Innovationskraft und Produktivität der Wirtschaft fördert. Deshalb wären die mittelfristigen Folgen für die deutsche Wirtschaft und die Unternehmen positiv. Der Staat könnte zugleich mit Investitionsprogrammen die Konjunktur beleben.

Aus ihrem Portfolio ausschließen sollten Anleger Anleihen von Staaten und Unternehmen der Länder, die im Euro verbleiben. Hier drohen Kursverluste wegen der unmittelbar steigenden Inflationserwartungen. Vermutlich müsste die EZB zunächst beweisen, dass sie auch ohne deutschen Einfluss keine zu hohe Inflation zulässt. Deutsche Anleihen können hingegen im Portfolio bleiben, weil die Bundesbank zunächst die Zinsen gering halten würde, um den Anpassungsschock für die Wirtschaft und die Aufwertung der neuen D-Mark in Grenzen zu halten.

Immobilien in Deutschland wären in diesem Fall weniger attraktiv, weil es keinen Grund mehr gäbe, in »Betongold« zu flüchten. Das Gleiche gilt aus der Sicht von in D-Mark rechnenden Anlegern für Gold.

Der große GAU würde mit einem Austritt Deutschlands vermieden und die Basis für eine solide Weiterentwicklung der deutschen Wirtschaft darstellen.

*Szenario 2: Italien tritt aus und der Euro endet im Chaos*

Einen Vorgeschmack darauf, wie ein chaotischer Zerfall des Euro aussehen könnte, lieferte das griechische Sommertheater 2015. Sobald eine eurokritische Regierung an die Macht kommt, beginnt eine massive Kapitalflucht aus dem betreffenden Land. Wäre dies in einem großen Land wie beispielsweise Italien der Fall, so würde es rasch auch in anderen Ländern zu einer Kapitalflucht in Richtung Deutschland kommen. Die EZB würde diese über Notfallkredite ausgleichen und bei der Bundesbank würden die → Target-Forderungen an die Notenbanken der anderen Länder förmlich explodieren.

Würde ein Land schließlich den Austritt aus dem Euro erklären, so wäre es nur eine Frage der Zeit, bis weitere folgen. Sehr starke Turbulenzen an den Finanzmärkten wären die Konsequenz.

Ein solcher Austritt wäre immer mit erheblichen Forderungsverlusten für die Gläubigerländer verbunden – also vor allem für

Deutschland. Alle Vermögensobjekte verlören in diesem Szenario an Wert. Die Aktienbörsen der verbleibenden Euroländer, die Märkte für Anleihen, Lebensversicherungen und Banken stünden vor erheblichen Verlusten und Bankeinlagen wären nicht mehr sicher. Lediglich die Börsen des austretenden Landes dürften eine Hausse erleben. Allerdings muss man davon ausgehen, dass der freie Wertpapierhandel beschränkt werden würde. Kapitalverkehrsbeschränkungen und Börsenschließungen würden zur Regel werden.

Europa und die Welt würden in eine Rezession geraten, die Deutschland besonders hart träfe. Die Exporte würden einbrechen und die Verluste bei den Forderungen gegenüber dem Ausland würden Versicherungen und Banken hart treffen. Weltweit würden die Aktienbörsen abstürzen. Profitieren würden die Anleihen von als solide angesehenen Ländern wie den USA, der Schweiz und Norwegen. Deutsche Staatsanleihen wären kritisch zu sehen, würden doch erhebliche Verluste drohen. Stabilisierend dürfte wirken, dass die EZB für die verbliebenen Euroländer die Geldschleusen öffnen würde.

Es ist schwer vorstellbar, dass es ein Portfolio gibt, das im Szenario des chaotischen Zerfalls der Eurozone ohne Verluste fortbesteht. Mittelfristig wären wiederum Aktien und Immobilien mit weltweiter Streuung am besten geeignet. Gold würde sich in diesem Szenario als Krisenwährung bewähren. Kontoguthaben unterlägen derweil einem erheblichen Risiko.

Was lässt sich aus all dem schließen? Zunächst ist festzuhalten, dass man Bankguthaben so gering wie möglich oder nur bei solchen Instituten halten sollte, die über sehr hohe Eigenmittel verfügen und nicht im Investmentbanking aktiv sind. Ich denke da beispielsweise an die eine oder andere Schweizer Kantonalbank. Bankguthaben sind angesichts der Schuldenprobleme in keinem Fall sicher.

Ansonsten ist es völlig offen, auf welches Szenario wir uns einstellen müssen. Gegenwärtig sieht es so aus, dass es noch ein paar Jahre »so weitergeht«, bevor wir auf eine weitere Krise und den Austritt eines oder mehrerer Länder aus der Währungsunion zulaufen. Die geordnete Lösung eines deutschen Austritts wäre zwar aus Investorensicht zu bevorzugen, ist aber die unwahrscheinlichste.

> Damit sind wir bei der Strategie der internationalen Diversifikation, gepaart mit der Eliminierung einiger Risiken des Chaos-Szenarios. Keine Anleihen der Peripherie. Keine Banken. Keine Lebensversicherungen. Stattdessen Qualitätsaktien, Anleihen in anderen Währungen, Liquidität, Gold und Immobilien. Langweilig, aber robust.

## Qualität geht vor

Ich habe in den vorangegangenen Kapiteln darauf hingewiesen, dass ich Aktien im Rahmen einer diversifizierten Anlagestrategie als unerlässlich für den betrachte, der sich für alle drei denkbaren Szenarien der weiteren wirtschaftlichen Entwicklung absichern will – für die Eiszeit, die deflationäre Entwicklung der Schuldenliquidation und die inflationäre Entwicklung der Schuldenentwertung.

Bei der Investition in Aktien wie bei den anderen Komponenten des Portfolios sollten Anleger nicht zu überhöhten Preisen kaufen und die Kosten gering halten. Wichtiger Baustein ist dabei eine Minimierung der Handelsaktivität.

Folgt man dieser Philosophie, so wird offensichtlich, dass die Auswahl der Aktien von überragender Bedeutung ist. Die Werte, die sich der Anleger in sein Portfolio holt, sollten dort auf Jahre verbleiben. Allerdings ist das nur bei Qualitätsaktien eine gute Strategie.

Also begeben wir uns auf die Suche nach dem, was wir haben wollen. Suchen wir nach Unternehmen,

- die so gut sind, dass sie auf lange Sicht einen guten Ertrag – aus Kursgewinn und Dividenden – versprechen und zudem
- so robust, dass sie nicht nur im Szenario des Durchwurstelns Freude machen, sondern unser Hauptziel des globalen kaufkraftbereinigten Vermögenserhalts auch in den Szenarien Inflation und Deflation erfüllen.

Suchen wir also nach ausgesprochenen Qualitätsunternehmen. Qualitätsunternehmen sind in der Lage, auf Dauer überdurchschnittliche Renditen und ein überdurchschnittliches Wachstum zu erzielen. Was steht dahinter? Im Folgenden eine kleine Auswahl an Kriterien aus meiner Sicht.

*Marktattraktivität*

Selbst bestgeführte Unternehmen können in einem schlechten Marktumfeld nicht dauerhaft gute Renditen erwirtschaften. Die Marktattraktivität ist nach verschiedenen Kriterien zu beurteilen:

- *Marktgröße.* Abgesehen von Unternehmen, die in ausgesprochenen Marktnischen unterwegs sind, ist es besser, wenn man in großen Märkten agiert. Dies erlaubt nachhaltiges Wachstum, aber auch regionale und kundenbezogene Diversifikation. Unternehmen sind dann nicht von der Entwicklung in einzelnen Ländern und Industrien abhängig.
- *Marktwachstum.* In einem wachsenden Markt ist es für Unternehmen weitaus leichter, selbst zu wachsen. Sie müssen dazu keine Mitbewerber verdrängen. Und selbst ein Wachstum oberhalb der Wachstumsrate des Marktes ist möglich, weil die Mitbewerber selber noch wachsen und schleichende Verluste von Marktanteilen oftmals nicht wahrnehmen.
- *Marktstruktur.* Es gibt verschiedene Faktoren, die einen Markt strukturell mehr oder weniger profitabel machen. Märkte mit geringen Eintrittsbarrieren, in denen viele Wettbewerber agieren, sind gene-

rell wenig attraktiv. Prominentes Beispiel sind Fluggesellschaften. Die Eintrittsbarriere ist gering, alle nutzen dieselbe Technologie und arbeiten deshalb zu ähnlichen Kosten. Neue Anbieter haben den Vorteil, mit neuen Flugzeugen kostengünstiger fliegen und zudem den etablierten mit alternativen Lohn- und Arbeitszeitmodellen Konkurrenz machen zu können. Betrachtet man die Airline-Industrie über Jahrzehnte, so muss man feststellen, dass der Sektor im Durchschnitt nie die Kapitalkosten verdient hat. Deshalb verbietet sich für einen Qualitätsinvestor eine solche Anlage.

- *Staatlicher Einfluss.* Ein solcher ist generell negativ zu sehen. Regulierung kann zwar begünstigten Branchen und Unternehmen zu hohen Renditen verhelfen, allerdings besteht immer die Gefahr einer Regime-Änderung. Man denke nur an die Energiewende in Deutschland. Gleiches gilt für Sektoren, die von staatlichen Subventionen abhängig sind.

- *Trends.* Es lohnt sich zudem, die wichtigsten Trends in der Industrie zu identifizieren, zum Beispiel einen bevorstehenden Technologiewandel. Gerade hier besteht die Gefahr, dass die etablierten Anbieter nicht fähig sind, diesen Wandel mit zu vollziehen. Im Kern ist es die Hinterfragung der Marktdefinition: Bleibt der Markt so, wie wir ihn heute sehen, oder gibt es ihn in Zukunft nicht mehr? Als historische Parallelen mögen die letzten Hersteller von Postkutschen und Schreibmaschinen dienen.

- *Rendite.* Die genannten Faktoren sollten sich in einer entsprechenden Marktrendite niederschlagen. Hierzu analysiert man die Ertragskraft der wichtigsten Wettbewerber. Diese muss, über den Zyklus betrachtet, über den Kapitalkosten liegen.

Strukturell attraktive Märkte finden sich durchaus. Ich denke zum Beispiel an den Markt für industrielle Gase, der weltweit von wenigen Anbietern dominiert wird und sehr hohe Eintrittsbarrieren aufweist.

Die Branche erfreut sich sehr hoher Margen, die selbst auf dem Höhepunkt der Krise 2009 auf relativ hohem Niveau verharrten. Ein weiteres Beispiel bieten die Anbieter von Businesssoftware für Unternehmen.

*Wettbewerbsposition*

Qualitätsunternehmen sind nicht nur in attraktiven Märkten tätig, sondern haben dort außerdem über eine überlegene Wettbewerbsposition inne. Kriterien dafür sind unter anderem die folgenden:

- *Marktanteil.* Es ist unstrittig, dass ein höherer Marktanteil gemeinhin mit einer besseren Kostenposition und damit höheren Gewinnmargen korreliert. Dahinter stehen Größeneffekte verschiedenster Art. In vielen Branchen geht es sogar so weit, dass nur die drei führenden Anbieter Geld verdienen.
- *Marktanteilsveränderung.* Die Veränderung seines Marktanteils ist ein wichtiger Indikator für die Entwicklung eines Unternehmens. Dabei geht es nicht um die Veränderung auf Jahresbasis, sondern um die Veränderung über einen längeren Zeitraum von drei bis fünf Jahren. Marktanteilsverluste sind ein sehr ernst zu nehmendes Warnsignal.
- *Innovationskraft.* Wie hoch ist der Anteil seines Umsatzes, den das Unternehmen mit neuen Produkten erzielt? Wie viel gibt es im Vergleich mit seinen Konkurrenten für Forschung und Entwicklung aus?
- *Rentabilität.* Die Marktstellung sollte sich in einer überdurchschnittlichen Rentabilität niederschlagen. Auch hier gilt es, auf das nachhaltige Niveau zu achten, weil es durchaus zu temporären Abweichungen kommen kann.

Unternehmen, die in attraktiven Märkten eine gute Stellung einnehmen, sind klare Kandidaten für unser Qualitätsportfolio. Das genügt jedoch nicht, weil wir damit auf die Vergangenheit blicken. Für die Zukunft lässt sich daraus noch wenig ablesen. Hier hilft ein Blick auf das Managementteam und die Prozesse.

Aus meiner Praxis als Berater weiß ich nur zu gut, dass der Qualität des Managements und der internen Managementprozesse eine überragende Bedeutung zukommt. Erfolgreiche Unternehmen verfügen über deutlich bessere Teams als weniger erfolgreiche. Dies hat unter anderem damit zu tun, dass wirklich gute Manager sich selten für Branchen und Unternehmen entscheiden, in denen die Marktstrukturen so schlecht sind, dass man selbst mit bestem Management nur wenig bewirken kann. Natürlich bestätigen auch hier die berühmten Ausnahmen die Regel. Die folgenden Kriterien entscheiden mit über die Qualität des Managements:

- *Kontinuität.* Ein stabiles Managementteam mit systematischer Nachfolgeplanung und systematischen Auswahlprozessen geht zumeist mit überlegenen Ergebnissen einher. Berühmtes Beispiel ist hier die BASF. Diesem Unternehmen gelingt es besonders gut, Nachfolgeprozesse zu steuern.
- *Disziplin.* Gute Manager halten sich an die beschlossenen und verlautbarten Grundsätze. Dies ist besonders wichtig, wenn eine Fusion oder Übernahme im Raum steht. Es ist hinlänglich bekannt, dass Akquisitionen in den seltensten Fällen für das erwerbende Unternehmen einen Wert schaffen. Zu oft sind die Preise, die gezahlt werden, zu hoch. Es fehlt die strategische Logik und die Integration wird unzureichend geführt und kontrolliert. Es gibt viele bekannte Beispiele dafür, wie es nicht gemacht werden soll. Aus Deutschland sticht sicherlich der Kauf von Chrysler durch Daimler hervor: zu teuer, falsche Logik und keinerlei Integration. Es gibt aber auch erfolgreiche Vorbilder für Akquisitionen, deren Güte zumeist darauf zurückzuführen ist, dass die Unternehmen einem strikten Prozess für Akquisition und Integration folgen. Entsprechende Beispiele bieten Danaher aus den USA und mit Abstrichen Cisco. Generell kann man sagen, dass Versuche, ein schwaches Unternehmen durch Akquisitionen zu stärken, selten funktionieren. Umgekehrt

sind starke Unternehmen, die sich wiederum mit starken Unternehmen zusammentun, überdurchschnittlich erfolgreich.

- *Managementprozesse.* Unternehmen, die Wert auf die Qualität ihrer Managementprozesse legen, haben ebenfalls eher das Zeug dazu, unsere Anforderungen an Qualitätsunternehmen zu erfüllen. Als Beispiel sei hier der mexikanische Zementhersteller Cemex genannt, der global Prozesse standardisiert hat und deren Einhaltung penibel überwacht. Unter anderem dieser Stringenz hat Cemex den Aufstieg von einem kleinen Regionalanbieter zu einem der führenden globalen Spieler zu verdanken. (Bevor mich jetzt Leser darauf hinweisen: Im Zuge der Finanzkrise war Cemex wegen vorangegangener überteuerter Akquisitionen in einer tiefen Krise. Das zeigt, dass die genannten Kriterien keine universelle Aussagekraft besitzen.)

- *Reaktionsfähigkeit.* Ein gutes Management handelt, bevor die Probleme offenbar werden. So bei der Entscheidung, ob gewisse Aktivitäten fortgeführt werden. Aktives und vorausschauendes Portfoliomanagement auf Unternehmensebene gehört dazu. Das Gleiche gilt auch für die Reaktion auf Krisen im Umfeld. Beispielsweise entschied die BASF im Jahr 2009 sehr rasch, Anlagen stillzulegen und die Produktion zu drosseln. Dadurch entschärfte das Unternehmen die Auswirkungen der Krise für sich. Unternehmen mit einer solchen Historie traue ich für zukünftige Krisen mehr zu als Unternehmen, die nur mit Verzögerung reagiert haben. Ich erinnere mich an die Diskussion mit einem Finanzvorstand eines DAX-Unternehmens im Herbst 2008, der auf meinen Hinweis, dass ein erheblicher Einbruch bevorstehe, antwortete: »Wir rechnen auch schon mit einem erheblichen Einbruch – von 3 Prozent.« Es ging dann eher in Richtung von 30 Prozent und die Firma rutschte tief in die roten Zahlen.

- *Eigentümerstruktur und Corporate Governance.* Angesprochen sind hier gute Prozesse der Corporate Governance, also die Zusammensetzung der Aufsichtsgremien und die Häufigkeit der Sitzungen. Orientierung am Interesse des Unternehmens und seiner Aktionäre und nicht an internen Machtkämpfen sind weitere, wenn auch für Außenstehende nicht immer leicht beurteilbare Faktoren. Gleiches gilt für die Eigentümerstruktur. Diese kann sich sehr positiv auswirken, wie man am Beispiel von BMW sieht – oder auch negativ, wie im Fall eines anderen großen Automobilherstellers.

Ein Unternehmen kann in noch so attraktiven Märkten agieren und eine noch so gute Markstellung innehaben. Ist die Verschuldung zu hoch und die Disziplin bei der Mittelverwendung nicht gegeben, so handelt es sich nicht um ein Qualitätsunternehmen. Wie Analysen zeigen, dies gilt übrigens gerade auch im Hinblick auf das Inflationsszenario. In den 1970er-Jahren schnitten Unternehmen, die während der einsetzenden Inflation hoch verschuldet waren, deutlich schlechter ab als Unternehmen mit geringer Verschuldung

Höhere Inflation führt zu steigenden Zinsen, welche die Verschuldungskapazität verringern. Zugleich steigen die Preise für Investitionen. Hoch verschuldete Unternehmen mussten deshalb in Reaktion auf die Inflation zunächst ihre Schulden verringern, bevor sie investieren konnten. Sie büßten damit einen Teil ihrer Wettbewerbsfähigkeit ein.

Doch nicht nur die Verschuldung ist ein wichtiges Kriterium bei der Auswahl von Qualitätsunternehmen. Da man im weltweiten Universum an Aktien nicht mit qualitativen Analysen beginnen kann, steht die finanzielle Analyse im Vordergrund. Erst wenn sie das erwünschte positive Ergebnis bringt, lohnt es sich, die fundamentale Analyse durchzuführen, um

- die aufgrund der finanziellen Analyse gewonnene Einschätzung zu überprüfen und im Idealfall zu stützen und
- Prognosen für die weitere Entwicklung zu treffen.

Letztlich sind die Finanzziffern immer ein »nachlaufender« Indikator.

Im Folgenden werden die Kriterien vorgestellt, die bei der Analyse der Finanzen im Vordergrund stehen.

*Transparenz*

Vor einigen Jahren kam ein Kunde auf mich zu, der mit der Bewertung des eigenen Unternehmens an der Börse unzufrieden war. Er hatte den Eindruck, die Investoren würden das Unternehmen zu Unrecht mit einem Abschlag versehen.

Wir analysierten das Unternehmen und kamen zu der Erkenntnis, dass es zwar durchaus fundamentale Gründe für eine schwächere Bewertung gab – im konkreten Fall eine zu hohe Verschuldung und eine unzureichende Ertragskraft –, dass diese den Bewertungsabschlag jedoch nur zum Teil erklären konnten. Interviews mit Investoren brachten dann rasch Klarheit. Die Investoren trauten dem Unternehmen nicht, weil es regelmäßig die Rechnungslegung änderte. So wurden fast in jedem Jahr Geschäfte umorganisiert und in neu abgegrenzten Rechnungskreisen zusammengefasst. Dies machte den Vergleich über Jahre hinweg sehr schwer, wenn nicht unmöglich. Zudem hatten die Investoren den – nicht unbegründeten – Verdacht, dass das Management auf diese Weise Verlustbringer verstecken wolle. Verbesserte Transparenz war im konkreten Fall einer der wesentlichen Hebel, um die Bewertung des Unternehmens zu verbessern.

Für die Suche nach Qualität gilt das Gleiche. Wenn man der Rechnungslegung des Unternehmens nicht trauen kann, wenn es zu viele Brüche zwischen den Jahren gibt und wenn die Normen allzu oft geändert werden, dann spricht dies für Probleme.

*Ehrliche Berichterstattung*

Nicht nur Transparenz ist wichtig, sondern auch Ehrlichkeit. Während meines Studiums lernte ich den folgenden Spruch: Außerordentliche Aufwendungen sind ordentlicher, als man denkt. Außerordentliche Erträge sind außerordentlicher, als man denkt.

Hinter dieser Aussage steht eine sehr einfache Überlegung. Dem Management liegt daran, die nachhaltige Ertragskraft des Unternehmens möglichst gut darzustellen. Deshalb neigt es dazu, Aufwendungen als außerordentlich darzustellen. Nicht selten wiederholen sich als außerordentlich bezeichnete Aufwendungen Jahr für Jahr. Heute könnte man die Rechnungslegung der Banken aus diesem Blickwinkel kritisieren. Wenn man fast in jedem Jahr Milliardenbußen zahlt, kann man nicht ernsthaft von außergewöhnlichen Aufwendungen sprechen. Vielmehr scheinen sie Bestandteil des Geschäftsgebarens zu sein.

Umgekehrt muss ein Ertrag schon wirklich außerordentlich sein, damit er als solcher charakterisiert wird.

*Stabile Ertragskraft*

Ist die Rechnungslegung transparent und nachvollziehbar, so gilt die nächste Frage der Ertragskraft des Unternehmens. Attraktive Märkte müssen sich in überdurchschnittlichen Renditen niederschlagen, gute Marktstellung in einer über der Branche liegenden Leistung.

Wichtig ist hierbei, nicht nur auf eine einzelne Renditekennziffer zu achten, da diese Kennziffern je nach Branche unterschiedlich aussagekräftig sind. So mag die Umsatzrendite im Handel eine geeignete Größe sein, bei sehr kapitalintensiven Geschäften hingegen weniger. Dort muss eine Kenngröße gewählt werden, die den Kapitaleinsatz berücksichtigt. Dies ist idealerweise die Gesamtkapitalrendite, da die Eigenkapitalrendite durch Verschuldung entsprechend »gehebelt« sein kann. Bei Unternehmen, die Anlagen mit sehr langer Nutzungsdauer betreiben, ist zusätzlich der Abschreibungseffekt zu bereinigen. Dieser Effekt bedingt ständig steigende Renditen, in denen sich aber die erforderlichen Reinvestitionen nicht widerspiegeln. Eine Kennziffer, bei deren Berechnung dieser Effekt ausgeschaltet wird, ist der sogenannte Cash Flow Return on Investment (CFROI) .

Wichtig ist, dass man eine Reihe verschiedener Indikatoren heranzieht und die Ergebnisse hinterfragt. Ich erinnere mich an einen Fall, in dem ein einzelnes Unternehmen mit einer sehr hohen Kapitalrendite herausstach. Bei genauerer Analyse stellten wir fest, dass das Unternehmen die fertigen Produkte in dem Moment, in dem sie die Fabrik verließen, auf eine nicht konsolidierte Tochtergesellschaft übertrug. Damit war jeglicher Lagerbestand »verschwunden« und die Zahlen sahen entsprechend gut aus. Es dürfte müßig sein, darauf hinzuweisen, dass ein solches Unternehmen schon beim Kriterium Transparenz und Ehrlichkeit aus dem Rennen ist.

Die Ertragskraft sollte nicht nur auf ein Jahr bezogen analysiert werden, sondern über einen längeren Zeitraum, der unbedingt auch das Jahr 2009 beinhaltet. Schließlich geht es uns darum, eine Auswahl für unser »Allwetter-Portfolio« zu treffen. Nur Unternehmen, die über den gesamten Zeitraum einen positiven Cashflow erzielen, kommen überhaupt infrage.

*Operative Effizienz*

Die Finanzanalyse kann zudem einen guten Eindruck von der operativen Effizienz eines Unternehmens vermitteln. Kenngrößen wie der Kapitalumschlag und die Forderungsreichweite sind gute Indikatoren für die Qualität des Managements. Hier gilt es immer, innerhalb der Branche Vergleiche anzustellen. Unternehmen, die größere Lager halten, Forderungen langsamer einbringen und übermäßig viel investieren, ohne einen entsprechenden Mehrertrag zu erwirtschaften, sind kritisch zu sehen. Umgekehrt kann bei ansonsten guter Leistung gerade in diesen Bereichen ein erheblicher Hebel zur weiteren Wertsteigerung liegen.

Auch der simple Vergleich der Renditen genügt hier nicht. In einem Fall hatte ich es mit einem hochprofitablen Unternehmen in einer hochprofitablen Branche zu tun (Pharma). Die Börse hatte dem Unternehmen einen Bewertungsabschlag verpasst, weil die sogenannten Opex *(operative expenditures)*, also die operativen Ausga-

ben für das Geschäft (zum Beispiel Außendienst, zentrale Gemein-
kosten), höher waren als bei der Konkurrenz. Begründung eines
Investors: Bei derart hohen Opex bestehe immer die Gefahr eines
Gewinneinbruchs. Das Management hatte also die Kosten nicht im
Griff. Qualitätsunternehmen haben die Kosten im Griff, egal wie
rentabel sie sind.

*Auswahl der Qualitätswerte*

Nach dieser Analyse – die weitaus umfangreicher ist als hier dargelegt – lautet die entscheidende Frage: Kaufen oder nicht kaufen?
Zwei weitere Kriterien spielen bei dieser Entscheidung eine Rolle:
der Preis und der Standort.

Die Notwendigkeit, auch gute Aktien nur zu einem vernünftigen Preis zu kaufen, wurde bereits angesprochen. Bleibt die Frage
nach dem Standort. Kann man Qualitätsaktien in jedem Land kaufen? Nein. Sollte die Analyse – die aus gutem Grund mit dem globalen Universum anfangen sollte – zu Unternehmen führen, die in
einem Land beheimatet sind, in dem der Eigentumsschutz generell und besonders für ausländische Investoren nicht gesichert ist,
so verbietet sich ein Investment. Das bedeutet nicht, dass man einen gewissen Teil des Vermögens nicht auch in diesen Unternehmen anlegt. Dies muss aber in dem Bewusstsein geschehen, dass
die Anlage außergewöhnlich riskant ist und demzufolge eher spe-
kulativ.

Nun wird nicht jeder Investor die Zeit und die Fähigkeit haben,
die hier dargestellte Analyse selbst durchzuführen. Es gibt jedoch
Anbieter, die sich auf diese Methodik spezialisiert haben. Sind gute
Analysen, akzeptable Kosten und ein überschaubares Maß an Transaktionen im Fonds gegeben, so dürfte eine nachhaltig gute Entwicklung realisierbar sein.

## Zinsen können steigen – oder fallen!

Wenn Sie den Eindruck haben, die Zinsen wären zurzeit sehr gering, dann haben Sie recht. Englische Ökonomen haben versucht, die Zinsentwicklung der Welt seit dem Jahr 3000 vor Christus nachzuvollziehen. Sicherlich mithilfe einer Vielzahl vereinfachender Annahmen, aber dennoch mit einem plausiblen Ergebnis: So gering wie heute waren die Zinsen wohl noch nie.[143]

Plausibel ist dieses Ergebnis deshalb, weil in früheren Zeiten der Staat nur geringen Einfluss auf das Zinsniveau in einer Wirtschaft hatte. Es ergab sich aus privatwirtschaftlichen Vereinbarungen und war im Hinblick auf die Risiken immer angemessen hoch. Gerade in der Urzeit, als Kredite zudem noch oftmals in Form von realen Gütern gewährt wurden, war es für Kreditgeber existenziell, eine ausreichende Risikoprämie für ihren Verzicht auf Vermögen zu erhalten.

Die entscheidende Frage aus der Sicht des Investors lautet: Wie geht es weiter? Dabei hat die Zinsentwicklung nicht nur erheblichen Einfluss auf die Preise von Anleihen und Krediten. Wie wir in den letzten 35 Jahren positiv erlebt haben, beeinflusst sie die Preise aller Vermögenswerte.

Welches sind die Ursachen der niedrigen Zinsen? Zum Teil haben wir das bereits im ersten Teil dieses Buches erörtert, in dem unser Kernszenario der ökonomischen Eiszeit beschrieben wurde.

*These 1: Politik und Notenbanken drücken die Zinsen, um den Schuldenturm vor dem Einsturz zu bewahren*

Eine mögliche Erklärung für die niedrigen Zinsen ist der Versuch, die Zinsen unter die Wachstumsrate der Wirtschaft zu drücken, die sogenannte finanzielle Repression.

Die Notenbanken, allen voran die US-amerikanische Fed, die Europäische Zentralbank und die Bank von Japan, haben in großem Umfang Anleihen aufgekauft und tun dies immer noch. Zugleich werden Banken, Pensionsfonds und Versicherungsgesellschaften unter dem Vorwand der Förderung der Finanzstabilität faktisch gezwungen, ihre Bestände an Staatsanleihen aufzustocken. Dies erfolgt durch eine Vielzahl neuer Regulierungsvorschriften und führt, so eine naheliegende Theorie, zu den derzeitigen niedrigen Zinsen und Verzerrungen an den Finanzmärkten.[144]

Im Klartext heißt dies, dass wir alle mit immer niedrigeren Zinsen konfrontiert werden, wodurch unser Vermögen schleichend entwertet und zugleich der Druck erhöht wird, auf risikoreichere Vermögenswerte auszuweichen – oder das Geld am besten gleich auszugeben.

*These 2: Niedrige Zinsen sind ein direktes Resultat der Eiszeit*

Die Eiszeit selbst führt zu niedrigen Zinsen. Geringes Wachstum, Deflation, Schuldenüberhang und spiegelbildlich dazu der Ersparnisüberhang drücken das Zinsniveau. Ein immer größerer Teil der neuen Schulden dient dazu, bereits bestehende zu bedienen beziehungsweise so zu tun, als würden diese bedient.

Damit entfällt die stimulierende Wirkung auf die Realwirtschaft, woraus wiederum ein deutlich geringeres Zinsniveau folgt. Die niedrigen Zinsen verstärken die Stagnation, weil sie den Prozess der »schöpferischen Zerstörung« behindern. Kranke und nicht innovative Unternehmen bleiben so weiter im Markt. Erst wenn der Schuldenüberhang bereinigt ist, wird sich das Zinsniveau normalisieren.

Im Klartext heißt das: Im gegebenen Umfeld sind niedrige Zinsen die zwangsläufige Folge von Schulden- und Ersparnisüberhängen sowie Außenhandelsungleichgewichten. Im Grunde genommen können die Zinsen keinesfalls gering genug sein.

*These 3: Geringe Zinsen sind die direkte Folge der Angst der Investoren*

Nach dem Beinahe-Kollaps im Jahr 2008 und angesichts der zunehmend aggressiven wirtschaftspolitischen Maßnahmen sind die Zweifel an der Stabilität des Finanzsystems weit verbreitet.

»Auch wenn Anleihen kein ideales Instrument zur Absicherung gegen derartige Risiken sind, sind sie Aktien in der Regel trotzdem überlegen. Eine aktuelle Untersuchung zeigt, dass selbst relativ geringfügige Veränderungen des Katastrophenrisikos einen massiven Rückgang der weltweiten Realzinsen verursachen können und sie sogar auf deutlich negatives Gelände führen können.«[145]

Angesichts der vielen Probleme in der Welt ist es nur rational, vorsichtiger zu agieren und geringe Zinsen in Kauf zu nehmen.

> Im Klartext bedeutet das: Aus Angst vor Katastrophen im Finanzsystem und in der Politik halten wir lieber die Anleihen sicherer Schuldner als Risikowerte. Selbst wenn wir dafür einen laufenden Preis in Form negativer Zinsen akzeptieren müssen.

*These 4: Die Überalterung der Gesellschaft führt zu geringerer*
*Nachfrage und damit einem Überangebot an Ersparnissen*

Für andere Beobachter hat das niedrige Zinsniveau strukturelle Gründe. Die alternde Gesellschaft führt demnach zu einem veränderten Spar- und Konsumverhalten, wobei Japan als Beispiel angeführt wird. Dort sind die Zinsen im Verein mit einer immer älter werdenden Bevölkerung gesunken.

Je mehr gespart wird, desto größer das Angebot an Ersparnissen und desto geringer die Nachfrage. Die Folge dessen ist, dass der Preis für Geld – der Zins – fällt. Allerdings lässt sich kaum pauschal behaupten, dass ältere Menschen generell mehr sparen. Vielmehr sparen die Menschen bis zu ihrer Pensionierung und beginnen

dann, von ihren Ersparnissen zu leben und sie allmählich aufzu-
brauchen.

Die japanische Notenbank sieht denn auch einen anderen Zusammenhang: Das Wirtschaftswachstum hat nachgelassen, weil die
Erwerbsbevölkerung schrumpft. Dies senkt den Realzins, weil dieser immer die zu erwartende Wachstumsrate widerspiegelt.

Diese Argumentation ist allerdings nicht ganz schlüssig. Sieht
man in den Ersparnissen der geburtenstarken Jahrgänge einen der
wesentlichen Gründe für den Rückgang der Zinsen in den letzten
Jahrzehnten und den Anstieg der Preise von Vermögenswerten, so
darf man nicht denselben Effekt ein weiteres Mal erwarten, wenn
sich die Entwicklung umkehrt. In der Tat gibt es Studien, denen
zufolge ein Anstieg des Zinsniveaus zu erwarten ist, sobald die Erwerbsbevölkerung zu schrumpfen beginnt.

So errechnen die Analysten von Barclays,[146] dass der Ersparnisüberhang der Babyboomer bis zu 2 Prozentpunkte des Zinsrück-
gangs der letzten drei Jahrzehnte erklärt. Demnach ist der »natürliche« Zins von rund 2 Prozent auf null gesunken. Dies wird sich
aber nicht fortsetzen. Mit dem Eintritt ins Rentenalter beginnen die
Babyboomer, ihre Ersparnisse abzubauen, während gleichzeitig die
Zahl der Erwerbstätigen (die sparen würden) zurückgeht. »Die demografischen Daten haben das Sparen in der Welt seit 1980 sehr unterstützt, besonders in den letzten 20 Jahren«, schreibt Barclays in
der Analyse. »Nun könnte dieser langfristige Trend der ›Schwemme
an Ersparnissen‹ zu Ende gehen. Denn in den wichtigsten Volkswirtschaften wird es, bis auf wenige Ausnahmen wie Indien, immer
mehr Rentner und weniger ältere Arbeitnehmer geben.«

Laut der Studie ist dagegen das Wachstum – wenn überhaupt –
nur ein schwacher Erklärungsfaktor für den Realzins. Wichtiger sei
das Sparverhalten. »Über die letzten 20 Jahre ist ein Zusammenhang
zwischen der Sparquote und der Differenz zwischen dem Anteil älte-
rer Arbeitnehmer und dem der Rentner erkennbar. Über verschiedene Zeiträume und Volkswirtschaften betrachtet, steigt die Sparquote mit einem höheren Anteil der sparenden Gruppe. Ein wichtiger

Grund für die bisherige Schwemme an Ersparnissen in der Welt war die Alterung der chinesischen Bevölkerung. (...) Auch in der Summe der wichtigen Volkswirtschaften wird der Anteil der pensionierten Senioren immer weiter zunehmen, während der Anteil der sparfreudigen Arbeitnehmer zurückgeht. Mit jedem Prozentpunkt mehr an viel sparenden Arbeitnehmern geht der Realzins um 0,75 Prozentpunkte zurück. Mit jedem Prozentpunkt mehr Senioren im Rentenalter steigt er dagegen um 1,15 Prozentpunkte.«[147]

Die Schwellenländer werden nicht viel helfen. Zwar werden dort bis 2030 noch rund 330 Millionen mehr Menschen sparen, doch dürften deren Ersparnisse eher in der Heimatregion investiert werden. Das aber bedeutet, dass die entsprechenden Mittel die Vermögenspreise dort stützen – und nicht bei uns. Die Auswirkung ist schwer zu prognostizieren. Barclays erwartet einen Anstieg des natürlichen Zinses um einen Prozentpunkt in den kommenden fünf Jahren und um bis zu 3,5 Prozentpunkte auf Sicht von 20 Jahren. Da die Anleihen mit langen Laufzeiten – auch dank der Intervention der Notenbanken – derzeit weit unter dem natürlichen Zins notieren, wäre hier ein noch deutlicher Anstieg zu erwarten – wie bei einem Luftballon, der unter Wasser gehalten wird und dann nach oben springt, wenn er losgelassen wird.

Allerdings bleibt die Frage offen, ob es wirklich das Sparverhalten ist, welches das Geldangebot vergrößert. In unserem Geldsystem können die Banken auch ohne Ersparnis Kredite geben und damit Geld schaffen. Auf jeden Fall gilt: Wer dieser Analyse glaubt, muss auch an fallende Preise für Vermögenswerte glauben.

Im Klartext: Die Auswirkung der demografischen Entwicklung auf das Zinsniveau ist unklar. Die stärkeren Argumente sprechen für die Annahme, dass ein höherer Anteil an nicht (mehr) Erwerbstätigen im Verhältnis zur Erwerbsbevölkerung zu höheren Zinsen führt.

Eine Prognose der Zinsentwicklung dürfte auch nach Abwägung der hier zusammengefassten Argumente nicht leicht sein. Das Grundproblem ist die aggressive Politik der Notenbanken, die versuchen, das Schuldengebäude vor dem Einsturz zu bewahren.

Eigentlich sollte Geld ein Mittel zur Wertaufbewahrung sein. Stattdessen ist es ein Instrument der staatlichen Politik geworden. Seit 2009 haben die Zentralbanken mehr als 10 Billionen US-Dollar digitales Geld geschaffen. Wer heute Anleihen kauft, mag sich zwar über steigende Kurse freuen, vergisst aber die entscheidende Frage: Was wird das Geld noch wert sein, mit dem die Anleihen zurückgezahlt werden?

Eine Anleihe ist nichts anderes als das Versprechen, Geld zu zahlen. Wenn aber die Regierung die Menge und die Qualität des Geldes beliebig manipulieren kann, wie steht es dann um den Wert dieses Versprechens? Noch stellt so gut wie niemand diese Frage – was die niedrigen Zinsen auf Staatsanleihen unterstreichen. Das gilt für die europäische Peripherie in besonderem Maße. Portugal zum Beispiel wird angesichts der dauerhaft schlechten Wachstumsaussichten niemals die Schulden bedienen können, Gleiches gilt für Italien, Spanien und wohl auch Frankreich.

Die Zinsen auf US-Staatsanleihen sinken seit nunmehr 33 Jahren. Im 19. Jahrhundert fielen die Zinsen auf britische Anleihen sogar 80 Jahre lang und dennoch erreichten sie die Tiefststände des Sommers 2015 nicht. 1891 hielt man ewige Staatsanleihen mit 2,5 Prozent Verzinsung für ein solides Investment. Immerhin waren diese in Gold konvertierbar. Nur eine Generation später waren der Goldstandard Geschichte und miteinander wetteifernde Währungsabwertungen die Regel. Nicht anders erging es den Käufern der 1946 begebenen ewigen Anleihe des englischen Staates. Mit 2,5 Prozent verzinst, kollabierte der Kurs bis 1975. Das Pfund hat seit 1917 übrigens 98 Prozent seiner Kaufkraft eingebüßt.

Den Erben der heutigen Investoren wird es ähnlich ergehen. Sie werden mit Erstaunen lesen, wie ihre Vorfahren so dumm sein konnten, ihre Ersparnisse inkompetenten Regierungen zu Mini-zinsen zu überlassen. Das Virus der radikalen geldpolitischen In-tervention ist heute allgemein akzeptiert und zum Normalzustand geworden. Doch was passiert, wenn die Wirtschaft erneut in eine Rezession gerät? Was passiert, wenn die Aktienkurse fallen? Beides ist nur eine Frage der Zeit. Wie werden die Notenbanken dann re-agieren? Wenn sie noch aggressiver Geld drucken, was bedeutet das für unser Geld?

> Mein Kernszenario bleibt: Zunächst wird sich die deflationä-re Eiszeit-Grundtendenz fortsetzen, anschließend wird infolge von aggressiver Geldpolitik die Entwicklung umschlagen und das Preisniveau wird steigen. Nach der damit verbundenen Be-reinigung des Schuldenproblems wird die Wirtschaft auf einen »normalen Pfad« schwächeren Wachstums und perspektivisch steigender Zinsen zurückkehren. Diversifikation ist auch hier die richtige Antwort.

## Gold gehört in jedes Portfolio

Es gibt viele Kritiker der Anlage in Gold. So bezeichnete Warren Buffett schon 2011 in einem Aktionärsbrief das gelbe Edelmetall als »unproduktive Wertanlage«, ein Spekulationsobjekt, das keinen Wert schaffe. Andere gehen noch weiter, wie der Chefökonom der Citibank William Buiter, der von Gold als der »größten Blase« seit 6000 Jahren spricht. Der Wert von Gold sei, wie auch der Wert jeder Papierwährung, vom Glauben möglichst vieler Wirtschaftsakteu-re abhängig, dass es Wert besitzt. »Vereinfacht gesagt: Glaubt nie-mand mehr an den Wert von Gold, hat das Edelmetall keinen Wert mehr. Gold ist damit ein Wertaufbewahrungsmittel, das nicht besser ist als Steinscheiben, die auf der Pazifikinsel Yap als Währung verwendet wurden. Gold ist nur attraktiv, wenn es seinen Wert halten wird.« Und das ist für Buiter ganz und gar nicht ausgemacht: »Sobald nämlich die Gesellschaft dem Edelmetall seinen Wert aberkennt, ist es vorbei. Kommen einmal Zweifel auf, dass Gold oder jede andere Papierwährung den Wert behalten wird, werden Leute andere Wertaufbewahrungsmittel bevorzugen. Damit sinken der Umlauf und der Wert weiter – bis auf null.«[148]

Wobei ich hier einwende, dass 6000 Jahre eine ziemlich lange Zeit sind und im Unterschied zu Papierwährungen das Goldangebot mit deutlich geringeren Raten wächst.

Doch auch das renommierte Wirtschaftsmagazin *The Economist* warnte erneut vor der Anlage in Gold.[149] Seine Kernaussage ist simpel: Es gibt in der heutigen Zeit und Welt keinen Grund mehr, Gold zu kaufen. Die Kernpunkte aus der Sicht des *Economist*:

- Eigentlich spricht doch alles für Gold: steigende Schulden, Geldschwemme der Notenbanken, politische Unsicherheit. Dennoch liegt der Goldpreis um ein Drittel unter dem Niveau von 2011.
- Steigende Zinsen in den USA könnten den Preis noch weiter drücken. Damit stiegen die Opportunitätskosten. Bleibt die Zinserhöhung aus, so könnte eine kurze Rallye einsetzen, worüber sich vor allem die hoch verschuldeten Goldminen freuen dürften.
- Gold-Fans betonen dabei die relative Stärke von Gold trotz eines gestiegenen US-Dollar, was steigende Preise in Euro und Yen bedeutet.
- Die Nachfrage nach Gold gerade aus China und Indien bleibt stabil.

Dennoch sei Gold, so *The Economist*, »in a rut«, was man als »in der Krise« übersetzen kann. Der Grund: Wer immer dem staatlichen Geld misstraut (wer sollte das nicht?), hat andere Möglichkeiten, sein Vermögen zu sichern: durch Anlage im Ausland, aber auch in Aktien, Immobilien und Kunst.

Das sind starke Aussagen, zumal wenn man bedenkt, dass sie von einem derart kompetenten und angesehenen Medium wie dem *Economist* stammen. Doch was ist von ihnen zu halten?

Pater Tenebrarum[150] hat sich in seinem Blog mit den Argumenten des *Economist* auf eine – wie ich finde – interessante Art und Weise auseinandergesetzt. Hier seine Replik in den wesentlichen Punkten:

- Der *Economist* hat in der Vergangenheit genau zum falschen Zeitpunkt Position bezogen. So im Jahr 1999 mit der Prognose, der Ölpreis würde sich von 10 auf 5 US-Dollar pro Barrel verringern. Kurz darauf setzte ein massiver Anstieg des Ölpreises um immerhin 1400 Prozent ein. Fünf US-Dollar haben wir jedenfalls nicht gesehen.
- In der Tat waren die Finanzmärkte bis zum China-Crash 2015 unglaublich ruhig. Dies zeigt unter anderem der Financial Stress Index der St. Louis Fed. Offensichtlich gibt es keinen »Stress« im Finanzsystem, was zu der Frage führt, weshalb Gold eigentlich noch bei 1200 US-Dollar notiert.
- Obwohl die Menge an Notenbankgeld in den USA seit dem Jahr 2000 um 265 Prozent gestiegen ist, kam es zu keiner Inflation im eigentlichen Sinne. Angesichts der internationalen Überkapazitäten und des immer noch großen Arbeitskräfteangebots ist auch keine (Hyper-)Inflation absehbar. Aber wir sind auf dem Weg dahin: Sobald die Schulden zu hoch sind, kommt es zu einer »Monetarisierung« durch die Notenbanken, die zunächst nicht inflationär wirkt. Nach einiger Zeit jedoch überträgt sich die Preissteigerung von den Finanzanlagen auf die Realwirtschaft. Selbst dann könnten Regierungen und Notenbanken die Inflation noch stoppen. Tun sie es nicht – wovon auszugehen ist –, so kommt es zu dem immer wieder angesprochenen Vertrauensverlust in Geld. Es folgt eine Flucht aus dem Geld und eine Hyperinflation. Letztere Entwicklungen spielen sich immer innerhalb von wenigen Monaten ab. Die Hyperinflation in der Weimarer Zeit ist ein Beispiel.

- Die Zinsentwicklung spielt sicherlich eine Rolle für den Goldpreis, vor allem wegen der Opportunitätskosten. Andererseits muss man festhalten, dass es dabei vor allem um den Realzins und nicht den → Nominalzins geht. Fallen die Preise, weil sich Inflation nicht einstellen will, so sinken die Realzinsen unter null, egal wie gering der Nominalzins ist.
- Der Hauptgrund dürfte jedoch darin liegen, dass der Markt in die Zukunft blickt. Da spielen die heutigen Zinsen nur eine untergeordnete Rolle. Alles, was schlecht ist für sogenannte Risikoanlagen wie Aktien, ist per Definition gut für Gold. Viele Leute halten Gold als »Versicherung«, sogar erfolgreiche Investoren wie Ray Dalio. Sie kaufen unabhängig von der aktuellen Stimmung. Als Kaufargument genügt ein Blick auf die Wirtschaftspolitik der heutigen Zeit: Immer mehr und immer billigeres Geld und Schulden sollten die Schuldenkrise bewältigen. Die westliche Welt ist in einem Zustand der »behaupteten Solvenz« – ich sage: pleite.
- Ein gigantisches »Vertrauensspiel« ist im Gange. Die Mehrheit spielt mit und glaubt noch, dass die Staatsfinanzen und das Bankensystem stabil sind. Wir wissen, dass dies nicht zutrifft. Doch es wird der Zeitpunkt kommen, in dem die Mehrheit es nicht mehr glaubt beziehungsweise glauben kann. Dann bekommen wir alle entweder eine »Behandlung à la Zypern« (also Enteignung von Bankeinlagen) oder die Hyperinflation. Das Ergebnis ist letztlich dasselbe. Wie kann man sich dagegen absichern? Gold scheint eine gute Wahl zu sein.
- Was die Alternativen zu Gold betrifft, so sind wohl zu Recht Zweifel angebracht. Aktien sind wahrlich nicht mehr billig, Immobilien je nach Markt ebenfalls nicht, und was moderne Kunst betrifft, so ist diese doch wohl wie kaum eine Anlageklasse von dem Vermögen der Superreichen abhängig und damit eng mit den Finanzmärkten verknüpft. Gold wird vor allem auch dann nachgefragt, wenn diese Vermögenswerte links liegen bleiben. Gold ist Geld, keine Ware. Hätten wir einen Währungswettbewerb, so würde Gold zweifellos gewinnen.

Gold ist eine Versicherung, die in jedes Portfolio gehört. Zu viele haben ein Interesse daran, Gold nicht starkzureden. Jeder Anstieg des Goldpreises ist wie eine Erdbebenwarnung für das Weltfinanzsystem. Hätte der *Economist* den Abgesang auf das Gold auf seiner Titelseite platziert, so wäre dies wohl ein starkes Kaufsignal gewesen. Doch auch so bleibt die Empfehlung: Wer es noch nicht hat, sollte anfangen, eine Position aufzubauen. Wer es schon hat, sollte es als das sehen, was es ist: eine Versicherung. Oder kündigen Sie Ihre Feuerversicherung, weil es fünf Jahre lang nicht gebrannt hat?

## Lieber eine Rolex als Swatch-Aktien?

Lieber eine Rolex als Swatch-Aktien? So lautete eine Schlagzeile der *Neuen Zürcher Zeitung* im April 2015.[151] Schon in meiner Einführung zum Thema »Überleben in der Eiszeit« habe ich mich skeptisch über »Investitionen« in exotische Werte wie Whisky, aber auch Uhren und andere Sammlerstücke geäußert. Meine Logik ist einfach: Langfristig mag sich dadurch Vermögen erhalten lassen. Das eine oder andere mag auch als Spekulationsobjekt interessant sein. Wenn es aber darum geht, in der Krise nutzbares Vermögen zu haben und im Anschluss wieder über beleihungsfähiges Eigenkapital zu verfügen, sind diese Geldanlagen nicht geeignet. Dennoch wird dafür die Trommel gerührt, wie in dem Beitrag in der *NZZ*:

»Festverzinsliche Anlagen werfen mittlerweile kaum mehr Rendite ab. Teilweise werden sogar Negativzinsen verlangt. Auf diese Art werden die Bürger schleichend enteignet, dazu kommen in vielen Ländern Gesetze und Maßnahmen, mit denen die Staatsschulden und Kosten der Krise auf die Bürger abgewälzt werden. Zudem wächst die Angst, dass das große Angebot an Papiergeld letztlich die Inflation anheizen werde. Die Geschichte zeigt, dass nominale Werte in Inflationen oder Deflationen schnell einmal nichts mehr wert sind.«

Diese Analyse ist sicherlich zutreffend. Und wie wir oben gesehen haben, reagieren die verschiedenen Anlageklassen recht unterschiedlich auf diese Szenarien.

»Viele Investoren sind wegen derartiger Ausblicke auf der Suche nach alternativer Rendite und Sicherheit. Diese finden sie vermehrt in Real-Anlagen. Real ist vereinfacht gesagt das, was man in den Händen hält, nominal der aufgedruckte Wert auf dem Papier. Diese beiden Werte können stark auseinanderklaffen. Zu den Sachwerten zählen auch Aktien, Immobilien und Edelmetalle. Bei Dividendenpapieren erhält der Käufer einen Anteil an den Vermögenswerten des jeweiligen Unternehmens.«

Auch dies ist richtig, weshalb in meinem Musterportfolio ein entsprechend hoher Anteil an internationalen Qualitätswerten liegt und Immobilien, ebenfalls mit internationaler Streuung, eine wichtige Rolle spielen.

»Die Flut an Papiergeld hat aber die Preise in vielen klassischen Sachwerten erhöht, zahlreiche Beobachter sprechen bereits von einer Blasenbildung am Aktien- oder am Immobilienmarkt. Deshalb zieht die Karawane der Investoren weiter und entdeckt vermehrt ›exotische‹ Sachwerte für sich. Dazu gehören unter anderem Schmuck, Uhren, Oldtimer, Porzellan, Antiquitäten, Kunst, Wein oder edle Schreibgeräte. Bankangestellte berichten, dass Kunden in ihren Schließfächern beispielsweise neue Rolex-Uhren horteten.«

Alle diese »Investitionen« funktionieren nur bei Inflation ohne fundamentale Vermögensvernichtung. Da es jedoch bei dem Inflationsszenario, das die von der *NZZ* genannten Investoren befürchten, um eben diese Vermögensvernichtung geht, eignen sich diese Anlagen nur bei sehr langem Zeithorizont. Wenn man an die Enkel denkt, ist das in Ordnung, und dann sollte man das auch machen. Nicht aber dann, wenn es um etwas geht, das noch im eigenen Leben eine wichtige Rolle spielen soll!

»Der ›Mei-Moses-Art-Index‹, der die Verkaufspreise von Kunstwerken auf Auktionen abbildet, verzeichnete in den vergangenen Jahren regelmäßig zweistellige Wachstumsraten. Gemäß dem Deutschen Oldtimer-Index (DOX) stieg der Wert der begehrtesten 88 Oldtimer in den vergangenen Jahren langsamer als zuvor, aber immerhin noch mit 5 % pro Jahr. Auch wenn man die von speziellen Indizes abgebildete Performance exotischer Anlagegüter wie ausgesuchter Weine, edler Whiskeys oder seltener Briefmarken mit der Entwicklung von Aktienkursen vergleicht, blieben Letztere in den vergangenen Jahren trotz Börsenboom meist zurück.«

Dies zeigt aber nicht die Krisenfestigkeit dieser Anlagen, sondern die Liquiditätsflut. Sobald diese abebbt, fallen die Preise!

»Allgemein gilt, dass etablierte Sachanlagen in einer Krise wertbeständiger sind. So wird auch das Bild eines alten Meisters in einer Rezession leiden. Das Gemälde eines ›Jungen Wilden‹, der nur kurz einen Hype erlebte und einige Jahre später wieder vergessen ist, kann jedoch fast den kompletten Wert einbüßen.«

Am Ende der Krise ist nur ein Gut knapp: Geld. Dies muss der Investor bedenken. Grundsatz: Man muss dann Geld haben, wenn es andere nicht haben!

»Mehrere Schweizer Family-Offices, die Vermögen für sehr wohlhabende Kunden verwalten, bestätigen, dass ihre Kunden mehr Diversifikation suchten und sie vermehrt in reale Werte investierten – auch wenn sie darunter in erster Linie Landwirtschaftsland oder Firmenbeteiligungen verstehen.«

Damit bin ich zu 100 Prozent einverstanden. Gerade Direktinvestitionen in Firmen werden auch bei steuerlichen Zugriffen eher verschont.

Diese Überlegungen führen zu dem folgenden Zwischenfazit: Als Schutz für Vermögen sind nur solche Realwerte geeignet,

- die einen Ertrag bieten, der in einer akuten Krise ausreicht, um das Vermögen zu erhalten (sprich: deren laufender Ertrag zur Deckung der Kosten ausreicht), und
- nach einer Bereinigung der Schuldenkrise als Basis für einen Neustart dienen können.

Unternehmen und Immobilien stehen dabei an erster Stelle, Gold folgt wegen seiner Homogenität und Knappheit, alles andere erst mit deutlichem Abstand.

Spätestens hier werden die Kunstfreunde aufschreien und auf die vielen Studien verweisen, welche die überlegene Rendite von Geldanlagen in Kunst unterstreichen. Zudem gibt es doch immer wieder Meldungen über neue Rekordpreise bei Auktionen. Wurde nicht erst vor Kurzem Picassos *Les Femmes d'Alger* für 179,4 Millionen US-Dollar versteigert?

Die *Financial Times* hat sich dem Thema vertieft gewidmet. Zunächst zitiert sie den Auktionator, der – wenig verwunderlich – betont, dass die Kaufinteressenten in einem Bietergefecht sehr wohl eine Ahnung vom Wert eines solchen Bildes hätten. Sie würden sehr genau auf die Qualität achten und zudem wären die Preise sehr vorsichtig in Schritten von jeweils 500 000 Dollar nach oben gegangen. Kunst würde zunehmend als »financial asset« gesehen. Privatbanken rieten ihren reichen Kunden zur Diversifikation in Kunst und Milliardäre besuchten die Kunstmessen der Welt, während Meisterwerke in Zollfreilagern aufbewahrt würden.

Im Falle des besprochenen Picassos stieg der Preis seit der letzten Auktion im Jahre 1997 um immerhin 100 Millionen US-Dollar. Nicht schlecht.

Kunst ist aber nicht wie ein Wertpapier. Der Wert ist genauso unbestimmt wie das Lächeln der Mona Lisa. Dabei ergibt sich der Preis aus Annahmen über die künftige Nachfrage, die sich wiederum aus Annahmen über die zukünftige Nachfrage ergibt. Wer wirkliche Werte kaufen möchte, sollte sich anderweitig orientieren, so die Empfehlung der *Financial Times*.

Weltweit wurde 2014 Kunst für 51 Milliarden Euro verkauft, mehr als auf dem bisherigen Höhepunkt im Jahr 2007. Damals waren es 48 Milliarden Euro. Verglichen mit den 294 Billionen Euro an Finanzvermögen ist das immer noch ein geringer Betrag.

Dennoch sollte es sich auch finanziell lohnen. Tut es aber nicht. Zwar zeigt der Mei-Moses-Art-Index, dass die Preise auf Auktionen von 2003 bis 2013 um 7 Prozent pro Jahr gestiegen sind. Allerdings misst der Index nur die Kunst, die auf Auktionen gekauft und wieder verkauft wurde.

Dies ist nur ein Teil des Marktes. Was per Definition fehlt, sind die Kunstwerke, die nicht wieder auf den Markt gekommen oder auf Auktionen stehen geblieben sind. Außerdem ist der Markt sehr fragmentiert. Jedes Kunstwerk – auch jedes beliebige unter mehreren des gleichen Künstlers – ist einzigartig und damit individuell zu bewerten. Die Transaktionskosten sind zudem sehr hoch. Die Auktionshäuser nehmen eine Marge von 20 Prozent, die man erst einmal mit verdienen muss, um einen Gewinn zu machen.

Selbst Meisterwerke bieten keine Sicherheit. Zu sehr wandelt sich der Geschmack. Waren zu einer Zeit bestimmte Bilder gesucht, so sind es zu anderer Zeit andere. Dies kann sinkende Preise und auch die Unverkäuflichkeit von Kunstwerken nach sich ziehen. Die *Financial Times* vermutet deshalb andere Beweggründe der Käufer: Wer sich ein Bild kauft, welches die großen Museen der Welt gerne hätten, der tut dies als (ultimatives?) Statussymbol. Man hat etwas wirklich Exklusives und kann es sich leisten, lautet das Signal an die Umwelt. Bevor es der Rivale kauft, kaufe ich es, so die Überlegung. Deshalb ist der deutliche Vermögenszuwachs der reichsten 0,01 Prozent der Bevölkerung die wichtigste treibende Kraft hinter der Entwicklung der Kunstpreise.

Ebenso wichtig ist der damit verbundene Eintritt in den »Kunstzirkus«, der für über 60 Prozent der Kunstkäufer eine wichtige Rolle spielt. Gemeint sind Einladungen von Museen, Galerien und das Image, als Mensch mit Geschmack zu gelten. Das alles sind Dinge, die in schlechten Zeiten keiner mehr haben will. Im Falle einer Eiszeit wird man Kunstwerke jedenfalls nicht oder nur mit großen Verlusten verkaufen können.

> Die Schlussfolgerung lautet: Ziel der Geldanlage ist neben dem langfristigen Vermögenserhalt die Verfügbarkeit im akuten Krisenfall und die Eignung als beleihungsfähiges Eigenkapital bei einem Neustart. Kunst erfüllt diese Kriterien nicht. Im Gegenteil, es ist ein prozyklisches »Investment«.

## Wie anfangen?

Natürlich erhebe ich nicht den Anspruch, die garantiert funktionierende Lösung für den Vermögenserhalt in diesen Zeiten zu haben. Ich denke aber, es ist der richtige Weg, zu diversifizieren und auf Einstiegspreise und Kosten zu achten. Wer Ihnen eine »Rettung« verspricht mit sicheren Tipps und eindeutigen Vermögenspositionierungen, dürfte wohl eher an die eigene Provision denken.

Wann immer ich meine Strategie dargelegt habe, wurde ich mit vier Fragen konfrontiert. Deren erste lautet:

*1. Weshalb bleiben Gold und Silber trotz des gestiegenen Risikos so billig? Müssten diese Edelmetalle nicht deutlich mehr kosten?*

Dies ist eine ungemein spannende Frage. Zum einen stellt sich die Kursentwicklung in Euro (und Yen) deutlich besser als in US-Dollar dar. In US-Dollar gerechnet liegt der Goldpreis in der Tat deutlich unter den erreichten Höchstständen und nicht wenige Beobachter rechnen mit weiteren Kursrückgängen. Setzt man die Entwicklung des Goldpreises in Relation zur Inflation der letzten Jahre, dann ist Gold nicht billig, sondern im Gegenteil relativ teuer.

Im Vergleich mit den Bilanzen der Notenbanken ist Gold hingegen recht billig. Nun muss man aber berücksichtigen, dass dieses Wachstum des Zentralbankgeldes nicht zu einem breiten Kredit- und Geldmengenwachstum geführt hat. Sollte es dazu kommen, so wären eine deutliche Inflation und damit zugleich sicherlich höhere Goldpreise die Folge.

Negativzinsen machen Gold (und andere Anlageformen) verhältnismäßig attraktiv. Die Opportunitätskosten sind gering und gemessen daran ist es lohnender, Gold zu halten. Auch wenn ich kein Fan von Verschwörungstheorien bin, so ist das Verhalten auf dem Terminmarkt für Gold durchaus bemerkenswert. Da der berichtete Preis für Gold vom Terminhandel bestimmt wird, liegt die Vermutung zumindest nahe, dass man dort mit relativ geringem Aufwand eine Preispflege durchsetzen kann, die jegliches »Krisensignal« eines steigenden Goldpreises unterbindet.

Gold gehört als Versicherung in jedes Portfolio. Wer also kein Gold oder nur einen Anteil von weniger als 15 Prozent an physischem Gold besitzt, der wäre gut beraten, bei der momentanen Preisschwäche in Gold zu investieren. Gold könnte jedoch noch deutlich billiger werden und dieser Trend ließe sich für weitere Zukäufe nutzen. Hier spiegelt sich der Portfoliogedanke. Andere Vermögenswerte würden in diesem Szenario entsprechend gewinnen.

Für den, der spekulieren möchte, bieten sich die Aktien von Minengesellschaften an. Ich würde hierbei aber ausdrücklich von Spekulation reden, da diese Unternehmen traditionell schlecht geführt sind und sich zudem mehrheitlich in politisch instabilen Regionen befinden. Mein Qualitätskriterium erfüllen sie jedenfalls nicht.

Die zweite Frage lautet:

2. *Was mache ich mit der Liquidität angesichts von Negativzins, Bargeldverbot und absehbarer Gläubigerbeteiligung bei der nächsten Krise?*

Dies ist mit Sicherheit die schwerste Frage. Für kleinere bis mittlere Beträge dürften Politik und Banken versuchen, negative Zinsen zu vermeiden. Für größere Beträge ist es nur noch eine Frage der Zeit, bis Strafzinsen anfallen. Hinzu kommt, dass Geld auf dem Bankkonto, allen gegenteiligen Beteuerungen der Politik zum Trotz, nicht sicher ist. Bei der nächsten Krise – und diese kommt angesichts der ungelösten Probleme mit Sicherheit – werden die Gläubiger im Rahmen sogenannter Bail-ins massiv an den Verlusten beteiligt werden. Ob dabei die Grenze von 100 000 Euro Bestand hat, wird sich zeigen. Ich vermute, dass man auch hier versuchen wird, den kleinen Sparer zu verschonen.

Kontoeinlagen über 100 000 Euro sind damit erheblichen Risiken ausgesetzt: Negativzins, Besteuerung wie in Spanien und Beteiligung bei der Sanierung von Banken. Die erste Schlussfolgerung lautet, die Liquidität möglichst gering zu halten. Ansatzpunkte sind zum Beispiel eine rasche und frühzeitige Bezahlung von Rechnungen und der Abbau von Schulden.

Zusätzlich sollte die Bargeldquote erhöht werden, wobei auch hier natürlich Grenzen zu ziehen sind. Zum einen droht ein Bargeldverbot oder aber zumindest eine Begrenzung des Einsatzes von Bargeld. Zum anderen ist die Lagerung von Bargeld selbst nicht ohne Risiko. Die Lagerung sollte im Banksafe erfolgen, was wiederum Fragen nach dem Zugriff im Krisenfall aufwirft. Bargeld ist also keine Antwort auf das Problem der Kassenhaltung, zumindest nicht in der eigentlich erforderlichen Größenordnung.

Nun könnte man empfehlen, das Bargeld doch lieber in andere Anlageklassen umzuschichten. Dann jedoch stellt sich das Problem, dass Anleihen bereits sehr teuer und Aktien ebenfalls nicht mehr günstig sind. Verglichen mit den hier denkbaren Verlusten wären Negativzinsen noch das geringere Übel, was aber das Problem des möglichen Verlusts bei der nächsten Bankenkrise nicht löst.

Die beste Antwort auf dieses Dilemma dürfte eine Kombination aus verschiedenen Maßnahmen sein:

- Reduktion des Kassenbestands durch rasches Erfüllen aller Verbindlichkeiten

- Verteilung des Kassenbestands auf verschiedene Banken in verschiedenen Regionen, unbedingt auch außerhalb des Euroraums – hierbei auch in anderen Währungen, zum Beispiel Singapur-Dollar oder Norwegische Krone
- Nachkauf der im Portfolio untergewichteten Anlagen, angesichts der Bewertung zum heutigen Zeitpunkt also Gold und internationale Immobilienwerte, wobei diese ebenfalls weiter nachgeben können! Bei Aktien würde ich eine weitere Konsolidierung abwarten. Wer noch keine Qualitätswerte besitzt, sollte diese gezielt und systematisch aufbauen und im Gedächtnis behalten, dass es sich hierbei um langfristige Anlagen handelt.

Kommen wir zur dritten Frage:

3. *Wie kann ich das Zielportfolio realisieren, da doch die Preise bereits so hoch sind, dass ich die wichtige Regel des günstigen Einkaufs nicht beherzigen kann?*

Der Übergang von der heutigen Struktur des Portfolios zur gewünschten sollte schrittweise erfolgen, zum einen, was die Gesamtstruktur betrifft, zum anderen, was die Komponenten der einzelnen Anlageklassen betrifft.

In einem ersten Schritt gilt es, den Bestand des Ist-Portfolios zu sichten: Wie groß ist eigentlich das Gesamtvermögen und wie ist es verteilt? Wie hoch sind die Anteile der vertretenen Anlageklassen und wie stellt sich die regionale Aufteilung dar?

Bei dieser Aufstellung sollte unbedingt auch die selbst genutzte Immobilie berücksichtigt werden, allerdings mit einem Abschlag. Lassen Sie sich vom aktuellen Marktumfeld nicht blenden. Sobald Sie die Immobilie verkaufen wollen – zum Beispiel beim Eintritt in den Ruhestand –, dürfte die Nachfrage deutlich anders beschaffen sein und die vermeintliche Spardose sich als nicht so werthaltig entpuppen. Dies gilt vor allem für Vorstadtlagen.

Sobald Sie Klarheit über den Ist-Zustand haben, können Sie die

Abweichungen vom Soll-Zustand bestimmen. Nach meiner Erfahrung setzen deutsche Investoren zu starke Akzente auf deutsche Immobilien, Anleihen und Liquidität. Aktien und Gold spielen zumeist eine untergeordnete Rolle, Immobilien außerhalb Deutschlands sind meist nicht vertreten. Bei Aktien wurden zumeist Fonds gekauft, die nicht nach Qualitätskriterien investieren und ebenfalls die Schwerpunkte auf Deutschland und Europa setzen.

Zunächst muss es darum gehen, übermäßige Risiken zu reduzieren. Diese dürften trotz einer anstehenden Korrektur nicht bei Aktien liegen, sondern vielmehr im Bereich der Anleihen. Die Entwicklungen im Sommer 2015 dürften nur ein Vorgeschmack auf weitere Turbulenzen sein. So sollten zunächst Anleihen reduziert und die Liquidität, wie oben bereits angesprochen, währungs- und kontenmäßig diversifiziert werden. Danach sollte vor allem die regionale Zusammensetzung der des Zielportfolios angenähert werden, bevor man in einem weiteren Schritt innerhalb der einzelnen Anlageklassen umbaut. Internationale Immobilienwerte und REITs, zum Beispiel aus Singapur, gehören auf jeden Fall ins Portfolio. Diese bieten zum heutigen Zeitpunkt solide Dividendenrenditen bei (noch) vernünftigen Bewertungen.

Bei diesem Umbau müssen wir immer bedenken, dass wir uns in der Nähe des Gipfels der Vermögenspreise befinden. Der »Bond-Guru« Bill Gross hat dies eindrücklich zusammengefasst: »Es riecht nach dem Ende.«

1981 begann ein einmaliger Bullenmarkt bei Aktien und Anleihen (und Schulden, würde ich ergänzen!). Damals stand der Dow-Jones-Index bei 900 Punkten und langfristige US-Staatsanleihen brachten eine Verzinsung von 14, 5 Prozent. Wer über 30 Jahre immer voll investiert war, verzwanzigfachte seinen Einsatz. Eine Wiederholung dürfen wir nicht erwarten. Im Gegenteil, es spricht viel für geringere Renditen in den kommenden Jahren. Wir sind dem Gipfel ziemlich nahe. Immer mehr Profis warnen vor diesem Wendepunkt. Neben Gross sind dies Stanley Druckenmiller, George Soros, Ray Dalio und Jeremy Grantham. Der 35-jährige Superzyklus ist am Ende. Geringere zukünftige Renditen sind die Folge und die Gefahr von Unfällen wächst.

Gross selbst sagte anlässlich einer Konferenz in New York: »Wann wird unser auf Schulden basierendes Finanzsystem kollabieren? Dann, wenn alle Vermögenswerte, die man kaufen kann, zu wenig Rendite für zu viel Risiko bringen. Dann werden die Investoren beginnen, anstelle von Anleihen und Aktien Bargeld unter dem Kopfkissen zu horten.«[152]

Wir nähern uns, so Gross, dem Punkt, an dem Anleihezinsen, Risikozuschläge und Aktienkurse den zukünftigen Wert schon heute widerspiegeln. Jeder rationale Investor muss deshalb eine gewisse Endzeitstimmung spüren. Es muss nicht unbedingt ein Crash folgen, wohl aber muss der ewige Optimismus ein Ende haben.

Für uns bedeutet dies nur: Wir sind dem Gipfel des Berges nahe und es liegt nicht mehr viel vor uns. Auf diesem Gipfel müssen wir nun unser Portfolio so umbauen, dass wir in der Eiszeit nicht erfrieren, und dies zugleich sehr umsichtig tun. Das bedeutet: graduelle Anpassung in Richtung der Soll-Struktur und zugleich die offensichtlichsten Problembereiche – Anleihen, Bankeinlagen in der Eurozone und Aktien zweifelhafter Qualität mit überhöhten Kursen – verlassen.

Liquidität wäre eigentlich die beste Antwort, wenn wir es nicht mit den oben diskutierten Risiken zu tun hätten. Wer ganz auf Nummer sicher gehen will, kauft kurzlaufende Anleihen solider Staaten und bezahlt für diese Versicherung mit negativem Zins. So gibt es doch eine Logik für negative Zinsen – als Versicherungsprämie für das Geld. Dann aber wirklich nur für kurzlaufende Papiere.

Die vierte und letzte Frage lautet:

4. *Wie soll ich das umsetzen, wenn mein Vermögen relativ klein ist und ich nicht global diversifizieren kann?*

Man kann auch mit einem begrenzten Portfolio an den Grundsätzen festhalten: geringe Kosten, intelligente Diversifikation und nicht zu viel handeln. Aktiv verwaltete Anlagen verbieten sich in einer solchen Ausgangslage allerdings.

# Glück ist mehr als Geld

Wenn man über Geldanlage schreibt, dann liegt es in der Natur der Sache, dass sich alles ums Geld dreht. Dennoch sei an dieser Stelle an die Weisheit Milton Friedmans erinnert, der angesichts der Inflation der 1970er-Jahre feststellte, dass »ein gutes Leben« die beste Versicherung gegen Vermögensverluste sei. Gerade angesichts der unwiderruflichen Endlichkeit sollten wir uns daran erinnern, dass es weitaus wichtigere Dinge im Leben gibt als Geld.

Der Wirtschaftswissenschaftler und Philosoph Tomáš Sedláček brachte es gut auf den Punkt: »Konsum macht süchtig. Je mehr wir haben, desto mehr zusätzliche Dinge wollen wir. Heute möchte ich viel mehr Dinge besitzen als noch vor 20 Jahren. Damals hatte ich kein Handy, keinen Laptop und keine Internetverbindung. Heute habe ich das alles – und will immer noch mehr. Wir erwarten vom Konsum Erlösung – aber er gewährt sie uns nicht.« ... »Entscheidend ist nicht, ob wir reich sind, sondern ob wir zufrieden sind. Und Zufriedenheit ist weitgehend unabhängig davon, wie reich wir sind. Natürlich: Es ist besser, reich und gesund zu sein als arm und krank. Das Problem ist nur: Unsere Wirtschaft schafft in uns mehr Wünsche, als wir befriedigen können. Mit jedem befriedigten Wunsch tauchen drei neue auf.«[153]

Natürlich ist dieser Drang nach mehr systemimmanent, denn nur wenn wir uns immer weiter verschulden und konsumieren, ist es für die Schuldner möglich, ihren Verpflichtungen nachzukommen. Doch Sedláček hat recht: Das Glück sitzt zwischen den Ohren. Es ist unsere Einstellung zu dem, was in unserem Umfeld passiert, die darüber entscheidet, ob wir glücklich oder unglücklich sind.

Obwohl das Glück nicht vom Kontostand abhängt, ist es natürlich richtig und wichtig, sich um den Erhalt des eigenen Vermögens zu kümmern. Wie das gehen kann, habe ich gezeigt. Daneben sollte man sich jedoch auch bewusst machen, dass das Vermögen breiter und anders definiert werden sollte, als man es gemeinhin tut.

Die meisten Menschen vernachlässigen in ihrer Vermögensauf-stellung den Gegenwartswert der zukünftigen Arbeitseinkommen. Trotz Besteuerung und Kaufkraftverlust ist diese Position in vielen Fällen die größte und wichtigste.

Daraus folgt: Bevor Sie sich um die geeignete Auswahl der Aktienfonds kümmern, denken Sie daran, wie Sie Ihren eigenen Marktwert steigern können, zum Beispiel durch Fortbildung und besonderes Engagement. Vergessen Sie dabei nicht, sich auch für den unerwünschten, aber nicht undenkbaren Fall der Erwerbsunfä-higkeit abzusichern.

Definieren Sie »Vermögen« nicht nur auf sich selbst bezogen, son-dern unter Einbezug Ihres Partners und Ihrer Kinder. Gerade bei den Kindern gilt, dass Bildungsinvestitionen sich überdurchschnittlich gut verzinsen. Zwar spielt unseren Kindern die schlechte Demografie in die Hände, weshalb sie auch mit einer weniger guten Ausbildung ein gutes Auskommen finden werden. Je höher jedoch die Qualifikation, desto geringer die Gefahr, durch Automatisierung oder Verlagerung von Arbeitsplätzen ins Ausland den Job zu verlieren. Ebenso wie Ihre Vermögenswerte sollten auch Ihre Kinder die Möglichkeit haben, sich in anderen Regionen der Welt anzusiedeln, sollte sich die Entwick-lung in Deutschland und Europa weiter in Richtung Eiszeit bewegen.

Vermögen ist auch, das Leben genießen zu können, das heißt, Zeit so zu verbringen, wie man es möchte – mit der Familie, mit Freunden oder auch alleine. »Die Bibel spricht über hundert Mal da-von, dass wir den Sabbat halten sollen. Wir wurden nicht nur zum Arbeiten geschaffen, sondern auch, um die Früchte unserer Arbeit zu genießen. Dazu sind wir aber immer weniger in der Lage. Wir arbeiten zu viel und zu hart.«[154]

Stellen Sie sich analytisch und emotional auf die Eiszeit ein. Sor-gen Sie vor, indem Sie die hier dargelegten Grundsätze befolgen. Damit stehen Ihre Chancen gut, die schwierige Phase einigerma-ßen unbeschadet zu überstehen. Ansonsten: Konzentrieren Sie sich auf die schönen Seiten des Lebens, denn Geld ist nicht alles. Wirk-lich nicht!

# GLOSSAR

**Anlageklassen** Beschreibt die verschiedenen Möglichkeiten der Geldanlage. Zumeist Bargeld, Anleihen, Aktien, Gold und Immobilien.

**Aufschuldung** Anstieg der Verschuldung relativ zum Einkommen, gesamtwirtschaftlich gemessen am → Bruttoinlandsprodukt. Zumeist ein sich über Zeit beschleunigender Prozess, der in einer → Überschuldungskrise endet.

**Bilanzrezession** Abschwung der Wirtschaft ausgelöst durch eine → Überschuldung einzelner Wirtschaftssektoren (private Haushalte und/oder Unternehmen) und verfallenden Vermögenspreisen.

**Bank für Internationalen Zahlungsausgleich (BIZ)** Notenbank der Notenbanken mit Sitz in Basel. Anerkannt für Studien zu Finanzsystemen und wirtschaftliche Stabilität. Bekannt für die Regulierung der Kapitalanforderungen für Banken.

**Bruttoinlandsprodukt (BIP)** Gesamtwert aller Waren und Dienstleistungen, die innerhalb eines Jahres in einem Land hergestellt wurden. Gilt als das Maß für die Leistung einer Volkswirtschaft innerhalb eines Jahres.

**Bullenmarkt** Eine mehrere Jahre andauernde, deutliche Aufwärtsbewegung in einem Finanzmarkt: zumeist im Zusammenhang mit Aktien oder Anleihen verwendet.

**Cashflow** Misst den Nettozufluss liquider Mittel innerhalb einer Periode. Ist eine entscheidende Größe zur Beurteilung der finanziellen Stabilität von Unternehmen.

**Deflation** Bezeichnet eine Periode fallender Preise bzw. eines steigenden Geldwerts.

**Deleveraging** Ist der englische Begriff für eine Reduktion der Verschuldung, meist relativ zum Einkommen oder → Bruttoinlandsprodukt. Dabei ist es unerheblich, wie es zur Reduktion der Schulden kommt. Ob durch Tilgung, Zahlungseinstellung oder hohes nominales Wirtschaftswachstum.

**Depression** Beschreibt einen deutlichen Rückgang der wirtschaftlichen Aktivität (des → Bruttoinlandsprodukts) mit hoher Arbeitslosigkeit, Zahlungsschwierigkeiten und Insolvenzen von privaten Schuldnern. Geht oftmals mit → Deflation einher.

**Diversifizierung** Beschreibt die Strategie eines Investors, in verschiedene → Anlageklassen zu investieren um so eine Risikoreduktion zu erreichen.

**Finanzsektor** Alle Bereiche einer Wirtschaft, die mit Geld und Kreditgeschäften zu tun haben. Banken, Versicherungen, Börsen, Kreditkartenfirmen und Zahlungsverkehrsdienstleister. Hierzu gehören auch Investmentfirmen und → Hedgefonds.

**Geldschöpfung** Prozess der »Produktion« von Geld. Dabei schaffen Banken Geld, indem sie gegen Sicherheiten Kredit vergeben und diesen dem Konto des Kreditnehmers gutschreiben.

**Große Depression** Schwere Krise der Weltwirtschaft, ausgelöst durch übermäßige Verschuldung. Begann mit dem Börsenkrach von 1929 und wurde erst mit Beginn des Zweiten Weltkriegs überwunden.

Ging einher mit einem deutlichen Einbruch der Wirtschaftstätigkeit und → Deflation.

**Handelsüberschuss** Verkauft ein Land mehr Waren und Dienstleistungen in das Ausland als es umgekehrt aus dem Ausland bezieht, erzielt es einen Handelsüberschuss. Dieser geht zwingend mit einem → Kapitalexport einher.

**Hedgefonds** Der englische Begriff »hedge« steht für »Absicherung«. Dabei dienen diese Investmentfonds nicht der Absicherung von Vermögen, sondern sie versuchen, durch ungewöhnliche Handelsstrategien oder Wetten auf bestimmte Ereignisse – zudem mit Einsatz von erheblichen Krediten – überdurchschnittliche Renditen zu erzielen.

**Indexfonds** Bilden einen bestehenden Index, zum Beispiel den DAX nach. Erlauben es dem Investor, relativ kostengünstig »den Markt« zu kaufen.

**Inflation** Bezeichnet eine Periode steigender Preise bzw. eines fallenden Geldwerts.

**Internationaler Währungsfonds (IWF)** Ist eine Organisation der Vereinten Nationen mit Sitz in Washington, die die internationale Zusammenarbeit in der Währungspolitik, den Welthandel und die Stabilität der Wechselkurse fördern soll. Bietet auch finanzielle Hilfe, wenn Länder in Finanzierungsschwierigkeiten geraten.

**Kapitalexport** Wenn die Ersparnisse eines Landes nicht im Land investiert werden können, exportiert dieses Land Ersparnisse in die Welt, in Form von Krediten und Direktinvestitionen. Damit einher geht ein → Handelsüberschuss.

**Kaufkraft** Bezeichnet die Veränderung des relativen Wertes von Geld. In Zeiten von → Inflation sinkt die Kaufkraft, in Zeiten von → Deflation steigt die Kaufkraft.

**Kaufkraftparität** Beschreibt den Wechselkurs, bei dem man für den gleichen Warenkorb in zwei verschiedenen Währungen umgerechnet dasselbe bezahlt.

**Klumpenrisiko** Zu Deutsch: alle Eier in einem Nest.

**Kurs-Buchwert-Verhältnis** Vergleicht den Marktwert eines Unternehmens mit dem Wert aller Vermögensgegenstände des Unternehmens laut Bilanz.

**Kurs-Gewinn-Verhältnis** Misst die Relation zwischen dem Marktwert eines Unternehmens und dem von diesem Unternehmen ausgewiesenen Gewinn. Aufgrund der Möglichkeiten, diesen Gewinn durch Rechnungslegung zu beeinflussen, eine manipulationsanfällige Größe.

**Marktkapitalisierung** Gesamtwert eines Unternehmens. Errechnet durch die Multiplikation der Anzahl ausstehender Aktien mit dem aktuellen Kurs. Zumeist wird der Marktwert der Schulden ebenfalls hinzu addiert, um zum Gesamtwert des Unternehmens zu kommen.

**Nominalzins** Ist der Zins, den man auf seinen Anlagen erzielt bzw. für Schulden bezahlen muss. Im Unterschied zum → Realzins erfolgt hier keine Bereinigung um den Kaufkraftverlust des Geldes (→ Inflation).

**Notenbank** Auch Zentralbank genannt, hat das Notenmonopol. Ursprünglich gegründet, um Bankenkrisen zu verhindern und die Staatsfinanzierung zu erleichtern.

**Quantitative Easing (QE)** Beschreibt den direkten Aufkauf von Finanzwerten wie Anleihen und Aktien durch die Notenbank. Dies erfolgt mit dem Ziel, Kreditvergabe, Wirtschaftswachstum und Inflation in einem Land anzukurbeln. Der Erfolg der Maßnahme ist umstritten.

**Realwirtschaft** Der Teil der Wirtschaft, der nicht zum → Finanzsektor zählt.

**Realzins** Bezeichnet den um die Veränderung der → Kaufkraft bereinigten → Nominalzins.

**Rekapitalisierung** Wiederherstellung des erforderlichen Eigenkapitals eines Unternehmens oder Bank durch die Einlagen neuer Finanzmittel

**Rezession** Rückgang der wirtschaftlichen Aktivität (des → Bruttoinlandsprodukts), verbunden mit Arbeitslosigkeit. Im Unterschied zur → Depression weniger lang und weniger tief.

**Schattenbanksystem** Beschreibt den Teil des Finanzsektors, der jenseits von Banken im Kreditgeschäft aktiv ist. Dies beinhaltet unter anderem → Hedgefonds

**Standardabweichung** Begriff aus der Statistik. Ist das Maß für die Streuung der Werte einer Zufallsvariablen (Beispiel Zahlen eines Würfels) um den Erwartungswert (beim Würfel 1/6).

**Target-Forderungen** Forderungen der Notenbanken des Eurosystems gegeneinander. Bis zur Krise unerheblich, sind sie seither deutlich angewachsen. So hat die Deutsche Bundesbank im November 2015 Forderungen in Höhe von 563 Milliarden gegen die Notenbanken anderer Euroländer.

**Taylor-Regel** Nach dem US-Ökonomen John Taylor bezeichnetes, auf empirischen Daten basierendes Modell zur Bestimmung des Leitzinses der Notenbanken.

**Überschuldung(skrise)** Wirtschaftskrise, ausgelöst durch übermäßige Verschuldung eines oder mehrerer Wirtschaftssektoren.

**Value at Risk (VAR)** Eine statistische Methode, mit der Banken und Investmentgesellschaften ihre Risiken berechnen.

**Value-Investing** Anlagestrategie bei der versucht wird, Aktien zu identifizieren, die mit einem Abschlag zu ihrem fundamental gerechtfertigten Wert gehandelt werden.

**Vermögenseffekt** Von den Notenbanken angestrebter Effekt der geldpolitischen Maßnahmen, vor allem von → Quantitative Easing. Durch den Anstieg der Preise von Vermögenswerten, vor allem Aktien, sollen sich deren Eigentümer reicher fühlen und deshalb mehr konsumieren. Dieser Konsum soll dann die Realwirtschaft beleben. Er ist in der Wissenschaft umstritten.

**Volatilität** Ist ein Ausdruck für die Schwankung des Preises eines Vermögenswerts, zum Beispiel einer Aktie, in einem bestimmten Zeitraum. Gilt fälschlicher Weise als Indikator für Risiko.

**Währungsunion** Ist der Zusammenschluss mehrerer souveräner Staaten, die eine gemeinsame Währung haben und eine gemeinsame Währungspolitik betreiben. Beispiel: die Eurozone.

**Zinspolitik** Wichtigstes Instrumentarium der → Notenbanken zur Beeinflussung von Kreditangebot und -nachfrage.

# ANMERKUNGEN

1 Lansing, Kevin J. und Pyle, Benjamin: *Persistent Overoptimism about Economic Growth*, Federal Reserve Board of San Francisco, 2. Februar 2015, abrufbar unter http://www.frbsf.org/economic-research/publications/economic-letter/2015/february/economic-growth-projections-optimism-federal-reserve/

2 Òscar Jordà, Moritz HP. Schularick und Alan M. Taylor: *Sovereigns versus Banks. Credit, Crises, and Consequences*, NBER Working Paper No. 19506, Oktober 2013, abrufbar unter http://www.nber.org/papers/w19506

3 *The world economy as we know it is about to be turned on its head*, The Telegraph, 23. September 2015, abrufbar unter http://www.telegraph.co.uk/finance/comment/ambroseevans_pritchard/11882915/Deflation-supercyle-is-over-as-world-runs-out-of-workers.html

4 *Money in the modern economy. An introduction*, Bank of England, Quarterly Bulletin 2014 Q1, abrufbar unter http://www.bankofengland.co.uk/publications/Documents/quarterlybulletin/2014/qb14q101.pdf

5 *The reality gap in the role of banks*, Financial Times, 8. Juni 2015, abrufbar unter http://www.ft.com/intl/cms/s/0/e336ea7e-0d33-11e5-a83a-00144feabdc0.html#axzz3jODAHOmy

6 Jakab, Zoltan und Kumhof, Michael: *Banks are not intermediaries of loanable funds – and why this matters*, Working Paper No. 529, Bank of England, Mai 2015, abrufbar unter http://www.bankofengland.co.uk/research/Documents/workingpapers/2015/wp529.pdf

7 *Counting the cost of finance*, The Economist, 21. Juni 2014, abrufbar unter http://www.economist.com/news/finance-and-economics/21604574-new-paper-shows-industrys-take-has-been-rising-counting-cost-finance

8 *Big finance is a problem, not an industry to be nurtured*, Financial Times, 3. November 2013, abrufbar unter http://www.ft.com/intl/cms/s/0/10c 43a5a-4300-11e3-8350-00144feabdc0.html?siteedition=intl#axzz2ji5I xgXg

9 Rognlie, Matthew: *Deciphering the fall and rise in the net capital share*, Brookings Papers on Economic Activity, March 19, 2015, abrufbar unter http://www.brookings.edu/about/projects/bpea/papers/2015/land-prices-evolution-capitals-share

10 Zu Deutsch: »Der große Crash«. *Margin Call* ist ein sehr sehenswerter Thriller aus dem Jahr 2011, in dem gezeigt wird, wie das Management einer Bank erkennt, dass die Immobilienwertpapiere nicht so viel wert sind wie zuvor gedacht. Um den Konkurs der Bank zu verhindern, wirft es die Papiere in einer Hauruck-Aktion auf den Markt.

11 Cecchetti, Stephen, und Kharroubi, Enisse: *Why does financial sector growth crowd out real economic growth?*, Working Paper No. 490, Februar 2015, Bank for International Settelements, abrufbar unter http://www.bis.org/publ/work490.htm

12 *Counting the Costs of Finance*, The Economist, 21. Juni 2014, abrufbar unter http://www.economist.com/news/finance-and-economics/216045 74-new-paper-shows-industrys-take-has-been-rising-counting-cost-finance

13 *A handy tool – but not the only one in the box*, Financial Times, 4. Januar 2015, abrufbar unter http://www.ft.com/intl/cms/s/0/0d3f41dc-86bf-11e4-8a51-00144feabdc0.html

14 *Geld ist im Überfluss vorhanden*, Die Zeit, 13. Januar 2015, abrufbar unter http://www.zeit.de/wirtschaft/2015-01/griechenland-euro-ezb-merkel

15 *Iceland Imprisoned Its Bankers and Let Banks Go Bust. What Happened Next in 3 Charts*, Zero Hedge, 11. Juni 2015, abrufbar unter http:// www.zerohedge.com/news/2015-06-11/iceland-imprisoned-its-bankers-and-let-banks-go-bust-what-happened-next-3-charts

16 *Island hebt die Kapitalkontrollen schrittweise auf*, Frankfurter Allgemeine Zeitung, 8. Juni 2015, abrufbar unter http://www.faz.net/aktuell/finanzen/anleihen-zinsen/7-jahre-nach-der-finanzkrise-island-hebt-die-kapitalkontrollen-schrittweise-auf-13635497.html

17 *Iceland Imprisoned Its Bankers and Let Banks Go Bust*, a.a.O.

18 *Die Ursünde der Eurozone*, Finanz und Wirtschaft, 26. Juni 2015, abruf-

bar unter http://blog.fuw.ch/nevermindthemarkets/index.php/37409/ alles-was-man-zur-misere-des-euro-wissen-muss/?utm_source=-FuW+LIVE+Mail+Versand&utm_campaign=0e8d951672-UA-744850-3&utm_medium=email&utm_term=0_5811b63fd6-0e8d951672-62108945 und: Wynne Godley, Maastricht and All That, London Review of Books, 8. Oktober 1992, abrufbar unter http://www.lrb.co.uk/v14/n19/wynne-godley/maastricht-and-all-that

19 Ebenda.

20 Dieses Kapitel beruht auf meinem Beitrag für den ifo Schnelldienst mit dem Titel *Zehn Gründe, warum die Deutschen nicht die Gewinner des Euro sind,* ifo Schnelldienst, 9/2015, 15. Mai 2015.

21 *The Conference Board Total Economy Database,* January 2014, http://www.conference-board.org/data/economydatabase/

22 *Gross domestic product per capita, constant prices;* OECD World Economic Outlook, October 2014.

23 *Reallöhne 2000–2010. Ein Jahrzehnt ohne Zuwachs,* DIW Wochenbericht 45/2011, abrufbar unter http://www.diw.de/documents/publikationen/73/diw_01.c.388565.de/11-45.pdf

24 *Ein Großteil des DAX-Gewinns geht ins Ausland,* Die Welt, 21. April 2015, abrufbar unter http://www.welt.de/finanzen/article139870262/Der-Grossteil-des-Dax-Gewinns-geht-ins-Ausland.html

25 Bundesministerium der Finanzen: *Investitionsschwäche in Deutschland?,* Februar 2014, abrufbar unter https://www.bundesfinanzministerium.de/Content/DE/Monatsberichte/2014/03/Inhalte/Kapitel-3-Analysen/3-3-investitionsschwaeche.html sowie DIHK Schlaglicht Wirtschaftspolitik, *Investitionsschwäche in Deutschland, Sommer 2014,* abrufbar unter www.dihk.de/.../dihk-schlaglicht-investitionsschwaeche-2014.pdf

26 *Verluste auf das deutsche Nettoauslandsvermögen – wie sind sie entstanden?,* DIW Wochenbericht 49/2013, abrufbar unter http://www.diw.de/sixcms/detail.php?id=diw_01.c.432808.de

27 »Bei den Target-Salden, die in den Bilanzen der Notenbanken ausgewiesen sind, handelt es sich nicht nur, wie manchmal gesagt wird, um Symptome einer Verzerrung im EZB-System, sondern tatsächlich um einen Überziehungskredit zwischen den Notenbanken«, ifo Schnelldienst, 68. Jahrgang, Sonderausgabe, 29. Mai 2015, S. 4.

28 *Deutsche Sparer verlieren 190 Milliarden Euro,* Frankfurter Allgemeine

Zeitung, 9. April 2015, abrufbar unter http://www.faz.net/aktuell/finan-zen/meine-finanzen/sparen-und-geld-anlegen/private-sparer-verlie-ren-190-milliarden-euro-in-vergangenen-fuenf-jahren-13528997.html

29 *The Global Workforce Crisis, 10 Trillion at Risk*, The Boston Consulting Group, Juni 2014.

30 *Spanish Property Advise from the Plague*, Financial Times, 2. Mai 2014, abrufbar unter http://www.ft.com/intl/cms/s/0/fa99f4d8-d1eb-11e3-8-b5b-00144feabdc0.html#axzz3fV0iW6aj, und *The Drain from Spain*, Financial Times, 20. Februar 2014, abrufbar unter http://www.ft.com/intl/cms/s/0/f7bdd5ce-995e-11e3-91cd-00144feab7de.html#axzz3fV 0iW6aj

31 *Deutschland braucht Flüchtlinge*, Spiegel Online, 27.April 2015, abrufbar unter   http://www.spiegel.de/wirtschaft/soziales/deutschland-braucht-fluechtlinge-kolumne-von-henrik-mueller-a-1030657.html

32 *Bildung: Menschen ausländischer Herkunft haben häufiger Abitur als Deutsche*, Spiegel Online, 8. September 2015, abrufbar unter http://www.spiegel.de/schulspiegel/einwohner-mit-migrationshintergrund-haben-haeufiger-abitur-als-deutsche-a-1051979.html

33 Statistisches Bundesamt, Daten abrufbar unter https://www.destatis.de/DE/ZahlenFakten/GesellschaftStaat/BildungForschungKultur/Bildungsstand/Tabellen/BildungsabschlussAS.html

34 »Ihre Botschaft ist fatal«, SPIEGEL Streitgespräch zwischen Marcel Fratzscher und Daniel Stelter, SPIEGEL Nr. 47, 13.11.2015, Seite 70 ff.

35 Daniel Stelter, *Warum der Regierungsberater DIW bei den ökonomischen Folgen des Flüchtlingsstroms irrt*, Manager Magazin Online, abrufbar: http://www.manager-magazin.de/politik/artikel/oekonomische-fol-gen-der-fluechtlingspolitik-der-diw-faktencheck-a-1062607.html

36 Hälfte der syrischen Flüchtlinge schlecht ausgebildet, Die Welt, 27.10.2015, abrufbar unter http://www.welt.de/wirtschaft/article14809 8162/Haelfte-der-syrischen-Fluechtlinge-schlecht-ausgebildet.html

37 ifo Institut erhöht Schätzung der Flüchtlingskosten auf 21,1 Milliar-den Euro allein für 2015, 10. 11. 2015, abrufbar unter http://www.ce-sifo-group.de/de/ifoHome/presse/Pressemitteilungen/Pressemittei-lungen-Archiv/2015/Q4/press_20151110_fluechtlinge.html«>IfO: %20ifo%20Institut%20erhöht%20Schätzung%20der%20Flüchtlings-kosten%20auf%2021,1%20Milliarden%20Euro%20allein%20für%20 2015

38 »70 Prozent der Flüchtlinge brechen Ausbildung ab«, Frankfurter Allgemeine Zeitung, 15. Oktober 2015, abrufbar unter http://www.faz. net/aktuell/wirtschaft/wirtschaftspolitik/handwerkskammer-in-bayern-70-prozent-der-fluechtlinge-brechen-ausbildung-ab-13857887. html Leider wird im Artikel nicht gesagt, wie hoch die Gesamtzahl der Flüchtlinge aus Syrien, Afghanistan und dem Irak war, die im Jahr 2013 eine Lehre in Bayern begonnen haben.

39 Die 25 000 Euro kommen so zustande: Die durchschnittlichen Kosten für Hartz IV Leistungen im Jahr 2014 lagen bei rund 9 000 Euro. Die durchschnittlichen gesamtstaatlichen Aufwendungen bei rund 16 000 Euro pro Kopf. Letztere beinhalteten neben den Sozialleistungen – die ja durch die zusätzliche zu unterstützende Person steigen – die Kosten für Infrastruktur, Justiz, Polizei, Verteidigung, Verwaltung, etc. Kosten für die Gesundheitsversorgung sind hierin nur unvollständig erfasst. Letztlich können die Gesamtkosten nur geschätzt werden.

40 Bundesagentur für Arbeit, Analyse des Arbeitsmarktes für Ausländer, September 2015, abrufbar unter https://statistik.arbeitsagentur.de/ Statischer-Content/Statistische-Analysen/Analytikreports/Zentrale-Analytikreports/Monatliche-Analytikreports/Generische-Publikationen/Analyse-Arbeitsmarkt-Auslaender/Analyse-Arbeitsmarkt-Auslaender-201509.pdf

41 DIW Wochenbericht Nr. 43, Arbeitsmarktintegration von Migranten in Deutschland, 2014, abrufbar unter http://www.diw.de/documents/ publikationen/73/diw_01.c.485479.de/14-43.pdf

42 DIW Wochenbericht Nr. 43, Arbeitsmarktintegration von Migranten in Deutschland, 2014, abrufbar unter http://www.diw.de/documents/ publikationen/73/diw_01.c.485479.de/14-43.pdf

43 Was zu tun wäre, um die Migration erfolgreich zu gestalten, habe ich unter anderem hier zusammengefasst: *Eine ehrliche Rechnung zu den Flüchtlingen*, Manager Magazin Online, 3. September 2015, abrufbar unter http://www.manager-magazin.de/politik/deutschland/oekonomischer-10-punkte-plan-zu-fluechtlingsstrom-a-1051166.html

44 Jagadeesh Gokhale, *Measuring the Unfunded Obligations of European Countries*, National Center for Policy Analysis, Januar 2009, abrufbar unter http://www.ncpa.org/pdfs/st319.pdf

45 Cecchetti, Stephen G., Mohanty, Madhusan und Zampolli, Fabrizio:

*The real effects of debt*, BIS Working Paper No. 352, September 2011, abrufbar unter http://www.bis.org/publ/work352.pdf

46 Genannt sei zum Beispiel die Analyse von Andrew Smithers: *The post-recession slowdown is structural*, Financial Times, 10. Dezember 2014, abrufbar unter http://blogs.ft.com/andrew-smithers/2014/12/the-post-recession-slowdown-is-structural/

47 *Poor productivity in developed economies appears to be structural*, Financial Times, 17. Dezember 2014, abrufbar unter http://blogs.ft.com/andrew-smithers/2014/12/poor-productivity-in-developed-economies-appears-to-be-structural/

48 *Human nature means financial crises are the cost of progress*, Financial Times, 27. April 2014, abrufbar unter http://www.ft.com/intl/cms/s/0/473a1a4a-cde9-11e3-9dfd-00144feabdc0.html#axzz31P2ydRsp

49 Siehe dazu auch meine Ausführungen in: Stelter, Daniel, et al.: *Die Billionen-Schuldenbombe*, Weinheim 2013.

50 Gordon, Robert: *Is U.S. Economic Growth Over? Faltering Innovation Confronts the Six Headwinds*, NBER Working Paper 18315, abrufbar unter http://www.nber.org/papers/w18315

51 *US Economy, the productivity puzzle*, Financial Times, 29. Juni 2014, abrufbar unter http://www.ft.com/intl/cms/s/2/c1149cda-fd39-11e3-8-ca9-00144feab7de.html#axzz3jODAHOmy

52 Der Bildungsstand ist in den asiatischen Ländern durchgehend höher als in den westlichen, wie die alle drei Jahre durchgeführten PISA-Tests der OECD zeigen. Klassische OECD-Länder wie Japan und Korea liegen historisch gesehen im oberen Drittel, Festlandchina (Schanghai) erzielte bei der ersten Teilnahme am bisher letzten PISA-Test im Jahr 2009 sofort den ersten Platz. OECD, *PISA 2009 at a glance*, 2010, abrufbar unter http://www.oecd.org/pisa/46660259.pdf

53 *Die Zuwanderung macht die Differenz*, Frankfurter Allgemeine Zeitung, 17. Oktober 2012, abrufbar unter http://www.faz.net/aktuell/feuilleton/forschung-und-lehre/deutscher-grundschulvergleich-die-zuwanderung-macht-die-differenz-11927910.html

54 *Deutschland im Akademisierungswahn*, Neue Zürcher Zeitung, 3. November 2014, abrufbar unter http://www.nzz.ch/wissenschaft/bildung/deutschland-im-akademisierungswahn-1.18416948

55 *Madoff-Opfer bekommen viel von ihrem Geld zurück*, Frankfurter Allge-

meine Zeitung, 13. Dezember 2013, abrufbar unter http://www.faz. net/aktuell/finanzen/fonds-mehr/anlagebetrug-madoff-opfer-bekommen-viel-von-ihrem-geld-zurueck-12709342.html

56 Dieser Prozess wurde schon in den 1930er-Jahren von Irving Fisher in seiner *Debt-Deflation Theory of Great Depressions* eindrücklich beschrieben. Der Text ist im Internet frei abrufbar, u. a. hier: https:// fraser.stlouisfed.org/docs/meltzer/fisdeb33.pdf

57 *Debt and (not much) deleveraging*, McKinsey Global Institute, Februar 2015, abrufbar unter http://www.mckinsey.com/insights/economic_ studies/debt_and_not_much_deleveraging

58 Reinhart, Carmen, und Rogoff, Kenneth: *Dieses Mal ist alles anders. Acht Jahrhunderte Finanzkrisen*, München 2010.

59 *The Real Effects of Debt*, BIS Working Paper, No. 352, September 2011, abrufbar unter http://www.bis.org/publ/othp16.pdf

60 Daten des McKinsey Global Institutes, *Debt and (not much) deleveraging*, Februar 2015, abrufbar unter http://www.mckinsey.com/insights/economic_studies/debt_and_not_much_deleveraging

61 *China: Fear of a deflationary spiral*, Financial Times, 30. November 2014, abrufbar unter http://www.ft.com/intl/cms/s/0/7a0e882e-700b-11e4-bc6a-00144feabdc0.html#axzz3isgn4CE5

62 *Die unsichtbare Mauer zwischen Arm und Reich*, Die Welt, 3. April 2014, abrufbar unter http://www.welt.de/finanzen/geldanlage/article126499 688/Die-unsichtbare-Mauer-zwischen-Arm-und-Reich.html

63 *The really worrying financial crisis is happening in China, not Greece*, The Telegraph, abrufbar unter http://www.telegraph.co.uk/finance/ china-business/11725236/The-really-worrying-financial-crisis-is-happening-in-China-not-Greece.html?WT.mc_id=e_DM29893&WT. tsrc=email&etype=Edi_Cit_New_Tue_9Sections&utm_source=-email&utm_medium=Edi_Cit_New_Tue_9Sections_2015_07 08&utm_campaign=DM29893

64 *Germany Showing ›Lack of Solidarity‹ Over Greece: Stiglitz*, Common Dreams, 12. Juli 2015, abrufbar unter http://www.commondreams.org/ news/2015/07/12/germany-showing-lack-solidarity-over-greece-stiglitz

65 *Vom Zuchtmeister zum Bittsteller*, Daniel Stelter, Manager Magazin Online, 26. Oktober 2015, abrufbar unter http://www.manager-magazin.de/finanzen/artikel/fluechtlingskrise-fuehrt-zur-umkehrung-der-machtverhaeltnisse-a-1059613-3.html

66 IWF, *An Update of IMF Staff's Preliminary Public Debt Sustainability Analysis*, 14. Juli 2015, abrufbar unter https://www.imf.org/external/pubs/ft/scr/2015/cr15186.pdf

67 Varoufakis, Yanis: *Bescheidener Vorschlag zur Lösung der Eurokrise*, München 2015.

68 Piketty, Thomas: *Die Schlacht um den Euro*, Frankfurt 2015.

69 Acharya, Viral V., und Steffen, Sascha: *The »Greatest« Carry Trade Ever? Understanding Eurozone Bank Risks*, NBER Working Paper No. 19039, Mai 2013, abrufbar unter http://www.nber.org/papers/w19039.pdf

70 *Adding a Greek chapter to Connolly's rotten heart of Europe*, Financial Times, 10. Juli 2015, abrufbar unter http://www.ft.com/intl/cms/s/0/c5da21d8-26ee-11e5-bd83-71cb60e8f08c.html?siteedition=-intl#axzz3gIBUAYg5

71 Eurozone: The case against ›cash for reform‹, Financial Times, 18. August 2015, abrufbar unter http://www.ft.com/intl/cms/s/0/9ef2a034-458b-11e5-af2f-4d6e0e5eda22.html?siteedition=intl#axzz3jS3tIPpq

72 *Spain's beautiful deleveraging*, Financial Times, 11. Juni 2015, abrufbar unter http://ftalphaville.ft.com/2015/06/11/2131302/spains-beautiful-deleveraging-shows-euro-areas-limitations/

73 *Fiscal union will never fix a dysfunctional eurozone, warns ex-IMF chief Blanchard*, The Telegraph, 10. Oktober 2015, abrufbar unter http://www.telegraph.co.uk/finance/economics/11919355/fiscal-union-euro-zone-emu-olivier-blanchard-imf.html?WT.mc_id=e_DM54522&WT.tsrc=email&etype=Edi_FAM_New&utm_source=email&utm_medium=Edi_FAM_New_2015_10_11&utm_campaign=DM54522

74 *Mario Monti's exit is only way to save Italy*, The Telegraph, 10. Dezember 2012, abrufbar unter http://www.telegraph.co.uk/finance/comment/ambroseevans_pritchard/9735757/Mario-Montis-exit-is-only-way-to-save-Italy.html

75 *Italien macht Deutschland zum Sündenbock*, Frankfurter Allgemeine Zeitung, 8. September 2014, abrufbar unter http://www.faz.net/aktuell/wirtschaft/wirtschaftspolitik/rezession-italien-macht-deutschland-zum-suendenbock-13140482.html

76 Sicherlich nicht ohne Grund warnten vier der fünf Mitglieder des Sachverständigenrats der Bundesregierung in einem Beitrag für die *Frankfurter Allgemeine Zeitung* unverblümt vor einem solchen Szena-

rio: »Derartige kurzfristig wirksame Integrationsschritte würden Gefahren in der längeren Frist bergen‹, schreiben die Ökonomen. ›Das gilt insbesondere für jüngst diskutierte Vorschläge wie die Einrichtung einer Fiskalkapazität, einer europäischen Arbeitslosenversicherung oder einer Wirtschaftsregierung für die Währungsunion. Solche übereilten Integrationsschritte verletzen den Leitgedanken der Einheit von Haftung und Kontrolle. Mit dem von den Präsidenten der EU-Kommission, des Europäischen Rates, des Europäischen Parlaments, der EZB und der Eurogruppe vorgeschlagenen europäischen Schatzamt könnte es zu einseitigen und dauerhaften Transferleistungen kommen, ohne gleichzeitig die demokratische Kontrolle auf die europäische Ebene zu verlagern‹, stellen die Ökonomen fest.«, Frankfurter Allgemeine Zeitung, 27. Juli 2015, abrufbar unter http://www. faz.net/aktuell/wirtschaft/wirtschaftspolitik/sachverstaendigenrat-warnt-vor-einem-europaeischem-finanzministerium-13722329.html

77 *Will central banks cancel government debt?*, Financial Times, 14. Oktober 2012, abrufbar unter http://blogs.ft.com/gavyndavies/2012/10/14/will-central-banks-cancel-government-debt/

78 *Companies: The Rise of the Zombie*, Financial Times, 8. Januar 2013, abrufbar unter http://www.ft.com/intl/cms/s/0/7c93d87a-58f1-11e2-99e6-00144feab49a.html#axzz3nKuEAyoY

79 Summers, Lawrence H.: *U.S. Economic Prospects. Secular Stagnation, Hysteresis, and the Zero Lower Bound*, Business Economics, Vol. 49, No. 2. Februar 2014, abrufbar unter http://larrysummers.com/wp-content/uploads/2014/06/NABE-speech-Lawrence-H.-Summers1.pdf

80 *The Danger of a Japan like Generation of Secular Stagnation*, Beyond the Obvious, 24. November 2013, abrufbar unter http://think-beyondtheobvious.com/stelters-lektuere/the-danger-of-a-japan-like-generation-of-secular-stagnation/

81 *Deflation und Depression. Is There an Empirical Link?*, NBER Working Paper 10268, Januar 2004, abrufbar unter http://www.nber.org/papers/w10268.pdf

82 Fisher, Irving: *The Debt Deflation Theory of Great Depressions*, 1933, abrufbar unter https://fraser.stlouisfed.org/docs/meltzer/fisdeb33.pdf

83 *Why public investment really is a free lunch*, Financial Times, 6. Oktober 2014, abrufbar unter http://www.ft.com/intl/cms/s/2/9b591f98-4997-11e4-8d68-00144feab7de.html#axzz3hIxz1Mzy

84 *Britain can afford to live with high debt ›forever‹,* says IMF, The Telegraph, 2. Juni 2015, abrufbar unter http://www.telegraph.co.uk/finance/economics/11644471/Britain-can-afford-to-live-with-high-debt-forever-says-IMF.html?WT.mc_id=e_DM22169&WT.tsrc=email&etype=Edi_Cit_New_Tue_9Sections&utm_source=email&utm_medium=Edi_Cit_New_Tue_9Sections_2015_06_03&utm_campaign=DM22169

85 Wolf, Martin: *Wipe out rentiers with cheap money,* Financial Times, 6. Mai 2014, abrufbar unter http://www.ft.com/intl/cms/s/0/d442112e-d161-11e3-bdbb-00144feabdc0.html#axzz3hIxz1Mzy

86 *Rogoff on negative rates, paper currency and Bitcoin,* Financial Times, 20. Mai 2014, abrufbar unter http://ftalphaville.ft.com/2014/05/20/1856082/rogoff-on-negative-rates-paper-currency-and-bitcoin/

87 *Attacke auf das Bargeld,* Beyond the Obvious, 25. März 2015, abrufbar unter http://think-beyondtheobvious.com/stelters-lektuere/attacke-auf-das-bargeld/

88 *SNB sollte Gebühr auf Bargeld einführen,* Finanz und Wirtschaft, 17. Februar 2015, abrufbar unter http://www.fuw.ch/article/snb-sollte-gebuhr-auf-bargeld-einfuhren/

89 *Attacke auf das Bargeld,* Beyond the Obvious, 25. März 2015, abrufbar unter http://think-beyondtheobvious.com/stelters-lektuere/attacke-auf-das-bargeld/

90 *Attacke auf das Bargeld,* Beyond the Obvious, 25. März 2015, abrufbar unter http://think-beyondtheobvious.com/stelters-lektuere/attacke-auf-das-bargeld/

91 Wolf, Martin: *Radical cures for unusual economic ills,* Financial Times, 25. November 2014, abrufbar unter http://www.ft.com/intl/cms/s/0/62f9f198-73ce-11e4-92bc-00144feabdc0.html#axzz3hIxz1Mzy

92 Siehe ausführlich meine Ausführungen dazu in Stelter, Daniel, et. al.: *Die Billionen-Schuldenbombe,* Weinheim 2013.

93 *Stephen King Warns »The Second Great Depression Only Postponed, Not Avoided«,* Zero Hedge, 16. Mai 2015, abrufbar unter http://www.zerohedge.com/news/2015-05-16/stephen-king-warns-second-great-depression-only-postponed-not-avoided und HSBC fears world recession with no lifeboats left, *The Telegraph,* 24. Mai 2015, abrufbar unter http://www.telegraph.co.uk/finance/economics/11625098/HSBC-fears-world-recession-with-no-lifeboats-left.html

94 *Larry Summers warns of epochal deflationary crisis if Fed tightens too*

*soon,* The Telegraph, 22. Januar 2015, abrufbar unter http://www.tele-graph.co.uk/finance/financetopics/davos/11362699/Larry-Summers-warns-of-epochal-deflationary-crisis-if-Fed-tightens-too-soon.html

95 *Friedman hatte recht,* Die Zeit, 30. Juli 2015, abrufbar unter http://www.zeit.de/2015/31/waehrungsunion-euro-europa-krise

96 *Taxing Times,* IMF Fiscal Monitor, Oktober 2013, abrufbar unter http://www.imf.org/external/pubs/ft/fm/2013/02/pdf/fm1302.pdf und *Einmalige Vermögensabgabe als Instrument zur Lösung nationaler Solvenzkrisen im bestehenden EWU-Rahmen?,* Deutsche Bundesbank, Monatsbericht, Januar 2014, abrufbar unter http://www.bundesbank.de/Redaktion/DE/Standardartikel/Themen/2014_01_28_monatsbericht_kasten.html

97 Fischer, Malte: *Bundesbank auf Irrwegen,* WirtschaftsWoche, 29. Januar 2014, abrufbar unter http://www.wiwo.de/politik/europa/ver-moegensabgabe-bundesbank-auf-irrwegen/9399492.html

98 Acharya, Viral V., und Steffen, Sascha: *The Greatest Carry Trade Ever? Understanding Eurozone Bank Risks,* 14. Januar 2014, abrufbar unter https://www.esmt.org/sites/default/files/digital-measures/carry trade_jfe_v10June2014-1.pdf

99 Stelter, Daniel und Rhodes, David: *Back to Mesopotamia. The Looming of Debt Restructuring,* The Boston Consulting Group, September 2011, abrufbar unter http://think-beyondtheobvious.com/referenzen/back-to-mesopotamia-the-looming-of-debt-restructuring/

100 Die Mesopotamier und Babylonier waren der Wahrheit sehr nahe: Die heute berechnete Umlaufzeit beträgt 29,457 Jahre. http://de.wikipe-dia.org/wiki/Saturn_(Planet)

101 Hudson, Michael: *The Lost Tradition of Biblical Debt Cancellations,* abrufbar unter http://michael-hudson.com/wp-content/uploads/2010/03/HudsonLostTradition.pdf

102 *Die griechische Schulden-Weisheit,* Finanz und Wirtschaft, 9. Februar 2015, abrufbar unter http://www.fuw.ch/article/nmtm-die-griechi-sche-schulden-weisheit/

103 Banken und andere Finanzdienstleister sind hier nicht berücksichtigt, da die Kreditinstitute Schulden aufnehmen, um Kredite zu vergeben. Es käme also zu einer Doppelzählung der Schulden. Von der Höhe der Schulden der Banken eine Überschuldung abzuleiten ist darüber hinaus nicht so eindeutig wie bei anderen Unternehmen, da mehr Geschäft automatisch mit mehr Schulden einhergeht.

104 Daten vom Statistischen Amt der EU, kurz Eurostat.

105 *Forgive the debt or earn the wrath of its victims,* Financial Times, 29. Dezember 2014, abrufbar unter http://www.ft.com/intl/cms/s/0/51990d4c-7f92-11e4-b4f5-00144feabdc0.html#axzz3hrMMin6N

106 What St Luke would say to Schäuble, Financial Times, 28. Juli 2015, abrufbar unter http://www.ft.com/intl/cms/s/0/96f2f2a0-3454-11e5-bdbb-35e55cbae175.html#axzz3hrMMin6N

107 *Die diskrete Superbank,* Frankfurter Allgemeine Zeitung, 21. Dezember 2013, abrufbar unter http://www.faz.net/aktuell/wirtschaft/wirtschaftspolitik/bank-fuer-internationalen-zahlungsausgleich-die-diskrete-superbank-12722457.html?printPagedArticle=true#pageIndex_2

108 Bank für Internationalen Zahlungsausgleich: *Central banks and the global debt overhang,* 20. November 2014, abrufbar unter http://www.bis.org/speeches/sp141120.htm

109 *Bad advice from Basel's Jeremiah,* Financial Times, 1. Juli 2014, abrufbar unter http://www.ft.com/intl/cms/s/0/bf235058-00fc-11e4-a938-00144feab7de.html#axzz3iDBQeMrn

110 Bank für Internationalen Zahlungsausgleich: *84. Jahresbericht,* S. 73, abrufbar unter http://www.bis.org/publ/arpdf/ar2014_4_de.pdf

111 Ebenda.

112 *Lagarde: Global economic recovery could be ›less robust than expected‹,* The Telegraph, 6. Juli 2014, abrufbar unter http://www.telegraph.co.uk/finance/economics/10949394/Lagarde-Global-economic-recovery-could-be-less-robust-than-expected.html

113 *Schwere Konflikte in der Geldpolitik,* Blog der Frankfurter Allgemeinen Zeitung, 7. Juli 2014, abrufbar unter http://blogs.faz.net/fazit/2014/07/07/schwere-konflikte-der-geldpolitik-4247/

114 National Bureau of Economic Research: *Leveraged Bubbles,* Juni 2015, abrufbar unter http://conference.nber.org/confer/2015/EASE15/Jorda_Schularick_Taylor.pdf

115 Centre for Economic Policy Research, *Bubbles and Central Banks. Historical Perspectives,* April 2015, abrufbar unter http://www.cepr.org/active/publications/discussion_papers/dp.php?dpno=10528

116 *Ultra Easy Monetary Policy and the Law of Unintended Consequences,* Federal Reserve Bank of Dallas Working Paper No. 126, August 2012, abrufbar unter https://www.dallasfed.org/assets/documents/institute/wpapers/2012/0126.pdf

117 *Companies: The rise of the zombie,* Financial Times, 8. Januar 2013, abrufbar unter http://www.ft.com/intl/cms/s/0/7c93d87a-58f1-11e2-99e6-00144feab49a.html#axzz3jODAHOmy

118 *Printing money to fund deficit is the fastest way to raise rates,* Financial Times, 10. November 2014, abrufbar unter http://www.ft.com/intl/cms/s/0/8e3ec518-68cf-11e4-9eeb-00144feabdc0.html#axzz3iDBQeMrn

119 Diese Ausführungen basieren auf dem Beitrag von Schulz, Justyna: Ungedecktes Versprechen, WirtschaftsWoche, 9/2015.

120 Ebenda.

121 *A better Monetary System for Iceland,* März 2015, abrufbar unter http://www.forsaetisraduneyti.is/media/Skyrslur/monetary-reform.pdf

122 Nachdem ich bei *Cicero Online* einen Beitrag zum Thema Vollgeld veröffentlicht hatte *(So lösen sich Schulden in Nichts auf,* 8. April 2015, abrufbar unter http://www.cicero.de/kapital/vollgeldsystem-holt-islands-monetaere-revolution-nach-deutschland/59091), kam es in einem Internetforum zu heftiger Kritik an meiner verkürzten Darstellung des Bankwesens. Diese habe ich dann auf meiner Website erörtert, siehe http://think-beyondtheobvious.com/stelters-lektuere/so-glaubt-der-oekonom-loesen-sich-schulden-in-nichts-auf/

123 *Financial reform: Call to arms,* Financial Times, 3. September 2014, abrufbarunterhttp://www.ft.com/intl/cms/s/0/152ccd58-3294-11e4-93c6-00144feabdc0.html#axzz3isgn4CE5

124 *The Chicago Plan revisited,* IMF Workingpaper 12/202, abrufbar unter https://www.imf.org/external/pubs/ft/wp/2012/wp12202.pdf

125 *Strip private banks of their power to create money,* Financial Times, 24. April 2014, abrufbar unter http://www.ft.com/intl/cms/s/0/7f000b18-ca44-11e3-bb92-00144feabdc0.html#axzz3isgn4CE5

126 *Nach der Finanzkrise droht die Geldkrise,* WirtschaftsWoche, 9. Oktober 2014, abrufbar unter http://www.wiwo.de/politik/konjunktur/thomas-mayer-nach-der-finanzkrise-droht-die-geldkrise/10807526.html

127 *Schluss mit der Regulierungsorgie,* WirtschaftsWoche, 21. April 2014, abrufbar unter http://www.wiwo.de/politik/konjunktur/denkfabrik-schluss-mit-der-regulierungsorgie/9769508.html

128 *Neo-Mercantilism and Monetary Policy,* Zero Hedge, 6. Dezember 2013, abrufbar unter http://www.zerohedge.com/news/2013-12-06/hugh-hendry-throws-bearish-towel-his-full-must-read-letter

129 *The 1999 Value Creators Report*, The Boston Consulting Group 1999, abrufbar unter https://www.bcgperspectives.com/content/articles/value_creation_strategy_corporate_finance_value_creators_study_of_worlds_top_performers/

130 *Deutsche Gläubiger sollen für Skandalbank bluten*, Frankfurter Allgemeine Zeitung, 6. März 2015, abrufbar unter http://www.faz.net/aktuell/finanzen/fonds-mehr/hypo-alpe-adria-deutsche-glaeubiger-sollen-fuer-hypo-skandalbank-bluten-13468200.html

131 Taleb, Nassim N.: *Der Schwarze Schwan. Die Macht höchst unwahrscheinlicher Ereignisse*, München 2015.

132 Kevin Dowd, John Cotter, Chris Humphrey und Margaret Woods; *How Unlucky is 25-Sigma?*, 24. März 2008, abrufbar unter http://arxiv.org/pdf/1103.5672.pdf

133 *The financial dangers of swapping common sense for risk models*, Financial Times, 17. Februar 2015, abrufbar unter http://www.ft.com/intl/cms/s/0/5a06ef16-b5e4-11e4-a577-00144feab7de.html#axzz3TpH0QerS

134 Berkshire Hathaway Investorenbrief 2005, abrufbar unter http://www.berkshirehathaway.com/letters/2005ltr.pdf

135 Ich nehme diesen Fonds hier als Beispiel, was nicht bedeutet, dass ich ihn zum Kauf empfehle!

136 *Irving Kahn, the world's oldest investor, dies at 109*, 26. Februar 2015, The Telegraph, abrufbar unter http://www.telegraph.co.uk/finance/personalfinance/investing/11437697/Irving-Kahn-the-worlds-oldest-investor-dies-at-109.html

137 *Er legte sich mit Merkel an – und verlor*, Die Zeit, 05/2015, 13. Februar 2015, abrufbar unter

138 Quelle: 21. Ausgabe der *Quantitative Analysis of Investor Behavior* des Analyseinstituts Dalbar.

139 Wir werden leichter an eine Putzkraft kommen, Die Zeit, 8. Oktober 2015, abrufbar unter http://www.zeit.de/2015/41/hans-werner-sinn-fluechtlinge-deutschland-folgen

140 *Can demography affect inflation and monetary policy?*, Bank for International Settlements, Working Paper No 485, Februar 2015, abrufbar unter http://www.bis.org/publ/work485.pdf

141 *Sandwich casualties of the pensions time-bomb*, Financial Times, 4. Oktober 2015, abrufbar unter http://www.ft.com/intl/cms/s/0/928beef0-6786-11e5-a57f-21b88f7d973f.html#axzz3oFSqiKzM

142 Faber, Mebane T.: *Global Asset Allocation. A Survey of the World's Top Asset Allocation Strategies*, April 2015

143 Eine Grafik zur Entwicklung der Zinsen seit 3000 vor Christus findet sich im UK Business Insider vom 23. Februar 2015, abrufbar unter http://uk.businessinsider.com/interest-rates-since-3000-bc-2015-2?r=US

144 *Die Abkoppelung von Aktien und Anleihen,* Finanz und Wirtschaft, 17. März 2015, nicht mehr abrufbar

145 Ebenda.

146 *Global savings glut suppresses bond yields,* Financial Times, 17. April 2015, abrufbar unter http://www.ft.com/intl/cms/s/0/fda6e646-e4d1-11e4-8b61-00144feab7de.html#axzz3rIK4NfFF

147 *Demografie treibt bald Zinsen in die Höhe,* Finanz und Wirtschaft, 20. März 2015, abrufbar unter http://www.fuw.ch/article/demografie-treibt-bald-zinsen-in-die-hohe/

148 *Gold – die größte Blase aller Zeiten?,* Finanz und Wirtschaft, 27. November 2014, abrufbar unter http://www.fuw.ch/article/gold-die-grosste-blase-aller-zeiten/

149 *Buried,* The Economist, 2. Mai 2015, abrufbar unter www.economist.com/news/finance-and-economics/21650189-russia-buying-gold-few-others-are-buried?fsrc=rss%7Cfec

150 Acting Man Blog: *Economist on Gold – A Dissection,* 16. Mai 2015, abrufbar unter www.acting-man.com/?p=37453

151 *Lieber eine Rolex als Swatch-Aktien?,* Neue Zürcher Zeitung, 20. April 2015, abrufbar unter http://www.nzz.ch/finanzen/aktien/lieber-eine-rolex-als-swatch-aktien-1.18525628

152 *A Sense of an Ending,* Janus Investment Outlook, 4. Mai 2015, abrufbar unter https://www.janus.com/bill-gross-investment-outlook/may

153 *Der Kapitalismus darf uns nicht beherrschen,* Interview mit Tomáš Sedláček in IdeaSpectrum, 46/2012, S. 20 ff.

154 *Der Kapitalismus darf uns nicht beherrschen,* Interview mit Tomáš Sedláček in IdeaSpectrum, 46/2012, S. 20 ff.